| 제2판 |

쿨하게

분노를 조절하면서
자신을 적극적으로 주장하는
6단계 전략

화내기

| 제2판 |

쿨하게
화내기

분노를 조절하면서
자신을 적극적으로 주장하는
6단계 전략

로버트 네이 지음
가족연구소 마음 · 박의순 옮김

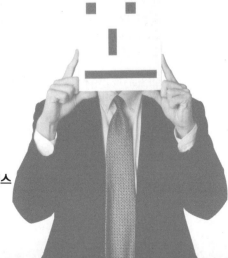

Σ 시그마프레스

쿨하게 화내기, 제2판

발행일 | 2015년 6월 10일 1쇄 발행

저자 | W. Robert Nay
역자 | 가족연구소 마음 · 박의순
발행인 | 강학경
발행처 | (주)시그마프레스
디자인 | 우주연
편집 | 이지선

등록번호 제10-2642호
주소 서울특별시 영등포구 양평로 22길 21 선유도코오롱디지털타워 A401~403호
전자우편 sigma@spress.co.kr
홈페이지 http://www.sigmapress.co.kr
전화 (02)323-4845, (02)2062-5184~8
팩스 (02)323-4197

ISBN 978-89-6866-425-0

Taking Charge of Anger, Second Edition
Six Steps to Asserting Yourself without Losing Control

＊책값은 책 뒤표지에 있습니다.
＊이 도서의 국립중앙도서관 출판시도서목록(CIP)은 서지정보유통지원시스템 홈페이지(http://seoji.
nl.go.kr)와 국가자료공동목록시스템(http://www.nl.go.kr/kolisnet)에서 이용하실 수 있습니다.
(CIP제어번호: CIP2015014721)

만일에

만일 네가 다른 사람에게 손해를 입혔고
그렇게 했다고 사람들이
너의 다른 모든 것에 대해서 비난할 때에도
네 자신이 침착할 수 있다면,

만일 여러 사람이 자신의 의심이 옳은지
한 번쯤 돌이켜 생각해보지도 않은 채
모두 너만을 의심할 때에도
너 자신은 스스로를 신뢰할 수 있다면,

만일 네가 기다릴 수 있고
그 기다림에 지치지 않을 수 있다면,
거짓을 행해야 할 상황에 처하더라도 거짓과 타협하지 않으며,
미움을 받더라도 그 미움에 굴복하여 같은 방식으로 대응하지 않는다면,
그러면서도 너무 선량한 체하지 않고
너무 지혜로운 말들을 늘어놓지 않을 수 있다면….

－러디어드 키플링

분노의 감정은 부정적이고 불필요하며 무조건 제거해야 하는 것이 아니다. 분노는 우리에게 무언가 잘못되고 있음을 알려주는 정직한 도구이자 유용한 신호이다. 갈등상황에서 흔히 문제가 되는 감정은 분노이다. 상담실을 찾는 대부분의 사람들은 갈등을 표현하는 방법에 어려움을 겪는다. 분노가 앞서면 현재 상황을 객관적으로 보지 못하므로 갈등상황에서의 문제 해결을 어렵게 하며 갈등이 해소되기보다는 더욱 깊어지고 악화된다. 그러므로 분노의 감정을 다루어서 분노를 조절하는 것이 갈등 해결을 위한 기초라고 볼 수 있다.

생각한 대로 일이 진행되지 않을 때 습관적으로 튀어나오는 말이나 행동이 있는가? 사람마다 자신이 속한 가정, 사회, 환경에 따라 식습관이나 가치관이 다른 것처럼 분노 표현 방식 또한 자신에게 익숙한 것이 있다. 어떤 사람은 '가슴이 답답하다', '짜증나 죽겠다', '미치겠다' 혹은 '참을 수가 없다'고 말하며 또 어떤 사람은 얼굴이 뜨거워지거나 호흡이 빨라지거나 피가 거꾸로 솟는 것 같은 느낌을 느끼기도 한다.

주관적 감정 표현에는 맞고 틀린 것이 없지만 그 표현방법으로 인한 행동이 대인관계와 사회생활에 어려움을 초래하고 불편을 준다면 표현 방식을 바꿀 필요가 있다. 당신은 감정을 표현하는 방식이 자신의 성격이고 원래 그런 것이라고 생각할지 모르지만 이것은 오랫동안 고착화된 습관에 불과하다. 늦잠 자던 습관을 버리고 일찍 일어나기로 마음먹는 것처럼 분노 표현 또한 자신에게 맞는 방식으로 지금-여기에서 얼마든지 다시 선택할 수 있다. 그러나 우리는 습관을 바꾸려고 결심했다가도 돌아서면 잊어버리고 작심삼일하여 바꾸기가 어렵다는 것을 안다. 낡고 오래된 습관은 자신도 모르게 오랜 시간에 걸쳐 차곡차곡 쌓이면서 우리 몸의 일부가 되었기 때문에 이를 바꾼다는 것은 의식적으로 노력해야 하는 것을 의미한다.

오래된 습관을 바꾸는 것은 분명 쉽지 않지만 불가능한 일은 아니다. 당신은 이 책을 통해 그동안 당신을 힘들게 해온 분노 표현 방식에 대한 다양한 선택을 갖게 되고 그중에서 당신의 마음에 드는 분노 표현 방식을 새롭게 선택할 수 있는 기회를 얻을 수 있다. 물론 이 책을 한 번 읽기만 하면 마법처럼 모든 것이 달라질 수 있다고 말하는 것은 아니다. 이 책은 '분노의 감정을 언어로 표현하는 것을 배우는 과정'에 대해 체계적으로 구성되었고, 6단계의 순서를 사례와 함께 제시함으로써 차례대로 따라가기만 한다면 누구든 쉽게 배울 수 있도록 설명하였다. 또한 각 장마다 '연습'을 제시하여 실제로 어떻게 적용해볼 수 있는지를 구체적으로 설명함으로써 학습한 내용을 독자의 몸에 붙일 수 있도록 하였다. 네이 박사가 제시하는 분노 다스리기 6단계는 다음과 같다.

1단계 '분노를 이해하고 인식하기'에서는 분노가 당신에게 문제가 되는지를 고찰해보고 자기 분노평가지를 통해 당신이 어떤 형태로 분노를 표출하며 언제 분노가 유발되는지를 살펴본다.

2단계 '분노 유발요인을 확인하고 대비하기'에서는 분노를 유발시키는 여러 가지 비현실적인 기대를 확인하고 이를 현실적인 기대로 바꾸는 방법에 초점을 둔다.

3단계 '분노를 정확히 알아차려 초기에 제압하기'에서는 분노가 시작될 때의 신체적 변화에 대해 학습함으로써 초기 분노 신호를 알아차리고 분노가 더 이상 증폭되지 않도록 긴장을 완화시키는 기법들을 배운다.

4단계 '분노 유발 사고를 확인하고 변화시키기'에서는 분노를 일으키는 근원을 살펴봄으로써 분노를 일으키는 내적사고와 혼잣말을 건설적이고 긍정적인 혼잣말로 대체하여 자신이 원하는 인생 각본을 새롭게 쓰도록 구성하였다.

5단계 '쿨하게 화내기'에서는 생산적으로 분노를 표현하고 침착하게 갈등을 해소할 수 있도록 대화하는 적극적 의사소통 개념에 대해 학습하며, 분노가 일어나는 상황에서도 침착하게 대처할 수 있는 방법들을 제시한다.

마지막으로 **6단계** '과정에 머무르기'에서는 익숙하고 오래된 예전의 분노 형태에서 벗어나 지금까지 학습한 분노 조절방법들이 일상의 삶에 정착될 수 있도록 다지는 방법과 미해결된 분노의 감정을 다루고 이로부터 자유로워지기 위해 용서를 주제로 다룬다.

분노 표현은 각자가 분노의 감정을 표현하는 오래된 습관이기 때문에 우리가 새로운 방법을 익힌다 하더라도 얼마든지 예전의 습관으로 돌아갈 수 있으며 실패할 수 있다. 하지만 실패는 끝이 아니며 앞으로 더 나아가기 위한 하나의 과정임을 배우고 이를 예방하며 새로운 습관을 다지기 위해 연습하는 것으로 분노 다스리기의 과정을 마무리한다.

덧붙여 많은 내담자들과 함께 분노의 주제에 대한 다양한 사례를 다루고 수천 명의 전문가들에게 분노 다스리기 훈련을 실시하면서 얻은 노하우를 바탕으로 다시 한 번 내용을 추가하고 보완하여 쿨하게 화내기의 제2판을 내준 네이 박사에게 고마움을 전한다. 덕분에 우리는 언제 어떤 이유로 분노하는지, 그리고 어떻게 그 분노를 조절할 수 있는지에 대한 가장 최근의 수많은 사례와 방법을 책 한 권으로 볼 수 있게 되었다.

이와 함께 개정된 제2판에 맞추어 기존의 번역서 또한 새롭게 출간될 수 있도록 지지해주고 기다려주신 (주)시그마프레스의 강학경 사장님과 바쁜 일정에도 불구하고 더 나은 책을 만들기 위해 꼼꼼하게 검토해주시고 수고해주신 이지선 편집자에게도 감사를 전하고 싶다. 마지막으로 가족연구소 마음에서 지난여름 동안 쿨하게 화내기의 개정판이 나오기까지 함께 수고해준 허조은, 양한나 연구원에게도 그간의 노력에 대해 고마움을 전한다.

가족연구소 마음

박의순

나는 지난 20년 동안 남을 배려할 줄 아는 좋은 사람이지만 때로는 자신의 마음과는 다르게 행동하는 사람들과 작업해왔다. 그들은 때때로 자신에게 가장 중요한 관계도 손상시킬 만큼 엄청난 분노에 휘둘리고 있었다. 나는 몇 년 전 두 권의 대학원 교재를 썼지만, 분노에 지배당해 자신을 잃는 수많은 사람들을 위해 책을 쓰고 싶었다. 그러나 내용이 문제였다. 어떻게 하면 읽기 쉬우면서도 사람들의 사고에 영향을 주어 분노를 다스릴 수 있는 유용한 정보를 제공할 수 있을까 고민하였다.

쿨하게 화내기의 제2판이 나오기까지 비판적인 독자에서부터 자신의 인생을 바꾸는 데 이 정보를 사용한 많은 사람들에게 감사를 전하고 싶다. 먼저 자신의 분노 경험을 나와 나누면서 도움을 청한 많은 내담자들에게 감사한다. 그들과 고통스러운 얘기를 나누며 그들의 솔직함과 상처에서 많은 것을 배울 수 있었다. 사회적으로 받아들여지기 힘든 행동을 하고 자신에게 '분노의 문제'가 있음을 인정하는 것은 쉬운 일이 아니다. 하지만 그들은 상담과 도움을 청하러 올 만큼 용감했다. 나는 그들 모두에게 감사한다.

동료들에게서도 많은 것을 배웠다. 나는 국제적으로 4,000명에 달하는 정신건강, 약물 중독 및 교육계에 종사하는 전문가들에게 분노 다스리기 훈련을 실시했으며, 동료들과 그들의 임상 경험 및 생각을 나누면서 사고를 확장할 수 있었고 거의 모든 세미나에서 항상 새로운 것을 배웠다.

나는 조지타운 의대에서 내담자들과 상담하고 의대생들을 가르칠 수 있었던 기회에 감사한다. 또한 분노와 인지행동치료에 있어서 많은 영향을 끼친 버지니아코먼웰스대학교와 일리노이대학교에 있는 동료들과 제자들에게도 고마움을 전한다. 특히 나의 오랜 친구이자 동료인 짐 맥컬로와 릭 오스트렌더에게 감사한다.

더불어 길포드 출판사에 있는 편집자들에게도 감사의 인사를 전한다. 그들은 지나치게 학문적으로 쓰인 나의 책을 분노에 관한 한 최고이자 유일한 책으로 만들고자 하는 일념으로 열심히 작업하였다. 키티 무어는 진정으로 헌신적인 편집장이다. 그녀는 질 높은 책을 위해 흔들림 없는 자세로 집중했고 필요할 때마다 내게 안정감을 주었다. 그녀는 이 책에 대해 많은 의견을 주었고 나는 이것을 정말로 감사히 생각한다. 지금의 이 책이 나오기까지 수정기간 내내 다듬어 준 편집자 크리스틴 벤톤은 편집자가 가질 수 있는 높은 기준, 작가로서의 재능, 독자를 인식하는 눈과 열정을 두루 갖췄다. 이 책이 만약 성공한다면 편집자들의 노력 덕분일 것이다.

마지막으로 이 책을 완성하기까지 지지해주고 격려해준 나의 아들 단, 그렉, 잭, 크리스토퍼, 알렌, 미카엘, 자미아와 어머니 제인, 그리고 나의 형제들 톰, 리치, 파멜라, 알렉스에게 감사를 전하고 싶다. 아내 조이스는 학문적이고 임상적인 모험에 늘 나와 함께 동참해주었다. 그녀는 언제나 나의 집필을 도와주었고 원고에 대한 조언을 아끼지 않았다. 나의 길을 잘 갈 수 있도록 안내해준 그녀에게 감사를 전한다.

서언

마릴린이 내 사무실에 들어섰을 때, 그녀는 분명 화가 나 있었다. 그녀는 상담이 시간 낭비일 뿐이라고 표현했다. 그녀는 자신의 일에 대해 "회사에서 맡은 일을 제대로 하는 사람이 아무도 없어요. 그러니 언제나 제가 더 많은 일을 해야 하죠. 그런데 이제는 상담까지 받으러 와야 하니 일이 더욱 밀릴 거예요."라고 했다.

나는 마릴린이 '동료들과의 관계에서 분노 조절이 필요했기' 때문에 직장에서 의뢰되었다는 것을 알았다. 총명하고 헌신적인 사람이라도 분노를 조절하지 못한다면 일자리를 잃을 것이다. 그녀가 회사에서 필요한 사람임에는 틀림없었지만 자신의 분노를 다스리지 못하고 끝없이 불만스러워하는 점 때문에 동료들은 모두 힘들어하고 있었다.

나는 마릴린이 지금도 같은 회사에서 일하고 있다는 것을 기쁘게 말하고 싶다. 시간을 갖고 노력함으로써 그녀는 울화가 치미는 순간에 침착하게 대처하고 어려운 상황에 처해도 분노를 조절할 수 있게 되었다. 더욱 중요한 것은 하루 종일 그녀를 분노하게 했던 비현실적인 기대가 무엇인지 깨닫고 자신을 조절하는 방법을 터득했다는 것이다.

오스틴은 약혼녀의 강요를 이기지 못하고 나를 만나러 왔다. 상담 예약과 방문이 자신의 의지였는지를 묻자 그는 단지 약혼녀와의 관계를 유지하고 싶을 뿐, 자신이 변화할 수 있는지에 대해서는 의문스러워했다. "저는 이제 로라와 싸우는 게 지겨워요. 그녀는 이것저것에 대한 기분을 자주 이야기하지만 결국 우리는 싸우게 되고 저는 방을 나가버리지요. 그녀는 제가 소극적 공격을 하며 그녀에 대한 화풀이로 대화를 거부하고 부탁한 일을 하지 않는다고 해요. 이제는 제가 분노에 대해 도움을 받기 전까지는 결혼하지 않겠다고 하고요. 이것이 저의 본 모습인데 어떻게 성격을 고치길 바라는 거죠?"

오스틴은 자신이 로라와의 관계에서 당연한 반응을 한다고 생각했다. 그러나 그 또한 분노를 다루는 방법들을 배웠고 이제는 로라와 결혼해서 서로 배워가며 잘 살고 있다.

자신의 격한 감정을 표현하는 방식은 매우 달랐지만 마릴린과 오스틴은 한 가지 공통점을 가지고 있다. 두 사람 모두 분노를 표현하는 방법 때문에 다른 사람들에게 피해를 주었고 또 가장 아끼는 것을 잃을 뻔했다.

그들만 그런 것은 아니다. 당신은 분노를 적절하게 다스리지 못해서 학교에서나 직장에서 그리고 인간관계에서 큰 상처를 받는 사람들의 이야기를 신문이나 잡지를 통해 읽고 보고 들었을 것이다. 이렇게 이슈가 되는 커다란 분노 폭발뿐 아니라 보이지 않는 일상의 작은 분노 폭발도 우리의 삶에 큰 영향을 주고 있다. 마릴린과 오스틴이 좋은 예이다. 비록 아홉 시 뉴스에 나오지는 않겠지만 잘 대처하지 못한 분노 표출로 인해 그들의 삶의 질은 점점 나빠지고 있었다.

우리는 선하고 남을 배려할 줄 아는 사람임에도 불구하고 분노를 조절하지 '못하는' 사람들을 자주 본다. 많은 경우 분노하는 것을 '결함'이나

'약점'이라고 생각해서 인정하진 않지만 그들의 삶은 크게 영향을 받고 있다. 나는 마릴린과 오스틴처럼 분노를 통제하지 못해서 가장 아끼는 사람들에게 상처를 주는 경우를 자주 본다. 많은 사람들은 분노를 일으키는 그들의 생각이나 감정 때문에 건강에 문제가 생기고, 신체적으로 불편함을 느끼며 직장에서도 피해를 입는다. 어떤 이들은 오랫동안 쌓아온 불만에서 비롯된 분노로 인해 부적절한 생각과 표현에 휩싸이게 되고 이 때문에 중요한 인간관계에서 어려움을 겪기도 한다.

나는 상담을 시작한 초기부터 내담자들이 분노를 다스릴 수 있도록 도우면서 그들의 삶 속에서 일어나는 변화와 좋은 결과를 볼 수 있었다. 연구 결과에 따르면 부모나 주변 어른들이 이성적으로 갈등을 해결하는 것을 보고 자란 아이들은 성장 후 덜 과격하다고 한다.

내가 분노를 공부하고 치료하는 것에 관심을 가지게 된 계기는 내 자신이 이와 같은 격렬한 감정을 경험했기 때문이다. 나는 결혼 초에 아내가 상담을 권할 만큼 자주 화를 내곤 했다. 처음에는 거부했다. 나는 이 분야의 전문가가 아니던가? 나는 다른 사람들에게서 도움받을 필요가 없다고 생각했다. 하지만 나의 그릇된 자존심을 뒤로 하고 우리 관계의 문제점을 파악하여 분노를 다룰 수 있도록 도와준 유쾌하고 유능한 상담가를 만났다. 나는 지금까지도 그때 배운 것에 감사한다. 그리고 내담자들이 도움을 청하는 것이 얼마나 어려운지를 이해하게 되었다.

쿨하게 화내기의 첫번째 판이 2004년에 발간되었고 나의 내담자들뿐 아니라 내담자들에게 이 책을 추천한 상담가들이나 당신과 같은 독자들에게 이 책이 환영받아 매우 기뻤다. 여기에서 소개하는 분노 다스리기 6단계는 세 가지 자료를 바탕으로 지난 25년에 걸쳐 개발되었다. 첫째, 프로그램의 각 단계는 심리학의 인간 학습에 관한 문헌에 근거를 두고 있다.

앞으로 당신에게 보여주게 될 이 프로그램에는 하나 이상의 전략이 포함되어 있다. 둘째, 이 책에 나오는 각 단계의 순서, 임상 사례와 적용된 개념들은 나와 함께 자신의 분노를 이해하고 일상생활에서 분노에 대한 자세를 바꾼 수백 명의 사람들을 바탕으로 만들어낸 나만의 고유한 방법들이다. 그들의 성공과 실패로 이 프로그램을 수정하고 보완했다. 8년 전에 첫 번째 판이 발간된 이후로 나는 분노와 공격성이 우리 모두의 삶의 한 부분이라는 것을 이해했다. 우리 중 몇몇은 2008년 이후의 경기침체와 같이 매우 짧은 시간에 너무 많은 것들을 겪어야 하는 스트레스에 시달리고 있다. 때로는 착한 사람들도 성질이 나면 '못된' 말과 행동을 한다. 이 책은 그런 사람들을 위해 쓰였다. 셋째, 나는 지난 10년간 이 프로그램으로 심리학, 의학, 사회학, 약물 중독, 학교 등 여러 분야의 4,000명 이상의 상담가들을 교육시켰다. 그들과 함께 나눈 이야기와 프로그램에 관한 그들의 의견, 실생활에 분노 다스리기 기법을 적용시키기 위해 나눈 토론들이 이 책에 제시된 6단계의 프로그램을 더욱 발전시켰다.

이 책은 어떻게 쓰였는가? 우선 나의 워크숍에 참여하는 상담가들에게 나누어주는 교재의 양이 점점 늘어나고 있었다. 그중에서 아이디어를 고를 수도 있었지만 너무 방대했다. 두 번째로, 내담자들의 손에 무엇인가를 쥐어주고 싶다는 열망이 점점 커졌다. 그러나 시중의 자료들 중에서 내가 원하는 방식이 반영된 자료는 없는 것 같았다. 출판된 책들과 훈련 자료들은 대부분 심한 언쟁, 고함, 신체적 폭력과 같은 극단적인 분노 표출을 다루고 있었다. 하지만 나는 분노가 직접적으로 표출되지는 않지만 충분히 문제가 될 수 있는 간접적인 방법으로 표현되는 경우가 더욱 많다는 것을 느꼈다. 여기서 이야기하는 분노는 냉담으로서 화가 나면 말하지 않는 것, 사람들과 상대하지 않는 것, 고통을 줄 목적으로 상대방이 원하는 것을 들어주지 않는 것과 같은 소극적 공격, 빈정대기, 그리고 공격적인 유머나 신랄한 말투를 의미한다. 대부분의 사람들은 이러한 형태로 분노를 표현한다. 이 방법들은 과격하거나 노골적이진 않지만 일상생활과 인간관계에 치명적일 수 있다. 그러므로 이 책은 다른 책들과 달리 다양한 분노 표현을 포함하며 그것을 분노의 다섯 가지 '형태'로 분류하여 제시하였다. 이 책의 사례를 통해 당신의 모습을 느낄 수 있다고 확신한다. 제시한 사례는 비밀보장을 위해 변형한 것으로 내가 작업한 내담자들의 많은 특징과 도전을 합성한 것이다.

분노 다스리기에 관한 책을 보면 두 가지로 나눌 수 있었지만 두 가지 모두 내 프로그램에서 다루는 방법에 비해 부족했다. 실생활에 도움을 주는 책들은 깊이와 개념이 부족한 반면, 이론에 중점을 둔 책들은 생활에 도움을 줄 만큼 구체적이지 않았다. 그래서 이 책에는 분노에 대한 깊이 있고 체계적인 설명과 함께 실생활에서 사용할 수 있는 단계적 분노 다스리기에 대한 '구조'를 함께 첨부하였다. 특정 기술이 왜 효과적인지를 이해하지 않고서는 기술을 떠올리기 어려우며, 추상적인 아이디어만 있다면 실제적인 기술을 개발할 수 없다.

이 프로그램은 분노를 성공적으로 다스리기 위해선 분노를 구성하는 중요한 요소들을 이해해야 한다는 믿음에서부터 비롯되었다. 분노에 대한 충분한 설명도 없이 분노 조절 테크닉만 전해주는 것은 마치 설계 없이 집을 짓는 것과 같다. 나무와 벽돌도 필요하지만 계획이 없다면 성취하고자 하는 전체적인 그림을 볼 수 없다. 그러므로 이 책에서는 분노의 핵심 구성에 대해 다룰 것이며 당신은 다음과 같은 내용을 학습할 것이다.

1. 당신을 분노하게 만드는 자신, 타인 혹은 사물에 대해 갖고 있는 비

현실적인 기대들을 인식하자. 당신은 무엇을 기대하며 어떻게, 왜 그런 기대를 하게 되었는지 이해하고 기대에 대한 재검토와 사고의 변화가 필요함을 알게 될 것이다.

2. 조절하지 못할 정도로 분노가 부풀기 전에 초기에 꺾어버리자. 당신은 분노의 생리적인 면을 배울 것이다. 즉 분노에 의해 몸이 어떻게 반응하는지, 변화를 어떻게 느낄 수 있는지 배움으로써 분노가 치밀기 전에 다스릴 수 있게 된다.

3. 일단 분노가 자극되면 머릿속에서 튀어나오는 사고들이 어떻게 분노를 표출시켜 당신을 몰고 가는지 확인해보자. 당신은 인지행동치료CBT의 아이디어와 기술을 사용하여 분노에 직접적으로 영향을 미치는 사고의 종류를 개념적으로 파악하게 되고, 도움이 안 되는 사고를 어떻게 구분하는지를 알게 된다.

4. '적극적 문제 해결' 방법을 이용하여 사고와 감정을 분명하게 표현하자. 당신은 분노를 터뜨림으로써 다른 사람에게 이해받지 못하게 하고 당신의 노력을 물거품으로 만들곤 했던 함정에 대해 배울 것이다. 갈등을 완화시키고 과거에 당신을 분노시켰던 다른 사람들의 분노에서 벗어나는 방법을 학습할 것이다.

당신은 자신의 분노를 체계적으로 이해하고 현재의 분노를 변화시키는 데 가장 큰 도움이 되는 자각을 배우게 될 것이다. 또 이 책을 통해 언제 분노가 자극을 받는지, 분노에 의해 어떤 생각들이 일어나는지, 당신의 정서에 따라 신체가 어떤 반응을 일으키는지, 그리고 다른 사람들에게 분노를 어떻게 표현해야 되는지를 확실하게 알게 될 것이다. 이와 같은 자각은 과거에 자동적으로 표출했던 분노 반응을 어느 시점에서든지 조절할 수 있게 해준다. 너무 늦기 전에 신체 반응을 억제하는 법, 분노에 불을 붙이는 자동적 사고를 알아차리고 도전하는 법, 분노했을 때 어떻게 느끼고 행동하는지를 위축되지 않고 솔직하게 바라보며 당신에게 도움 이 되지 않는 행동을 고칠 수 있는 방법을 배울 수 있다. 또한 오랜 습관으 로 몸에 배어있는 기대와 분개가 당신의 분노를 어떻게 자극하는지, 그리 고 당신의 생활습관(얼마큼 자는지, 커피나 술을 어느 정도 마시는지 등) 이 분노를 조절하려는 당신의 노력을 무산시킬 수 있다는 것도 알게 될 것이다. 당신은 감춰진 분노를 해결하기 위해 스트레스 요인을 어떻게 새 로운 방법으로 바꿀지 그리고 당신의 분노를 어떻게 확인하고 직면할지 를 배울 것이다. 또한 중요한 사람들을 용서하는 문제와 그에 대한 이점 에 대해서도 배우겠지만 원한은 시간이 흐른다고 줄어드는 것이 아니며 당신뿐 아니라 당신이 사랑하는 사람들에게도 영향을 미친다.

배워야 하거나 해야 할 일이 많은 것처럼 들리겠지만 이 6단계는 분명 도움이 될 것이다. 이 기법들은 배우기 쉬울 뿐 아니라 분노를 극복하기 위해 필요할 때마다 쉽게 적용할 수 있도록 구성되어 있다. 분노를 다스 릴 때 가장 힘든 부분 중 하나는 분노가 너무 빨리 일어난다는 점이다. 분 노는 언제 불씨가 당겨졌는지도 모르게 폭발한다. 어느 시점에서든지 사 용할 수 있는 다양한 기법들을 통해 침착하고 단호하게 분노의 파괴력을 물리칠 수 있다.

아직 프로그램에 대한 확신이 없더라도 이 6단계가 얼마나 다루기 쉬 운지 느껴보기 위해서라도 책을 읽어 보기를 권한다. 그리고 만약 당신이 분노에 있어 큰 문제가 없다고 생각된다면 다음의 목록을 살펴보고 혹시 당신과 비슷한 경우가 있는지 솔직하게 점검해보기를 바란다.

- 당신은 언제나 '누가, 나에게?' 라는 식으로 억울하게 생각할지 몰라도 다른 사람들은 당신의 분노가 문제라고 불평한다.
- 당신의 아내(혹은 남편, 자녀, 직장 상사 등)는 당신의 폭발을 참을 수 없다고 여러 번 말했다. 당신은 '당신의 문제 혹은 그 외'의 것에 대해 뭔가를 해야만 한다.
- 최근에 당신은 매우 지치고 짜증스러워서 다른 사람들에게 화풀이하고 후회한 적이 있다.
- 당신은 화가 나면 분노를 내면에 감추고 다른 사람들을 벌주기 위해 그들이 부탁한 것을 하지 않거나 무슨 문제가 있냐고 물어도 아무것도 아니라고 대답한다.
- 당신은 화가 나면 배우자(혹은 친한 친구, 직장 동료)와 며칠 동안 말을 하지 않는다. 당신은 그들이 당신의 눈치를 살피며 "어째서 말을 하지 않는 거야? 내가 뭔가 잘못했어? 대화 좀 하자."와 같은 식으로 쩔쩔매는 모습을 즐긴다.
- 누군가 당신을 화나게 하면 곧바로 빈정거린다. 예를 들면, 그들에게 수치심을 주거나 조롱한다. 그들이 발끈하면 당신은 "장난 좀 친 것 가지고 뭘 그렇게 예민하게 굴어?"라며 상대방이 과민 반응을 한다고 말한다. 여기에서의 진정한 이슈는 당신이 분노했지만 그것을 인정하지 않고 말하고 싶어 하지 않는다는 것이다.
- 당신은 골치 아픈 일이 생기면 자주 통증이나 고통(예 : 두통, 근육통)을 느낀다. 집으로 돌아올 쯤에는 매우 지쳐서 가족들에게 화풀이를 하기도 한다.
- 당신은 최근에 참을 만큼 참았다고 느끼는 사람에게 폭발했다. '난폭한' 운전자, 가게의 점원 등 사람들이 어떻게 행동해야만 하는가

(예 : 유능한, 공손한, 예의 바른)에 대한 당신의 높은 기준에 미치지 못한 누군가에게 이성을 잃곤 한다.

- 잠시 멈춰서 거울 속의 자신을 바라본다면 성격을 바꾸거나 삶에 지장을 주는 희생을 치르지 않더라도 당신은 변화할 수 있다. 당신의 가치나 성격에 문제가 있다는 것은 아니다. 당신이 분노했을 때 어떻게 행동하는가가 문제이며, 제1장은 당신에게 새로운 방향으로 걸어가는 데 필요한 모든 것을 제시해줄 것이다. 먼저 분노가 당신의 삶에 어떤 부정적인 영향을 미치는지를 정확하게 평가하기 위해 첫 번째 단계를 읽어보고 변화를 위해 나머지 부분을 읽어보길 바란다.

이 책을 어떻게 적용할까

나는 당신이 이 책을 처음부터 끝까지 차례대로 읽기를 권한다. 이 책의 한 장 한 장이 다음 장의 기초가 되기 때문이다. 한 번 읽고 난 후에는 복습하기 위해 가장 필요한 부분들을 다시 읽어도 좋다. 어떤 장의 끝 부분에는 '연습'이 있는데 이 연습들을 꼭 해보길 바란다. 아마도 분노 상황에서 새로운 기술들을 자연스러운 '습관'으로 만드는 데 많은 도움이 될 것이다.

당신이 아끼는 사람이 당신의 분노와 관련되어 있다면 나의 책 **화를 내고 후회하는 화내지 않고 이기는**(*Overcoming Anger in Your Relationship*)과 길포드 출판사의 서적들(참고자료 참조)을 참고해보기를 권한다. 또 쿨하게 화내기의 장들을 함께 읽고 논의해볼 수도 있다. 예를 들어, 부부들은 종종 언쟁을 악화시키는 분노 유발요인을 확인하고 변화하기 위해 함께 분노 조절 워크숍에 참석하기도 한다. 좀 더 침착한 쪽은 상대방이 분노하기 시작할 때 그것을 누그러뜨리는 방법과 이 책이 권하는 바람직한 분노 형태인 적극적 문제 해결 단계를 적용하는 방식을 배울 수 있다. 나는 때때로 '분노하는' 사람도 상대방이 비난하거나 지적하지 않고 문제를 해결하도록 돕기 위한 책임을 기꺼이 진다는 것을 알 필요가 있으며 이것이 동기를 부여한다고 느낀다. 너무 자주 폭발하고 그것이 잠재적으로 주변 사람들과의 관계를 손상시킬 가능성이 있다면 전문가의 상담을 받기 바란다(전문적인 도움은 제2장에 좀 더 자세히 나온다).

내가 제안하는 6단계는 다음과 같다.

- 분노가 당신에게 문제가 되는가? 1단계인 제1장과 제2장에서는 분노 표출 방법의 문제점을 짚어본다. 누군가 당신에게 분노에 관하여 도움을 받으라고 하지만 당신은 잘 모를 수도 있다. 어떤 분노의 형태를 의논해야 되는지 정확히 살펴볼 수 있는 간략한 평가지 뒤에는 당신에게 분노 문제가 있는지를 진단하는 가이드라인이 있다. 또한 어떤 상황들이 분노를 유발하며 분노가 어떻게 증폭되는지, 그리고 이것을 해결하기 위한 방안은 무엇인지에 관한 사례들을 배우게 될 것이다.

- 무엇이 당신의 분노를 유발하는가? 2단계에 해당하는 제3장에서는 어떠한 상황이 당신의 분노를 유발하는지 알아본다. 당신은 어린 시절의 경험을 바탕으로 자신이나 가족, 친구, 다른 사람에 대한 기대와 주변에서 일어나는 일들에 대한 기준을 갖게 되었을 것이다. 분노는 이러한 기대가 충족되지 못할 때 유발된다. 그럼에도 불구하고 우리는 일어나기 어려운 일에 기대를 걸기도 한다. 당신의 비현실적인 기대들을 확인하고 이를 고치는 것이 이 단원의 핵심이다.

- 분노의 강도를 어떻게 조절할 수 있는가? 제4장과 제5장으로 구성된 3단계는 초기에 분노의 시작을 느낄 수 있는 방법을 알려줄 것이다. 분노는 시작될 때 다스리기가 쉽다. 분노할 때 일어나는 신체적 변화(예 : 딱딱해지는 어깨, 뜨거워지는 얼굴, 가쁜 숨)를 느낄 수 있는 분노 신호들을 배우고 난 뒤, 긴장을 완화시킬 수 있는 여러 가지 기법들을 사용하여 분노로 인한 신체 반응을 이완시킬 수 있다.

- 분노의 뿌리를 없애기 위해 당신의 사고를 어떻게 사용할 것인가? 제6장과 제7장으로 구성된 4단계에서는 내적 사고, 혼잣말, 심상의 영향력을 배우게 될 것이다. 수많은 연구 자료들은 사고가 우울이나 근심, 분노와 같은 중요한 정서에 영향을 준다고 한다. 왜곡된 인지(도움이 되지 않는 분노를 일으키는 혼잣말)와 싸우고 대체함으로써 분노가 끓어오르기 전에 없애는 방법을 배울 것이다.

- 갈등이 발생했을 때 어떻게 침착하게 의사소통할 수 있는가? 5단계는 제8장과 제9장에 제시되어 있으며, 중요한 관계에 문제가 생겼을 때 갈등을 부채질하거나 침착함을 유지하기 어렵게 하는 의사소통 방식을 분별하도록 도와줄 것이다. 침착하게 갈등을 해소하고 상호 동의할 수 있는 효율적인 의사소통 방식인 적극적 문제 해결 개념이 강조될 것이다. 그리고 나서 당신은 어렵게 느껴지는 사람들과 분노가 일어나는 상황을 갈등 없이 침착하게 다루는 방법에 대해서도 배울 것이다.

- 어떻게 배운 것들을 자동적으로 자연스럽게 할 수 있을까? 마지막으로 6단계에서는 지금까지 학습한 분노 조절 방법들을 자연스러운 일상 습관으로 다지는 방법을 배우게 된다. 오랫동안 몸에 밴 습관을 어떻게 바꿀 수 있을까? 제10장에서는 과거의 분노 형태를 버리고 분노

를 다스리기 위한 새로운 방법을 정착시켜 필요할 때마다 이 새로운 방법을 사용하도록 가르쳐줄 것이다. 새로 추가된 제11장은 해결되지 않은 분개를 다루고 분노로부터 자유로워지기 위해 언제 어떻게 용서할지를 결정하도록 도우며 이것은 당신의 건강과 안녕에 영향을 줄 것이다. 당신이 수년간 어떻게 분노를 표현해왔는지를 배우겠지만 하루아침에 달라지기를 기대할 수는 없다. 제12장에서는 실패를 하는 일반적인 이유와 어떻게 다시 정상 궤도로 들어갈 수 있는지를 학습할 것이다.

물론 이러한 과정들이 더 이상 화내지 않게 한다는 것을 의미하는 것은 아니다. 분노는 가장 인간적이면서도 열정과 신념이 묻어있는 강렬한 감정이므로 지금까지 거론한 것처럼 부정적인 면도 있지만 긍정적인 면도 있다. 분노는 잘못된 것을 바로잡고 정의를 위해 싸우며 인간관계의 중요한 부분에 대해 말할 수 있는 힘을 가지고 있다. 분노가 도움이 되는 에너지로 전환되느냐 혹은 그저 삶의 긴장과 갈등을 가져오느냐는 우리가 어떻게 하는가에 달려있다. 중요한 것은 당신의 인생에서 분노의 역할이 무엇인가이다. 당신의 삶에 도움이 되는가 아니면 당신의 꿈과 희망을 이루는 데 방해가 되는가?

만약 분노가 항상 문제라고 대답한다 하더라도 자신을 탓하지 말자. 분노에 차서 다른 사람을 불편하게 하고 위협하는 사람들은 형편없는 대본을 읽고 있는 것뿐이지 사실은 사려 깊고 좋은 사람들이 대부분이다. 이들이 보이는 부정적인 분노의 형태는 필요한 것을 채우기 위한 방법으로서 그들이 열등해서가 아니라 살면서 배웠거나 부모, 동료, 선생님의 행동을 통해 학습한 것이다. 내 경험에 의하면 침착하고 효과적으로 문제를 해결하는 방법을 알고 나면 오히려 더 빨리 변화한다. 끊임없는 분노나 언쟁, 분통을 터뜨리는 일은 즐거운 일도 아닐뿐더러 모든 사람들에게도 고통이다. 6단계의 분노 조절 과정은 당신의 삶의 새로운 각본이 될 것이며 당신이 새롭게 변화되도록 안내할 것이다.

아직 확신이 서지 않을 수도 있겠지만 제1~2장은 분노가 당신의 삶의 질과 건강, 직장, 가장 중요한 관계에 어떻게 심각한 영향을 미치는지 보여줄 것이다. 나머지 장들은 짜증 나게 하거나 화나게 하는 상황에 직면했을 때 새로운 자신감으로 감정을 조절하고 적극적으로 갈등을 해소하도록 도와줄 것이다.

비록 당신의 분노가 아주 사소한 문제라고 하더라도 이 책은 다른 사람들이 당신을 탓하거나 비난할 때 어떻게 대처할 수 있을지를 준비하게 한다. 의사소통 전문가인 데보라 테넌 박사가 언급한 것처럼 우리는 아무리 품위 있게 살아보려고 해도 '논쟁 문화' 속에 살고 있기 때문에 너무나 자주 다른 사람들의 공격적인 말과 행동을 극복하며 살아가야 한다. 이 책은 다른 사람들의 분노 표현을 재빨리 파악하고 갈등이 가져올 수 있는 위험의 뿌리를 뽑아 그런 상황에서 유연하게 벗어날 수 있게 하는 새로운 도구를 제시한다. 그러므로 분노하는 사람과 살고 있거나 그들과 함께 일하고 있는 사람들에게도 도움이 될 것이다.

첫 단계인 제1장과 제2장은 당신의 현재 상황을 파악하고 어디에 초점을 두어야 할지를 알려줄 것이다. 우선 시작을 위한 첫 발로 한두 페이지를 읽어보자. 행운이 있기를!

1단계

분노를 이해하고 인식하기

 제1장과 제2장은 당신이 어떻게 분노를 경험하고 언제 분노가 문제시되는지를 이해할 수 있게 해준다. 당신은 갈등 상황에서 자신을 더 잘 관찰할 수 있을 것이다. 어떻게 감정적으로 반응할 것인가? 분노가 일어날 때 어떻게 할 것인가? 미래에 어떻게 반응하고 싶은지를 결정 내리기 전에 먼저 분노에 대해 알아야 한다.

01

분노의 모습
거울 속에서 당신은 누구를 보는가

말시는 이해하기 어려운 사람이다. 친구들과 직장동료들을 좋아하고 남편인 프랭크와도 오랜 관계를 유지하고 있는 말시는 두 얼굴을 갖고 있는 것처럼 보인다. 아이들이 아무 말썽 없이 학교에 가고, 교통이 원활하여 사람들이 약속한 일을 신속하고 '유능하게' 잘 처리할 때는 모든 것이 '잘 돌아가는 것' 같다. 문제는 다른 사람들이 말시의 기대에 미치지 못하면 '화'를 내고 긴장을 폭발시켜서 다른 사람들이 자주 그녀를 피하게 되는 데 있다. 직장에서의 책임이 더 커지면서 말시의 분노는 잘 지내왔던 여러 사람들과 문제를 일으켰다. 가장 최근에 그녀의 감정폭발이 거론되었을 때 그녀는 "제가 요즘 아주 심한 스트레스를 겪고 있어요. 모르겠어요? 이해하세요."라며 방어하였다.

사무엘은 말시만큼 자주 화를 냈지만 다르게 표현했다. 그는 화가 날 때 경직되거나 큰 소리를 내기보다는 몇 시간 동안 혹은 어떤 때는 며칠씩이나 벽을 쌓고 지냈다. 동의하지 않는 회사의 방침을 따르지 않으면서도 그런 태도가 의도적이 아니라고 주장하는 그의 방식을 회사 동료들은 '소극적 공격'이라고 묘사하였다. 그의 약혼녀는 사무엘이 언제 화가 났는지 잘 안다. 그는 마치 그녀를 벌주듯이 일찍 잠자러 들어가고, 그녀가 뭐라 불평하면 "당신은 너무 예민해."라며 빈정대는 말로 감정을 표출한다. 사무엘의 소극적이고 간접적인 분노 표현은 다른 사람들을 좌절시키지만 결코 성질을 부리지 않기 때문에 그는 자신에게 분노의 문제가 있음을 부정한다. 그러나 그를 상대해야 하는 사람들은 그렇게 생각하지 않는다.

말시와 사무엘이 가지고 있는 공통점은 무엇인가? 그들의 일상엔 늘 분노가 있으며 표현방법은 다르지만 다른 사람들이 그들에게 불평하기 시작했다는 점이다. 그러면서도 두 사람은 이것을 문제로 삼고 싶어 하지 않는다. 그들은 이것이 별 문제가 아니라고 생각하거나 다른 사람의 잘못이라고 떠넘긴다.

총명하고 판단력 있는 이 두 사람은 왜 자신의 분노가 문제라는 것을 알아차리지 못할까? 우리는 아주 가끔이라도 자제력을 잃었다고 인정하고 싶어 하지 않기 때문인 것 같다. 우리의 성장 배경에 따라 화를 내는 것은 마치 성격적 결함으로 느껴질 수도 있다. 나의 경험상 대부분의 사람들은 자신의 분노가 문제가 된다는 사실을 받아들이기 힘들어한다.

그러나 분노는 제기해야 할 문제가 있음을 우리에게 알려주는 중요한 정서이다. 어떤 사람들은 무엇인가 잘못되어 가고 있다는 신호를 조용히 전달해도 알아듣지만 어떤 사람들은 비상벨이 울리기 전까지는 변화가 필요하다는 신호를 전혀 듣지 못한다. 어쨌든 분노를 인식하고 이해하게 되면 분노는 우리에게 잘못을 바로 잡을 힘을 주며 문제를 해결하는 첫 걸음이 될 수 있고, 우리가 믿는 바를 주장하며 갈등을 다루는 과정의 첫 단계가 된다. 불행히도 많은 사람들은 말시와 사무엘처럼 문제 해결을 위해 분노를 사용하지 않는다. 우리는 자신이 화가 났으며 이러한 감정을 표현하는 방법에 문제가 있음을 받아들이지 못하고 또한 받아들이려고 도 하지 않는다.

당신은 분노가 그 자체로 변화를 위해 언급될 필요가 있는 문제임을 어떻게 알 수 있는가?

분노는 어떻게 문제가 되는가

분노가 자신과 일상생활에 영향을 주기 시작하면 문제가 된다. 다음은 분노가 문제가 되는지를 판단하는 데 도움이 되는 질문들이다.

나의 분노가 다른 사람들에게 부정적인 영향을 주는가

말시는 자신이 화내는 것이 '가끔 있는 일이고 큰 문제가 아니다' 라고 느끼는 반면 그녀의 가족과 동료들은 그렇게 생각하지 않는다. 그녀의 남편은 아들이 학교 갈 준비를 하면서 '꾸물거린다' 는 이유로 아내가 짜증 내는 것을 막기 위해 부모로서의 모든 역할을 자신이 담당해야 하는 점에 분개했다. 직장에서 말시의 비서는 그녀가 걸핏하면 화를 내고 가까이하기 힘드니 다른 자리로 옮겨달라고 했다. 마찬가지로 사무엘의 약혼녀는 그가 애정 표현을 하지 않고 자신 속으로만 기어들어 가는 것을 더 이상 참기 힘들다고 했다. 그녀는 그가 요구하는 사과를 하지 않기 시작했고 잠자리와 식사를 따로 하는 일이 잦아졌다.

말시도 사무엘도 문제가 점점 커지는 것을 모르고 있었는데 이것은 아마도 과거에 다른 사람과의 관계에서 분노가 유용하게 쓰였기 때문일 수도 있다. 당신도 비슷한 경험을 했을지 모른다. 당신의 입장을 주장하기 위해 냉담한 태도를 취했을 때 효과가 있었을 수도 있다. 아니면 얼굴을 들이밀고 겁을 주며 의견을 주장했을 수도 있다. 어쨌든 그런 식으로 일이 해결되면 당신의 분노는 마치 당신이 우월한 것처럼 느끼게 할지 모른다. 당신의 의견을 주장하고 잘못된 것을 고치는 데 이런 분노의 에너지를 쓸 수도 있었지만 이젠 세상이 바뀌어 이런 분노는 문제가 된다. 과거에는 잘 먹혀들었던 행동이 이제 당신의 상사, 배우자, 친구들, 현재 직장의 분위기에 역효과를 내고 있다.

다른 사람들이 당신의 분노 표현 방식에 대해 다음과 같은 반응을 보인적이 있는가?

1. 다른 사람들이 당신의 스트레스 반응에 대하여 언급하거나 당신의 행동을 비판한다. 대부분의 사람들은 문제가 정말 심각해질 때까지는 당신의 행동에 대한 그들의 감정을 쉽게 표현하지 않으므로 사람들이 당신에게 거론할 때는 문제가 상당히 심각하다는 것을 알아야 한다.
2. 분노를 터뜨리고 나서 민망해진다. 자신이 지나쳤을 수도 있는 내면의 감정을 무시하지 마라. 그 감정들이 정확한 것일 수도 있다.
3. 당신이 소중하게 여겼던 관계가 어려워지거나 단절될 수도 있다. 다른 사람들이 당신을 별로 찾지 않고 친구나 가족관계가 멀어질 수 있다. 왜 관계가 식어버렸는지를 고민해본 적이 있는가?

당신의 분노가 중요한 사람에게 문제가 된다고 생각된다면 이 문제는 결국 스스로 다루어야만 한다. 당신의 분노가 사랑하는 사람들에게 어떻게 영향을 미치는지를 살펴보기 위해 이 책의 부록 5에 있는 관계 분노 프로필RAP을 실시하고 채점하여 결과를 검토해보자. 만약 당신과 당신의 배우자 혹은 다른 사람들과의 관계가 타협적이라면 처음으로 RAP를 설명한 나의 책 화를 내고 후회하는 화내지 않고 이기는(참고자료 참조)을 읽어보길 바란다.

분노가 나의 능률과 업적에 영향을 미치는가

말시는 신경질이 나면 일에 집중할 수 없고 일처리가 느리다는 것을 알았다. 그녀의 신경질 때문에 팀에서 중요한 두 사람이 같이 일하지 못하겠다고 하였고 팀의 능률은 저하되었다. 또 그녀는 재미있고 편안했던 테니스 레슨까지도 잘되지 않자 짜증이 나서 그만두게 되었다. 사무엘은 동료들과 거리감이 생겨서 회사에서 일어나는 새로운 업무에 참여하지 못하게 되었다. 다른 사람들과 멀어지게 되자 회사에서는 팀 회의에 그를 잘 부르지 않았다.

스트레스가 적당량 이상을 넘으면 능률이 급격히 떨어진다는 연구 결과가 있다. 스트레스 때문에 망친 대학시험, 회사 프레젠테이션, 골프나 테니스 등을 생각해보라. 해결되지 않은 분노는 당신도 모르는 사이에 당신의 노력을 방해하고 모든 것을 망친다.

건강과 삶의 질이 분노로 인하여 악화되고 있는가

제2장에서 보겠지만 스트레스를 받으면 분노가 여러 가지 신체적 현상으로 나타나는 것을 경험하게 된다. 말시는 매일 두통과 목이나 어깨의 결림 때문에 집중하기가 힘들었다. 그녀는 속상했던 날을 생각하며 밤에 잠을 설쳤고 그래서 아침에는 더 짜증이 났다. 사무엘은 분노에 사로잡혀 중요한 사람들과 멀어지는 바람에 삶의 질이 떨어지고 있었다. 그러나 이런 상황에서 어떻게 빠져나와야 하는지는 알지 못했다.

다음과 같이 당신의 건강과 편안함에 영향을 미칠 수 있는 신호를 느낀 적이 있는가?

1. 에너지 수준, 신체적 편안함 혹은 만족감이 예전과 같지 않다.
2. 최근에 스트레스를 받거나 짜증이 났을 때 건강이 안 좋아지거나 몸이 아팠다.
3. 편히 쉬거나 재미있는 일을 하기가 힘들어진다. 사람들은 당신이 너무 심각하고 자신 속에만 빠져있다고 한다.
4. 귀찮고 짜증 나서 취미생활이나 운동처럼 사람들과 함께하는 활동을 피한다.

삶의 질과 건강이 더 이상 나빠지기 전에 분노가 어떻게 즐거움을 갉아 먹고 일의 보람을 없애는지 다시 한 번 검토해보자.

분노는 언제 문제가 되는가

우리 모두는 가끔 성질을 부려서 사과를 하거나 용서를 받은 적도 있다. 일하는 것과 노는 것이 모두 힘들거나 직장에서 열 받은 날 또는 쇼핑으로 짜증 나는 주말 오후에는 평소보다 더 많은 소화제를 먹을 때도 있다. 이런 것이 인생이다.

하지만 자주 화가 나고 분노에 계속 시간을 빼앗긴다면 더 이상 방관할 수 없다. 자주 찾아오는 분노는 당신을 지치게 하고 불편하게 만들며 정말 무슨 변화가 필요한 것은 아닌지 생각해보게 한다. 스스로에게 다음의 질문을 해보자.

나는 얼마나 자주 화를 내는가

말시는 일을 처음 시작했을 때 재치와 능력으로 모든 사람의 신뢰를 얻었다. 그런 그녀가 가끔 예민하고 냉철함을 잃는 것이 그렇게 큰 잘못일까? 하지만 말시의 신경질은 어떤 대가를 치르더라도 피해야 할 매일의 사건이 되어버렸다. 이제 그녀를 대하는 사람들에게 용서하기도 힘들 뿐 아니라 이것은 스트레스가 되었다. 분노가 점점 심해짐을 눈치챈 남편이 말시에게 이야기하려 했지만 그녀는 "난 요즘 스트레스를 정말 많이 받았어." 라며 얼버무리고 피하였다.

생활의 정상기능을 담당하는 분노와 같은 행동이 너무 많아지거나 너무 적어지면 자신과 다른 사람들에게 부정적인 영향을 준다. 먹거나 자거나 일하거나 노는 것도 너무 많거나 너무 적으면 신체, 정서, 정신적 균형을 깨뜨리는 위험이 된다. 분노도 예외는 아니다. 사람들이 대놓고 약올리거나 못살게 구는데도 그들에게 화를 낼 수 없는 친구가 있다면 당신은 얼마나 걱정이 되겠는가? 반대로 심지어 사람들이 좋아했고 달라지길 바랐지만 잦은 분노 때문에 이제는 더 이상 참아줄 수가 없게 된 말시 같은 사람도 있다.

분노가 어떤 강도로 얼마 동안 지속되는가

아들이 아침에 늑장을 부려 짜증이 난 말시는 화가 쉽게 누그러지지 않았다. 말시는 아침에 집을 나설 때 자주 신경질이 나서 '부주의하게 천천히' 운전하는 사람들에게 욕을 했고 그것은 다시 회사에서 처음 만난 사람에게로 이어졌다. 그녀의 비서는 그런 기분으로 퍼붓는 강압적이고 신경질적인 말시의 질문이 너무 싫었다. 말시는 분노가 한 번 터지면 강도가 심하고 오래 지속되었으며 쉽게 가라앉지 않았다.

마찬가지로 약혼녀에 대한 사무엘의 냉담은 사그라들 줄 몰랐다. 그는 그녀와 오랫동안 대화를 피했고 처음에 그를 화나게 했던 것에서 벗어나는 것을 힘들어했다. 자신의 분노를 평가할 때 그 정도가 얼마나 심각하며 또 얼마나 오래 지속되는가를 고려해보라. 아마도 다른 사람들은 벌써 느끼고 있을 것이다.

분노가 당신에게 문제인가

지금까지 읽은 것을 짚어볼 때, 당신도 자신의 분노 표현에 문제가 있다고 느끼는가? 나는 어떻게 자신이 분노를 표현하는지를 알 수 있는 평가지를 개발했다. 예를 들어, '분노'를 떠올리면 큰소리치는 언쟁이나 밖으로 표출하는 공격적인 행동이 연상되는가? 많은 사람들이 그렇게 생각한다. 아마 그래서 우린 그것을 받아들이기 힘들지도 모른다. 사실 '분노'는 여러 가지 형태로 표현되는데 우리가 '분노의 형태'라 부르는 것은 심각하고 눈에 띄는 행동뿐 아니라 소극적이고 간접적인 행동도 포함한다. 사무엘처럼 다른 사람들이 원하는 것을 하지 않거나 빈정대고 비꼬는 행동들도 동일한 수준의 분노 표출임을 기억하라. 자신의 분노 표현 형태를 잘 이해함으로써 분노가 당신의 삶에 어떻게 영향을 주는가를 좀 더 정확하게 말할 수 있다.

잠시 시간을 내어서 자신의 분노를 평가할 수 있는 다음의 질문들을 고려해보자.

당신의 분노는 어떤 형태일까?

분노 자기평가지(SAQ)

당신에게 해당되는 문항에 체크하라.

당신의 삶에서 분노는 얼마나 큰 비중을 차지하는가?

지난 6개월 동안 스스로 느낀 점이나 주위 사람들이 당신의 분노에 대해 했던 말을 상기해보자. 당신이 표시한 부분의 점수들을 합산해보라.

- 신경질 나는 상황에 잘 대처하지 못했다. (1점)
- 화를 낸 것이 당황스럽고 죄책감을 느꼈다. (2점)
- 누군가가 당신의 분노 표현 방법에 문제가 있다고 이야기했다. (2점)
- 당신의 분노 표출로 인해 가정에서나 직장에서 혹은 친구들이나 가족 안의 중요한 관계가 한계에 이르렀다. (3점)
- 당신을 아끼는 누군가가 당신에게 분노 조절을 위한 도움을 받으라고 강력히 충고했다. (3점)
- 분노를 터뜨리는 방식 때문에 심각한 문제에 빠진 적이 있다. 예를 들어, 직장에서 징계를 받았거나, 길에서 난동을 부려 체포되었거나, 법적인 문제가 있었거나, 누구를 다치게 했거나, 자신이 다쳤거나, 별거, 이혼을 당한 적이 있다. (4점)

채점 : 모든 점수들을 더한다. 만일 *3점* 혹은 *그 이상*이면 당신은 분노를 표현하는 데 문제가 있을 가능성이 있다. *6점 이상*은 심각한 문제가 있을 수 있다. 책을 덮지 말자. *만일 마지막 질문에 표시했다면 분노를 다루는 상담가를 찾아 도움을 받아야 한다.*

당신은 분노를 어떻게 표현하는가?

다음과 같이 도전적인 열 가지 상황을 고려해보자. 각각의 상황을 읽으면서 현재 또는 지난 30일 동안 이런 일이 일어났다면 어떻게 처리했을지를 생각해보자. 어떻게 느끼느냐에 따라 분노를 표현하는 방법이 여러 가지일 수 있으므로 당신에게 해당되는 반응에 모두 표시해보자. 묘사된 각 상황이 자신에게 해당되며, 비슷한 상황이라고 생각한다면 모두 표시하라. 하나도 해당되지 않으면 '기타'에 표시하라.

1. 당신이 싫다고 여러 번 말했음에도 상대방은 계속 그렇게 행동한다. 당신의 반응은,
   - 그 사람을 피해 혼자 있고 싶고 이야기하고 싶지 않다. (C)
   - 어떻게 하면 그 사람을 혼내주고 불편하게 만들까 생각한다. (B)
   - 당신의 의견을 강력하게 주장한다. 그 사람이 듣거나 말거나 당신이 얼마나 화났는

가를 말하는 것이 중요하다. (E)
- 짜증이 나고 분통이 터져서 더 크게 말하고 문을 쾅 닫으며 과속 운전한다. (D)
- 속으로 "뭔가 해달라고 하기만 해봐라. 내가 해주나 봐라!"하고 혼잣말을 한다. (A)
- 기타 : 이런 종류의 반응을 보이지 않는다.

2. 동료들과 함께 아침에 출근하는데 갑자기 다른 운전자가 끼어들어 급하게 브레이크를 밟았다. 당신의 반응은,
- 너무 화가 나서 회사에서 일을 시작하기가 어렵다. (D)
- 운전자 옆에 차를 세우고 무례한 제스처를 한다. (E)
- 운전자에게 보복하기 위해 일부러 천천히 운전한다. (A)
- 그의 운전 실력이 엉망이라는 것을 표현할 수 있는 욕설이나 악담을 생각한다. (B)
- 극도로 화가 나서 함께 차에 탄 사람들과 말도 하지 않고 분노를 되새긴다. (C)
- 기타 : 이런 종류의 반응을 보이지 않는다.

3. 친한 친구가 식당에서 당신을 30분이나 기다리게 했다. 친구는 사과할 기미조차 보이지 않고 마치 아무 일도 없는 것처럼 행동한다. 당신의 반응은,
- 곧바로 친구에게 언성을 높이며 얼마나 생각이 없으며 무례한 태도인지, 그리고 얼마나 신경질이 났는지를 표현한다. (E)
- 신경질 나고 화가 나서 빠르게 식사하며 종업원에게도 짜증 내고 밥을 먹는 동안에도 기분 나쁜 티를 내며 성질을 부린다. 쉽게 떨쳐내기가 어렵다. (D)
- 친구의 말에 거의 대꾸하지 않는다. 아무 일도 없었던 것처럼 행동할 수 없기 때문에 상대방이 혼자 이야기하게 한다. (A)
- 그 사람에게 더 이상 같이 있을 수 없다고 말하고 자리를 떠난다. 상대방도 자신이 얼마나 무례하게 행동했는지 깨달을 것이다. (C)
- "난 네가 우리의 우정을 정말 중요하게 생각하는 것 같아 기뻐."라며 비꼰다. (B)
- 기타 : 이런 종류의 반응을 보이지 않는다.

4. 편의점에서 계산하기 위해 길게 줄서서 기다리고 있다. 점원은 동료와 '잡담하느라' 일을 소홀히 한다. 당신의 반응은,
- "이 사람 정말 안 되겠군." 혹은 "이런 사람을 고용하다니."라며 혼잣말을 하거나 다른 사람에게 불평한다. (D)
- 어찌나 화가 나는지 물건을 가게에 그냥 두고 나오면서 다시는 이 가게에 오지 않겠다고 다짐한다. (C)
- 마침내 순서가 되어 점원 앞에 가서는 비꼬는 말투로 "열심히 일해요! 장래를 생각해서라도!"라며 격려하는 척한다. (B)
- 점원에게 얼마나 화가 났는지 이야기하고 가게에서 사람을 이런 식으로 뽑냐며 "이렇게 일해서 손님이 남아나겠어."라고 말한다. (E)

- 일부러 점원이 더 고생하도록 물건을 어질러놓는다. (A)
- 기타 : 이런 종류의 반응을 보이지 않는다.

5. 당신은 배우자나 동료가 당신에게 물어보지도 않고 당신과 함께 친구들과 놀러갈 계획을 짜서 화가 났다. 배우자/동료가 친구들과 이야기를 나눌 때 당신의 반응은,
- 이야기를 시작하면 화장실에 가는 척하면서 자리를 떠난다. 앉아서 그냥 듣고만 있지는 않는다. (C)
- 유머로 상대방의 이야기를 무시하듯이 "엄청 재미있구만. 또 잡지에서 읽은 이야기야?"라며 비아냥거린다. (B)
- 눈이 마주치는 것을 피하면서 상대방의 이야기에 어떠한 반응도 하지 않고 화제를 바꾼다. (A)
- 이야기의 내용을 의심하거나 비판하는 말로 그 사람을 낮춘다. 당신이 화났다는 것을 상대방이 알아야 한다. (E)
- 이야기가 끝나는 것을 참지 못하고 말하는 도중에 다른 사람에게 질문한다. (D)
- 기타 : 이런 종류의 반응을 보이지 않는다.

6. 상대방이 당신을 무시하고 배려하지 않는 것 같아 마음이 아프고 화가 난다. 당신의 반응은,
- '그것을 잊지 않고' 다음번에 그가 뭔가를 원해도 해주지 않는다. 그럼으로써 당신이 어떤 느낌인지 보여준다. (A)
- 그와 대화도 하지 않고 일찍 자리감으로써 쓴 맛을 보여준다. (C)
- "당신의 사랑은 정말 대단해! 언제나 믿을 만해!"라며 날카롭게 쏘아붙인다. (B)
- 화를 내면서 상대방이 냉정하고 못되게 행동한다고 강한 어조로 이야기한다. (E)
- 당신을 실망시킨 것에 대해 화가 나고 짜증 나서 다른 사람들에게도 짜증을 낸다 (예 : 자녀, 친구, 동료). (D)
- 기타 : 이런 종류의 반응을 보이지 않는다.

7. 당신의 상사가 당신과 한마디 상의도 없이 당신이 원하던 자리를 다른 사람에게 주었다. 당신이 이 상황을 다루는 방법은,
- 상사에게 가서 한바탕한다. 불공평한 대우를 참을 수 없다고 이야기한다. (E)
- 회사를 그만둘 생각을 해본다. 나를 제대로 알아주지 않는데 왜 굳이 이 회사에 남아있어야 하나? (C)
- 더 이상 상사를 돕기 위해 늦게까지 남아있거나 더 많은 일을 하지 않기로 작정한다. (A)
- "부하 직원들에게 이렇게 공평한 대우를 해주어서 정말 고맙고 같이 일하게 되어서 너무 기쁘네요."라며 상사를 비꼰다. (B)
- 근육이 긴장되고 몸이 굳어지면서 다른 사람들이나 다른 일에서도 참지 못하는 것

을 느낀다(예 : 느린 엘리베이터, 통화 중 신호음 등). (D)
* 기타 : 이런 종류의 반응을 보이지 않는다.

8. 당신은 중요한 모임에 나갈 준비를 마쳤고 이 일이 얼마나 중요한지를 누누이 이야기 했음에도 불구하고 상대방이 준비가 되지 않아 20분이나 늦었다. 당신의 반응은,
* 계속 예민해지고 짜증이 나서 "이렇게 늑장을 부리다니."라는 말을 중얼거리게 된다. 늦는 것을 그냥 차분하게 받아들이기가 힘들다. (D)
* 마침내 떠날 준비가 되면 "어떻게 이럴 수가 있어?"라며 무안을 준다. (E)
* "늦지 말아야 한다는 말을 정말 귀담아 잘 듣는군."하며 비꼰다. (B)
* 차를 함께 타고 가면서 한마디도 하지 않는다. 그리고 하루 종일 상대방을 피한다. (C)
* 그 사람이 정말 특별한 것을 했거나 잘했어도 칭찬하지 않는다. 어째서 칭찬해야 하지? (A)
* 기타 : 이런 종류의 반응을 보이지 않는다.

9. 당신은 프로젝트를 위해 많은 일을 했는데 시상식장에서 담당자는 당신만 빼고 모두를 칭찬하였다. 당신은 약간 화가 났다. 당신의 반응은,
* 나중에 그가 말을 건네도 대꾸하지 않거나 거의 반응하지 않는다. (C)
* 그가 실수로 내 이름을 빠뜨렸다면서 사과해도 받아들이지 않고 화제를 바꾼다. 쉽사리 화해하지 않는다. (A)
* 다른 사람들 앞에서 그가 당황할 만한 말을 하며 즐거워한다. (B)
* 당신의 감정을 배려하지 않고 행동한 것에 대해 한마디 한다. 당신의 진지한 목소리에 그가 어느 정도 당황한 것을 알아차리고 그가 당한 것을 생각하면서 흐뭇해한다. (E)
* 어찌나 속상한지 과속 운전을 하며 다른 운전자들에게 욕을 한다. 긴장이 심해 저녁 내내 짜증을 낸다. (D)
* 기타 : 이런 종류의 반응을 보이지 않는다.

10. 여러 번 말했는데도 옆집 사람이 빌려간 물건을 돌려주지 않는다. 그 사람이 집 앞에서 그 물건을 쓰자 짜증이 난 당신의 반응은,
* 그 사람이 친근하게 말을 걸어와도 무시하고 반응하지 않는다. 배려가 없는 사람과 어떻게 대화할 수 있는가? (C)
* 미니밴을 그 집 앞에 세우면 싫어하는 것을 알면서도 일부러 그렇게 한다. (A)
* 배려할 줄 아는 사람이 옆집에 살면 좋겠다고 그에게 말한다. (B)
* 옆집 사람을 보기만 해도 스트레스가 생겨 정원일을 나중으로 미루고 집으로 들어간다. 긴장을 빠르게 '떨쳐내기'가 힘들다. (D)
* 물건을 되돌려달라고 강력하게 얘기하면서 앞으로는 빌릴 생각도 하지 말고 근처

에서 얼씬거리지 말라고 한다. 도덕적이지 않은 사람과 왜 관계를 해야 하나? (E)
- 기타 : 이런 종류의 반응을 보이지 않는다.

분노 자기평가지 채점 방법

분노 표현 방법은 다음과 같은 다섯 가지 형태로 나타낼 수 있다. 각 척도는 서로에게 별로 도움이 안 되거나 더 문제가 되는 분노 '형태'인 분노 표현 방식을 나타낸다.

당신이 표기한 항목을 토대로 A, B, C, D, E가 각각 몇 개인지를 더한다. 이제 더한 수를 밑에 나온 척도에 적어본다.

척도 A : 소극적 공격 _____.

화가 나면 사람들과 거리를 두고 그들이 원하는 것을 안 하거나, 늑장부리거나, 거부한다. 사람들이 지적하면 좀 자제하거나 아니면 화가 났다는 것을 아예 부인한다.

척도 B : 빈정대기 _____.

분노의 간접적인 표현으로 비꼬는 말, 상처 주거나 무시하는 농담 등을 사용한다. 당신은 인정하지 않지만 표정이나 음성에서 혐오나 비난을 느낄 수 있다. 다른 사람들이 당신의 말이나 행동에 상처받거나 불평하면 오히려 너무 예민하다며 비난하거나 그들의 반응을 대수롭지 않게 취급한다.

척도 C : 냉담 _____.

화가 나면 말을 하지 않고 사람들과의 접촉을 거의 또는 아예 하지 않으며 몇 시간이고 며칠이고 지속한다. 사람들이 당신을 달래려고 애쓰는 것으로 벌주고 그것을 받아들이지 않는 것을 즐긴다.

척도 D : 적대감 _____.

기대가 충족되지 않을 때 느끼는 스트레스를 감당하지 못하고 경직되어서 강압적인 큰 소리로 혐오감과 불만을 표현한다. 한숨을 쉬거나 눈을 돌리면서 상대가 스트레스를 느끼게끔 불쾌한 말을 한다. 바보스러운 행동을 참고 기다리지 못한다.

척도 E : 공격 _____.

의도적이건 아니건 정서적으로나 신체적으로 상대방을 겁주거나 해칠 것 같은 행동을 한다. 고함을 지르거나 욕을 하고 무시하는 행동으로 배우자, 친구, 동료들에게 위협을 느끼게 하거나 겁먹게 할 수 있다. 분노 자기평가지에서 직접적으로 다루지는 않았지만 신체적 공격은 상대방의 허락 없이 신체적인 방해를 하는 것, 붙잡는 것, 미는 것, 때리는 것, 제지하는 것 등이 있다. 이런 분노의 양상은 심각한 상태이며 특히 언어적, 신체적 학대가 다른 사람들을 해칠 정도면 전문적인 도움이 필요하다.

특정 척도의 점수가 특별히 높은가? 이러한 분노 표현 방식은 앞으로 분노 관리에 대해 배워야 하는 것을 적용함으로써 변화를 만드는 데 주목해야 하는 부분이다. 이 척도의 가장 높은 점수에 놀랐는가?

여러 척도에 점수를 주었는가? 만약 여러 척도에서 높은 점수를 받았다면 다른 사람에게 보인 여러 가지 행동을 되돌아보고 먼저 어느 부분을 집중적으로 바꾸어나갈 것인가를 결정해야 한다.

당신을 잘 아는 사람들은 당신의 분노를 어떻게 보는가? 당신에게 도움이 필요하다고 말한 누군가 때문에 이 책을 읽고 있지만 설문지에 당신의 점수를 반영하기 어렵다면 다른 사람들에게 의견을 구하라. 당신의 분노에 뭔가 하기를 권고한 사람들이나 당신의 삶에 의미 있는 사람, 당신을 잘 아는 배우자, 파트너, 친한 친구, 동료에게 SAQ를 주고 (혹은 사람들이 당신을 어떻게 보는가를 폭넓게 평가하기 위해 2~3명에게 부탁하자.) 설문지를 작성해달라고 요청하라. 부록 1에 복사해서 쓸 수 있는 SAQ가 첨부되어 있다. 만약 몇몇의 사람들이 당신과 일치한다면 당신에게 도움이 필요하다고 말한 사람의 판단에 문제가 있었을 수도 있다. 그러나 그렇지 않다면 친구들이나 가족들이 당신에 대해 말한 것에 귀를 기울여라. 분노가 당신의 인생에 얼마나 큰 역할을 하는가를 다른 시각으로 보게 될 뿐 아니라 모르고 있었을 수도 있고 고쳐야 하는 당신의 분노 표현 방법을 깨닫는 데 도움이 될 수 있다. 게다가 당신의 배우자가 분노 사건에서 당신에게 어떻게 반응하는지를 살펴보기 위해 부록 5의 관계 분노 프로필을 함께 작성해보자.

분노와 나의 관계는 어떠한가

당신은 어떻게 생각하는가? 자신의 분노 자기평가지Self-Assessment of Anger Questionnaire, SAQ를 통해 분노가 당신의 삶에 미치는 영향을 생각해볼 때, 당신은 분노와 어떤 관계에 있다고 생각하는가?

- 분노의 역기능적인 모습을 구분할 수 있는가? 그것은 무엇인가?
- 당신은 괜찮을지라도 당신의 분노가 중요한 사람들에게 어떤 영향을 미치는가?
- 이것이 직장과 가정에서 혹은 친구들과 나누는 즐거움이나 역할수행에 영향을 미치는가?
- 분노로 인해 건강이 나빠지거나 삶의 질이 떨어지는가?
- 질문지를 통해 알게 된 방식으로 얼마나 자주 화를 내는가?

• 분노가 얼마나 강하며 오랫동안 지속되는가?

아직도 분노가 당신에게 문제라는 것을 모르겠는가? 많은 사람들이 그렇다. 분노란 원래 옳다고 느끼는 데서 비롯된다. 즉 부당한 대우를 받으면 화가 나며 분노는 이것을 바로 잡는 도구이다. 분노가 없으면 어떻게 알 것인가?

분노를 느끼지 말라는 것이 아니다. 지난 수년간 내가 치료했던 사람들과 마찬가지로 당신도 당신을 아끼는 누군가의 제안으로 이 책을 펼쳤다면 분노가 장애물일 수 있다는 가능성을 기꺼이 생각해보겠다는 의지가 있는 것이다. 그러니 '분노가 나에게 문제인가'를 '네' 또는 '아니오'로 대답하기보다 '전혀 그렇지 않다'에서부터 '정말 그렇다' 사이에서 가능한 대답으로 생각해보자. 당신의 대답이 어느 중간에 있다면 이 책은 당신의 삶과 인간관계의 질을 향상시키는 데 도움이 될 것이다.

새로운 길을 여는 법

나의 역할은 당신의 많은 감정들 중에서 분노를 제거해주는 것이 아니라 당신이 분노를 다루는 방식을 바꾸도록 안내하는 것이다. 만약 내가 성공한다면 당신의 분노는 당신이 무엇을 고쳐야 하는지를 알려주는 신호로서 값진 역할을 하고, 그 과정에 머무르도록 에너지를 줄 것이다. 분노가 문제를 더 이상 악화시키지 않는 방법으로 표현되고 당신이 분노를 조용하고 침착하게 풀어나갈 수 있다면 인간관계와 일 그리고 삶을 더욱 잘 조절하게 될 것이다.

오래된 버릇을 고칠 수 없을 것 같아서 걱정하는가? 스스로에게 다음을 질문해보자. 당신의 모습이 10년 전의 모습과 같다고 생각하는가? 어떤 사람들은 자신에게만 집중하는 초기 성인기에서 책임감을 갖는 '안정'된 결혼생활로 들어간다. 누구는 자녀를 낳고 부모가 되는 법을 배우며, 어떤 사람들은 직장생활에서 은퇴한다. 나이가 몇이든 배경이 무엇이든 간에 상관없다. 인생은 선택을 해야 하고 변화해야 한다. 중요한 것은 변화를 추구하는 개인적인 동기이다.

다음 장은 무엇이 분노를 유발하고 계속 분노하게 하며 어떻게 다른 사람들에게 그것을 표현하는지를 인식하는 데 도움이 될 것이다. 일단 분노의 '생리'를 이해하고 깨닫는다면 다음 장들은 분노가 원하는 것을 충족시키는 데 좀 더 도움이 되는 방향으로 당신을 이끌 것이다.

02

가면의 뒤
분노와 그 표현 방식을 이해하기

요즘 들어 조나단은 어깨와 목이 뻣뻣해지며 또다시 두통이 오는 것을 느꼈다. 그는 타이레놀을 먹으며 영업부장직이 감당해야 하는 엄청난 스트레스로 머리를 흔든다. 비서는 중요한 고객 중 한 사람이 이틀 동안 계속 전화를 했다고 이야기한다. 그는 "내가 얼마나 바쁜지 안 보여?"라며 "내가 시간 나면 전화한다고 해. 지금은 할 수 없잖아. 모르겠어?"라고 소리친다.

조나단은 화도 나고 죄책감도 느끼면서 일 더미를 물끄러미 바라보고 책상 위에 놓인 전화 메시지 쪽지들을 본다. 울어야 할지, 책상에 있는 것을 모두 엎어버려야 할지, 그냥 사무실을 나와버려야 할지 생각하면서 왜 성실한 비서에게 화를 냈나 자문한다. 조나단은 삶이 그를 너무 압도하며 자신의 통제 밖에 있는 것 같다고 느낀다.

집으로 돌아온 조나단이 유치원생인 두 아들을 조용히 시키라고 소리치자 아내 션은 곧바로 그의 기분이 어떤지 눈치챘다. 션은 남편이 회사에서 받는 스트레스는 이해하지만 집에 와서까지 성질부리는 것을 참을 수가 없다. 그녀는 남편과 다투기 싫어 점점 그에게 거리를 두고 있는 자신을 발견한다.

조나단이 회사에서 의도하지 않았으나 화를 낸 것처럼 집에서 화를 낸 것도 의도한 것은 아니었다. 이제 그는 션에게 화풀이한 것 때문에 또다시 죄책감이 들었다. 사실 우리는 예상하지 못한 채 분노하고 알기 힘든 이유로 화를 낸다. 나는 분노 경험을 나눈 수백 명의 사람들로부터 다음과 같은 이야기를 자주 듣는다.

"너무 화가 나서 상사에게 해서는 안 될 말을 했어요."

"갑자기 모든 것이 붉게 보였어요. 제 감정을 잘 조절하다가도 어떤 때는 왜 아무 것도 아닌 일에 폭발하는 것일까요? 정말 이해가 안 돼요."

"정말 혼란스러워요. 왜냐하면 전 평소에 아주 공평한 사람이거든요. 그런데 화가 나면 상대방이 원하는 것은 뭐든지 안 해주고 싶고 벌주고 싶어요."

대부분의 경우 원인이 어디에서 비롯되는지를 모른다는 사실이 우리로 하여금 분노 조절을 포기하게 한다. 아무 경고도 없이 갑자기 터지는 강력한 힘을 어떻게 막을 수 있을까? 사실 우리는 경고를 받는다. 다만 경고를 알아차릴 수 있을 만큼 훈련이 되지 않아 그 기회를 놓치게 되고 어떤 일이나 사람을 막론하고 분노를 터뜨리는 것이다.

그러나 꼭 그런 것만은 아니다. 그 파괴적인 것이 무엇으로 구성되어 있는지를 안다면 우리는 그것이 모든 것을 망쳐놓기 전에 손을 쓸 수 있다. 이 장에서는 분노를 자세히 분석함으로써 분노가 어떻게 형성되며, 상황이 더 악화되기 전에 피할 수 있는 기회가 언제인지를 알아보고자 한다. 분노가 어떻게 표현되었든 혹은 어떤 상황이었든 간에 조나단의 경험을 통해 본 것처럼 분노는 언제나 다음의 다섯 가지 요소로 구성된다.

유발요인

우리는 왜 분노하는가? 당신은 아마 분노를 유발시키는 원인을 길게 나열할 수 있으며 다른 책에서도 이미 이에 대한 설명을 읽었을 것이다. 오랫동안 줄 서서 기다리고 있는데 전혀 변화가 없을 때처럼 인내심을 잃으면 대개 화가 난다. 당신의 의견이나 도움이 받아들여지지 않거나 감사히 여겨지지 않을 때도 그렇다. 불공평함은 여러 형태로 나타난다. 불행히도 불공평함은 매우 다양한 형태로 나타나기 때문에 분노를 유발하는 원인들은 끝이 없다. 그러나 각자의 분노 유발요인은 개인의 성장과정에서 터득한 자신, 타인, 심지어 세상이 어떻게 작동되는지에 대한 기대가 무엇인지에 따라 다르다. 그리고 그러한 기대들이 충족되지 않을 때 분노가 표출된다.

조나단은 그의 일상생활이 순조롭게 흘러가기를 기대했다. 고객들이나 동료들이 그의 전화에 바로 응답하지 않으면 몹시 화가 났다. 우편물이 제시간에 도착하지 않으면 비서에게 확인해볼 것을 부탁하는 것이 아니라 소리치는 자신을 발견했다. 또 그의 목표는 달성하기 힘들 정도로 지나치게 높았기 때문에 언제나 사무실에서 늦게까지 일해야 했고 이것은 그를 아주 지치게 했다. 조나단은 부모의 높은 기대를 받으며 자라왔고, 학교에서 1등을 하지 못하면 부모는 그를 인정하지 않았다. 그들의 좌우명은 '핑계 없이 그냥 하는 것'이었다.

알고 보면 조나단의 기준은 지나치게 높고 경직되어 있다. 그러나 다른 사람들에게까지 그런 잣대를 기대할 수는 없다. 식사예절, 정중함 혹은 초대했을 때의 반응에 대한 기대는 각자가 자란 환경에 따라 다를 수 있다. 따라서 당신의 분노 유발 기준은 배우자, 친한 친구 혹은 동료들의 것과 다를 수 있다.

제3장에서는 오랫동안 습관이 된 기대들 중 어느 것이 현실적이고 실현될 수 있는지 또 어떤 것들이 비현실적인지를 찾아보고, 그것을 없애거나 변화시킬 수 있도록 탐색할 것이다.

사고

조나단의 비현실적인 기대가 분노를 유발시키면 끝없는 생각과 '혼잣말'이 분노를 지속시키고 분노에 대한 반응을 유도한다. 사무실에 도착하면 마음속으로 다음과 같은 생각들을 해보고 그날의 분위기가 어떻게 만들어지는지 살펴보자.

"오늘은 정말 엉망이겠군. 나는 오늘 이것을 다 못할 거야." (그는 즉시 희망을 잃게 되고 기운이 빠지고 짜증이 나며 소극적인 기분으로 의자에 앉는다.)

"사람들은 왜 이메일에 빨리 답장하는 배려가 없을까? 이건 변명의 여지가 없어." (이메일 답장을 빨리 하지 않는 사람들에 대한 분노가 그날의 첫 번째 두통을 일으킨다.)

"내가 하지 않으면 제대로 되는 일이 하나도 없어." (그는 비록 나중에 죄책감을 느끼지만 화가 나고 일에 치여 비서를 비난한다.)

책상에 놓인 우편물, 전화해야 할 통화 목록들이나 비서의 말이 조나단의 반응에 영향을 준 것은 아니다. 이런 것이 감정을 불러일으키는 것이 아니라 어떻게 **사고**했느냐가 분노를 일으킨다. 마찬가지로 지금 이 순간 책을 읽으면서 하는 혼잣말(예 : '정말 그렇구나', '이건 진짜 지루해' 혹은 '정말 피곤해')도 당신이 어떻게 느끼고 있는가(몰입하거나, 싫증나거나, 졸리거나)를 결정한다.

> 심리학자들은 '인지왜곡cognitive distortion'이라 부르는 부정적인 사고(사실보다 문제를 '과장하기magnifying', 근거 없이 타인의 사고와 감정을 '마음 짐작하기')가 분노 문제를 일으키는 데 기여하고 우울증과 불안증을 유발시킨다고 한다. 이러한 사고를 바꾸는 것이 인지행동치료cognitive behavioral therapy, CBT이며, 이것은 삶의 도전 상황에서 문제 해결과 감정 조절에 매우 효과적이다.

분노 유발요인에 대한 반응을 바꾸기 위해서는 당신의 사고를 바꿔야 한다. 똑같은 혼잣말을 반복하는 한 다른 감정을 기대할 수 없다. 조나단이 좀 더 차분해지고 절제하고 싶다면 다음의 두 가지를 기억해야 한다.

1. 분노를 일으키는 혼잣말은 도전받거나 더 이상 실행되지 않을 때 줄어들 것이다.
2. 차분한 생각은 반복된 연습을 통해 배울 수 있으며 강화된다.

제6장은 인지왜곡과 분노를 부채질하는 도움이 되지 않는 사고를 깨닫는 데 도움을 줄 것이다. 제7장은 분노를 일으키는 사고에 도전하기 위한 아이디어를 제공하며 과거에 분노를 터뜨리게 했던 상황을 새로운 시각으로 볼 수 있게 한다.

감정

안전하고 안정적이며 타인으로부터 인정받고 수용되는 느낌과 같은 중요한 욕구가 위협을 받을 때 우리의 신체는 즉시 분노, 두려움, 긴장과 같은 생리적 현상, 즉 원초적이고 신체적인 '투쟁 혹은 도피 반응fight-or-flight response'을 하게 된다. 투쟁 혹은 도피 반응은 개인의 중요한 생존 기제이다. 그러나 문제는 위험이 느껴질 때마다 자동적으로 그렇게 되는 데 있다. 기분 나쁜 상황을 확대시키는 혼잣말은 현실 상황이 어떻든 간에 감정적인 반응을 불러일으킨다. 조나단의 사고는 곧바로 그의 어깨와 목을 뻣뻣하게 했고, 스트레스가 많은 업무는 엄청난 두통으로 이어졌다. 신체적인 증상이나 더 심각한 건강 문제는 고질적이고 해결되지 않은 분노의 결과로 나타난다. 다음 절에 제시된 '분노의 생리학The Physiology of Anger Arousal'은 화가 날 때 몸이 어떻게 반응하는가를 보여준다.

이를 통해 화가 날 때 신체적 반응은 어떤지 살펴보자. 제4장의 '분노 척도anger scaling'는 분노의 초기 신호를 확인함으로써 분노가 조절할 수 없을 정도로 커지기 전에 이를 다스릴 수 있도록 이끌 것이다. 그리고 제5장에서는 분노의 조짐을 즉각적으로 약화시키는 강력한 전략을 소개하며 차분한 사고로 당면한 문제를 풀도록 유도할 것이다.

행동 : 분노 표현

어떤 사람들은 화가 치밀어오르면 '그저 이성을 잃었다'고 믿지만 이 책의 주제는 분노에 대한 반응이 당신의 선택임을 지적한다. 슬프게도 이러한 선택은 제1장의 분노 자기평가지SAQ에 설명된 하나 혹은 여러 개의 부적절한 분노 '형태'와 관련이 있다. 더 효과적인 방법을 고려하기에 앞서 불쾌한 분노 표현을 알아두는 것이 유용하다. '분노 형태'는 당신 자신이나 타인에게 찾아볼 수 있는 특징들을 묘사한다.

소극적 공격

소극적 공격passive-aggression은 서로 상반되는 말 같지만, 원하는 것과
는 반대로 행동하면서 불순한 동기를 인정하지 않는 사람과 상대해보면
무슨 말인지 알게 된다.

분노의 생리학
당신 자신에게서 찾을 수 있는 신호와 증상

- **심장과 혈압** : 두뇌와 근육에 산소를 더 공급하기 위해 심장맥박수와 혈압이 올라간다.
  쿵쿵거리는 맥박은 관자놀이, 손목, 목과 가슴에서 관찰될 수 있다. 대부분의 사람들은
  혈압의 변화를 알 수 없으므로 혈압계가 필요하다.

- **호흡** : 두뇌나 근육에 더 많은 피를 공급하기 위해 숨이 가빠진다. 얕은 숨을 쉬고, 가
  슴이 답답하고, 숨이 잘 안 쉬어지고, 숨이 막힐 듯하며 목이 조이는 것을 볼 수 있다.

- **위장 반응** : 두뇌와 근육으로 더 많은 피를 보내기 위해 복부와 위장의 피가 줄어 소화
  가 느려지고 잘되지 않는다. 소화가 안 되고 메슥거리고 위산이 올라오고 때로는 어지
  럽고 토하기도 하며 대소변의 빈도가 바뀌고 설사와 복통의 증상도 나타난다.

- **근육과 골격 반응** : '투쟁 혹은 도피 반응'으로 모든 근육이 뻣뻣해진다. 특히 어깨, 목,
  이마, 턱, 팔, 다리를 살펴보자. 분노가 계속되면 근육의 아픔과 고통이 수반된다. 잘못
  된 자세나 부적절한 신체역학(예 : 적합한 등받이 없는 의자에 앉는 경우)도 근육에 뻣
  뻣함과 불편함을 가져온다.

- **혈관변화/피부온도** : 피의 흐름을 조정하느라 얼굴, 손, 그리고 다른 부분의 혈관이 줄
  어들거나 팽창한다. 얼굴이 상기되거나 달아오르거나 뜨거워지고('붉어진다'고도 묘
  사), 분노로 손이 뜨거워지거나 두려움으로 차가워진다. 많은 사람들이 가슴과 목, 얼굴
  이 뜨거워지는 것처럼 전반적으로 달아오르는 듯한 느낌을 받는다.

- **예민한 감각** : 보고 듣고 냄새 맡고 만지는 감각이 더 예민해지고 확장된다. 다른 사람
  의 목소리와 같은 소리가 더 크게 들린다. 밤에 잘 보기 위해 동공은 팽창하고 낮에는
  초점이 바뀔 것이다. 당신을 향해 뭔가가 움직이거나 누가 당신을 만지면 더 위협적으
  로 느낀다.

- **혈액의 화학적 변화** : '투쟁 혹은 도피 반응'을 일으키기 위하여 아드레날린이나 코르티
  졸cortisol과 같은 화학물질이 혈액으로 분비된다. 상해를 입은 경우, 피를 멈추게 하기 위
  하여 적혈구는 더 '끈끈'해진다. 더 많은 지방과 당분이 간에서 나와 혈액으로 간다.

조나단은 함께 살기 힘든 사람이다. 그의 아내 션은 남편의 신경질을 자주 부채질함으로써 그녀의 분노를 간접적으로 표현한다. 친구와 외출함으로써 조나단이 아이들의 식사 준비를 하고 재우게 하거나, 조나단이 아래층에서 오랫동안 기다리고 있는데도 외출 준비를 천천히 하는 식으로 자신의 속상함을 간접적으로 표현한다. 때때로 그가 밤에 안으려 하면 돌아누워 버리면서도 그녀는 화났다는 것을 부인한다.

소극적 공격은 아마 가장 다루기 힘든 분노 형태 중 하나일지도 모른다. 왜냐하면 회피하면서도 화났다는 것을 인정하지 않기 때문이다. 문제가 없다고 하는데 어떻게 문제를 해결하겠는가?

빈정대기

조나단은 화가 나면 션에게 상처 주는 말을 자주 한다. 예를 들어, 승진을 하게 된 션이 친구들과 식사를 하면서 신나서 얘기하면 조나단은 그녀의 성취를 인정하기보다는 "이제 상사노릇을 하게 되어 아랫사람들에게 명령하겠군, 신나겠어!"라며 아니꼬운 소리로 빈정대고 쏘아붙인다. 션은 조나단의 날카로운 음성에 혼란스러워한다. 나중에 따지면 조나단은 분노에 차서 말했거나 일부러 잔인하게 이야기한 것이 아니라고 부인하고 션이 너무 예민하다고 밀어붙인다. 그는 자신의 진짜 문제점을 드러내지 않는다. 조나단은 션이 이미 직장에서 많은 시간을 쓰고 있는데 진급으로 인해 더욱 많은 시간을 뺏길 것이라는 생각에 신경질이 난 것이다.

때로는 농담과 빈정대기sarcasm를 구별하기가 쉽지 않다. 어떤 사람들은 지나치게 이성적인 태도와 비꼬는 소리를 잘 혼합해서 지적인 '반론'이나 '반박'으로 분노를 풀어낸다.

빈정대는 소리를 들으면 마음이 상해서 그 말을 어떻게 해석해야 할지

분노형태

분노형태	특징
소극적 공격	칭찬, 관심 혹은 애정표현을 하지 않는다. 약속한 것을 '잊거나' 하지 않는다. 화나면 친밀하게 대하지 않는다. 상대방이 속상해할 행동을 한다. 항상 늦는다.
빈정대기	다른 사람을 '비웃거나' 깎아내리는 말을 한다. 다른 사람들에게 당황스러운 사적인 내용을 말하거나 공공장소에서 민망하게 한다. 혐오스럽고 못마땅한 목소리와 행동을 한다.
냉담	사람들을 멀리하고 친밀함을 피한다. 뭐가 잘못됐는지 표현하지 않는다. 화가 나면 감정적인 논의를 회피한다.
적개심	더 강조하기 위하여 언성을 높이며 내면의 격렬함을 전달한다. 안달한다. 빨리 행동하지 않거나 경쟁력이나 업적이 자신의 높은 기대에 충족되지 않으면 눈에 띄게 좌절하고 귀찮아한다.
공격	언성을 높이고 소리치거나 말로 학대한다. 욕을 하고 악담을 하고 남을 탓한다. 다른 사람을 해치는 생각이나 상상을 한다. 건드리고 밀고 막고 때리며 화풀이를 한다.

또 어떻게 반응해야 할지 모를 수 있다. '지나치게 예민해지는 것' 같아 농담도 할 수 없고 정말로 당신에게 문제가 있는 것같이 느끼게 될 수도 있다.

냉담

'열받는' 분노와 달리, 냉담cold anger한 분노는 모든 것을 닫아버리고 피하거나 다른 사람에게 거의 반응을 보이지 않는 방식으로 분노를 표현한다.

션은 평소에 참을성이 있다. 그녀는 평온을 유지하기 위해 분노나 별로 좋지 않은 감정에 대한 대화를 억누르는 가정에서 자랐다. 그녀는 부모님이 싸우는 소리를 들은 적이 없다. 조나단의 신경질 때문에 평온하고 사랑스런 가족생활에 대한 자신의 기대가 무너졌을 때 화가 났고 지쳤지만, 그녀는 감정을 직접적으로 표현하지 못했다. 대신에 감정적 또는 신체적으로 조나단을 멀리하며 며칠씩이고 손님방에서 자면서 그를 벌주고 자신을 보호했다. 그녀의 회피는 조나단의 분노를 더욱 부채질했다. 조나단이 신경질을 내면 매번 이 과정이 반복되었고 이 문제는 그들이 상담을 받으러 올 때까지 한 번도 직접적으로 언급되지 않았다.

인간관계에서 두 사람 모두 냉담한 것은 흔한 일이다. 한쪽이 멀어지면 다른 쪽이 '대가를 치르듯' 반응하거나 아니면 똑같이 반응한다. 냉담에 차갑게 대응하는 것은 갈등을 해결하는 데 있어 가장 나쁘다.

적개심

분명한 대상도 없이 가득 찬 분노의 형태인 적개심hostility은 기대가 어긋나는 상황에서 일어난다. 격렬한 분노 표출은 삶에서 받는 스트레스의 양과 관련이 있다.

어떤 사람이나 상황이 자신의 기준에 맞지 않을 때 생기는 조나단의 참을성 없는 행동이나 제멋대로 표출되는 분노를 생각해보자. 션은 가족들이 바닷가에 가려고 준비할 때 큰일이 벌어졌다고 얘기했다. 가족들이 일어나 옷을 입고, 아침을 먹고, 짐을 싸서 준비하는 일이 아침 11시 전까지된 적이 한 번도 없었는데 조나단은 가족이 아침 9시에 준비를 끝내고 떠날 수 있기를 기대했다. 그는 아침 9시가 되었는데도 아직 떠날 준비가되지 않자 불평하고 짜증 내기 시작했다. 그리고 결국 '미숙한' 운전자 조나단은 마이어 로즈만 박사와 레이 프리드만 박사가 'A 유형'이라고 부르는 성격의 특징을 많이 보였는데, 이런 사람은 동맥경화증을 일으킬 위험이 많다.

- 시간에 대해 참을성이 없음(예 : 반복적으로 시계를 보며 다른 사람들이 '정시'에 맞춰줄 것을 요구한다.)
- 여러 가지 일을 한 번에 하려는 행동(예 : 가계부를 정리하며 텔레비전 채널을 자꾸 바꾸는 등 한 번에 여러 가지 일을 한다.)
- 적개심(예 : '능률적이지 못한' 동료가 맘에 안 들어 신경질을 내고 침착하지 못하며 쉽게 화를 낸다.)

들, 션이 지도를 잘못 본 것, 뒷좌석에 앉은 아들들의 다툼으로 인한 조나단의 폭발로 여행은 끝이 났다. 조나단은 곧 사과했지만, 그 분노의 여파는 너무나 엄청나서 가족들의 즐거움을 모두 망쳐버렸다. 션은 몇 시간이고 입을 닫아버렸다.

적개심은 참을성 없이 불만을 표현하는 끔찍한 말이나 행동을 견뎌내도록 하기 때문에 다른 사람들에게도 엄청난 스트레스이며 개인, 직장, 가족관계에도 어려움을 일으킨다.

공격

공격aggression은 겁주거나 감정적·신체적으로 다른 사람을 해치고자 소리치고 욕하고 밀고 치고 때리는 것처럼 의도적으로 상처를 주는 말이나 행동들을 하는 것이다. 이와 대조적으로 적개심은 좀 더 분산된 강렬한 감정 상태이며, 대상을 향해 직접적으로 표현될 수는 있지만 공격적이지는 않다(예 : 잔디 깎는 기계가 시동이 안 걸리면 '쓰레기'라고 소리 지름). 조나단은 적개심이 많아 보이지만 때로는 극단적인 공격도 보인다.

나의 상담실에서 일어난 조나단과 션의 대화 내용을 통해 조나단의 공격적인 행동 대상이 되는 션의 입장을 생각해보라.

> 션 : 조나단, 나는 당신이 분노를 통제할 수 있을 때까지 함께 여행하지 않겠어. 애
> 들 앞에서 분통을 터뜨릴 때 정말 무서워.
>
> 조나단 : (언성을 높이며) 나만 문제라고 생각하다니 기가 막히는군. 당신은 언제나
> 늑장부리고 애들을 다루는 능력이 전혀 없어서 화가 나. 당신은 시간에 맞춰서
> 준비도 못하고 애들한테 좋은 엄마도 아니야.
>
> 션 : 난 좋은 엄마야. 그냥 단지….
>
> 조나단 : (그녀를 가로막고 손가락질하며) 이봐, 이런 쓰레기 같은 소리는 더 이상 듣
> 고 싶지 않아. 당신은 지금 여기서 나를 망신주려는 거잖아. 내가 문제가 있는
> 게 아니야. 당신이랑 결혼해서 사는 게 문제지.

폭력과 학대에서의 핵심

이 책에서 우리는 남자, 여자, 성인, 어린아이 등 대상을 불문하고 잡거나 가로막거나 꼼짝 못하게 하거나 때리는 등 모든 종류의 원하지 않는 신체 접촉은 모두 적절하지 않다는 것을 강조하고 싶다.

만약 당신이 감정적으로든 신체적으로든 공격적인 행동을 했다면 당신을 판단하거나 비난하지 않으면서 새로운 분노 행동을 강화하는 데 도움을 줄 수 있는 전문적인 상담을 받아야 한다. 언어 혹은 신체적으로 겁을 주거나 학대하는 대부분의 내담자들은 선한 사람들이지만, 단지 그것을 당하거나 보는 사람에게 아픔을 주는 아주 파괴적인 행위에 빠져있을 뿐이다. 가장 중요한 것은 제4장에서 제시된 것처럼 당신의 행동이 다른 사람을 해치게 될 지경으로 가기 전에 분노의 정도를 파악해서 분노의 수준을 자각하는 것이다.

만약 당신이 폭력을 당하는 입장이라면, 제9장에서 공격적이거나 바람직하지 않은 역기능적인 분노와 직면할 때 어떻게 냉정함을 유지하며 자신을 보호할지를 다룰 수 있다. 또한 나의 책 화를 *내고 후회하는 화내지 않고 이기는*을 참고해보자. 당신은 자신과 파트너를 위해 심각하고 위험한 문제가 되기 전에 유용하지 않은 분노에서 벗어나는 새로운 경계선을 설정하고 강화하기 위한 특정한 방법들을 배울 것이다.

조나단은 자신의 분노가 자녀들을 겁먹게 했음을 인식하지 못했을 뿐 아니라 즉각 언성을 높이고 말을 가로막고 험악한 손짓과 몸짓을 하며 그녀를 '무능하다' 고 하고, 그녀의 말을 '쓰레기' 라고 부르며 공격했다.

조나단이 비록 션에게 신체적인 폭력을 썼다거나 자주 이렇게 공격적인 것은 아니지만, 내담자 중에는 조나단과 션 사이에 주고받은 것과 같은 이런 대화로 심각한 폭력이 발생한 경우도 있음을 알아두기 바란다. 연구에서는 언어적 학대가 종종 신체적 폭력을 가져온다고 제시한다. 어떠한 관계에서도 이것은 심각한 위협이 된다.

당신이 공격적으로 행동한 적이 있다면 후회하면서 앞으로는 언행을 조심하겠다고 스스로 다짐한 경험도 있을 것이다. 불행하게도 공격은 상대방의 관심을 끌고 효과가 좋은 것같이 느껴지므로 다음에 또 화가 나면 습관처럼 쓰게 된다. 그러면 그것은 반복되고 후회하고 다시 또 사과하게 된다. 이 나쁜 습관을 버리겠다고 스스로에게 약속하길 바란다. 다음 장이 이 결정에 도움을 줄 것이다.

그렇다면 어떻게 분노를 좀 더 효과적으로 표현할 수 있는가

앞에서 말한 다섯 가지 분노 형태는 간접적이고 수동적인 것에서부터 아주 직접적이고 공격적인 분노에 이르기까지 약간의 차이는 있지만 공통점 또한 많다. 그들은 화난 감정을 사용해 다른 사람을 좌절시키거나 위협하면서 논쟁하는 데 초점을 둔다(혹시 '당신의 분노가 문제란 말이야' 라는 말이 귀에 익숙한가?). 가장 중요한 것은 그들이 기대를 현실적으로 충족시키면서 해결할 수 있는 합리적인 토론을 하지 못하기 때문에 문제를 해결하지 못한다는 점이다. 믿을 수 없을지 몰라도, 당신은 갈등이나 관계의 문제를 해결할 수 있는 진정한 대화 안에서 분노 표현 방법을 터득할 수 있다. 이는 생산적인 분노 형태이며 나는 이것을 '적극적 문제 해결assertive problem solving' 이라고 이름 붙였다.

적극적 문제 해결

로버트 앨버티 박사와 마이클 에몬스 박사는 다른 사람에게 위협적이거나 공격적이지 않으면서도 분명하고 뚜렷하며 풍부한 의미로 자신의 입장을 밝히는 것이 '적극' 이라고 하였다. '문제 해결' 은 최선의 해결책을 찾아내는 방법이라고 많은 연구자들이 설명했으며 다음과 같다.

- 다른 사람이 이해할 수 있도록 문제를 구체적으로 명확하게 표현한다.
- 상호 간에 가능한 해결책들을 주고받는다.
- 손익을 함께 고려하여 토론한 후 두 사람에게 가장 좋은 해결책을 선택한다.

적극적 문제 해결은 자기주장과 해결책 모두를 포함하여 두 사람이 침착하게 문제에 대해 토론하고 함께 만족할 만한 해결방법을 찾기 위한 것이다. 이것이 쓸데없는 소리처럼 들리거나 혹은 현재의 분노가 몹시 격렬하더라도, 앞으로의 과정을 통해 차근차근 한 단계씩 다루면서 평상시 분노를 적극적 문제 해결로 대체시킬 수 있는 기술을 터득하게 될 것이다.

이러한 기술을 익히는 과정을 통해 조나단과 션은 비생산적인 논쟁과 분노에서 벗어나 적극적 문제 해결 방법을 터득하게 되었다. 최근의 문제는 조나단의 여동생 샐리가 이혼 후 얼마간 그들과 함께 지내는 것에 관한 것이었다. 조나단은 동생이 자신의 집으로 오길 원했지만 션은 그렇지 않았다. 두 사람은 잘못된 시작으로 인해 서로 비난하고 오해했으며, 그들의 목소리와 태도는 점점 공격적으로 변해갔다.

> 션 : 난 당신이 내 생각은 듣지도 않고 당신 마음대로 할 거라는 걸 알아. 당신은 당신 가족밖에 몰라. 내 감정은 어떻게 하고? 샐리가 우리 집에 오면 내가 모든 일을 다 해야 하잖아.
>
> 조나단 : 그래, 난 당신 말을 절대로 귀담아 듣지 않을 거야. 지금도 당신은 자기 생각만 하고 나와 내 여동생은 안중에도 없지. 내가 당신 이야기를 듣지 않는 것은 당신이 이 문제에 대해 동의하지 않을 거라는 걸 알기 때문이야. 난 샐리를 도와줘야 해. 그걸 모르겠어?

제8장에 나와 있는 적극적 문제 해결의 기본 과정을 검토한 후, 나는 내담자들에게 샐리의 방문에 대한 각자의 생각과 감정을 이야기하고 서로 방해하지 않으면서 귀 기울여 듣게끔 했다.

> 션 : 샐리가 우리한테 의지하게 될까봐 걱정이야. 도와주고 싶지만 샐리가 자신의 책임을 회피하게 해선 안 돼. 조나단, 당신은 어떻게 생각해? (그녀는 자신의 명백한 생각과 감정을 단호하게 말하면서 남편의 생각을 묻는다.)
>
> 조나단 : 나도 동생이 독립할 수 있도록 도와주어야 한다는 점에는 동의하지만 동생이 의존적이 될까 봐 당신만큼 걱정하고 있어. (귀 기울여 들은 덕분에 조나단은 션의 우려를 다시 스스로 말하고 그녀의 입장을 이해하는 모습을 보인다.) 그녀를 돕는다는 말로 같이 지내지만, 동생이 직장을 찾고 아파트를 찾을 때까지 한두 달 정도의 기간을 정해두면 어떨까? (도와는 주지만 지나치게 의존하는 것을 제한하여 두 사람 모두의 우려를 충족시키는 해결책을 제시한다.) 어떻

게 생각해? (문제 해결을 위해 션의 의견을 묻는다.)

션 : 내가 걱정하는 점을 이해해줘서 다행이야. 두 달 정도는 나도 괜찮지만 이건 처음부터 동생에게 분명히 해야 돼. 샐리가 집을 구할 수 있도록 전세금을 좀 보태주는 것도 괜찮을 것 같아. (조나단에 동의하며 또 하나의 의견을 제시한다.)

조나단 : 정말 좋은 생각이야. 얼마 동안 도와줄지 또 얼마나 도와줄지를 결정하자. 괜찮지? (문제의 마지막 해결책으로 들어간다.)

여기에는 비난이나 비판의 내용이 없음을 알 수 있다. 중요한 주제에 대해 그들의 생각과 감정을 나누면서 서로 방해하지 않고 귀를 기울였다. 대화할 때 서로의 눈을 마주 보며 얘기하고, 차분한 음성으로 생각들을 다시 표현하며 새로운 의견을 제시한다. 문제를 하나하나 해결하면서 서로가 상대방으로부터 존중받고 있다고 느낀 것이 분명했다.

제8장은 도움이 되지 않는 갈등을 줄이고 성공적으로 대화할 수 있는 여러 가지 방법을 제시하며 당신이 적극적으로 문제를 해결할 수 있도록 인도할 것이다. 제9장은 역기능적 분노의 형태가 당신을 약 올리고 화나게 할 때 차분함을 유지할 수 있는 방법을 제시할 것이다.

결과

분노를 경험하고 표현할 때마다 다양한 결과가 나온다. 조나단의 일상화된 분노로 인한 두통은 성격의 결과로 이것은 삶의 효율성과 질에 영향을 미친다. 션이 결혼생활에서 친밀감을 느끼지 못하는 것은 조나단과 함께 직접적으로 문제에 직면하지 않고 소극적 공격을 한 결과이다. 이런 비슷한 경우가 당신에게도 있는지 찾아보기 바란다.

개인적인 결과

분노를 다루는 방식 때문에 당신은 소화불량, 불면, 스트레스에 빠지게 된다. 또는 일을 완수하려고 애쓰다가 화가 나서 더 실수하게 되고 시간과 효율성을 낭비한다. 또 다른 개인적인 결과로는 화가 나서 망가뜨린 물건을 다시 사야 하거나 생활이 정돈되지 않은 것 같아 불편하다고 느끼는 것들도 포함된다. 분노가 해결되지 않고 남아있다면 개인적인 고통은 끝이 없다.

외적인 결과

당신의 분노는 분명 다른 사람에게 영향을 줄 수 있다. 아주 가끔 화를 낸다면 그 영향은 아마 사소할 것이고, 분노의 대상이나 분노를 목격한 사람도 가끔은 그럴 수 있다고 용서할 것이다. 하지만 당신의 분노를 부적절하게 계속 터뜨린다면 그 영향은 크고 오래 지속될 것이다. 다른 사람들이 당신을 대하는 방식이 달라질 것이며 삶의 여러 부분에서 영향을 받게 된다. 직장에서의 감정 폭발은 동료들이 당신과 함께 작업하는 것을 피하게 하고 상사로 하여금 당신을 질책하게 만든다. 결국에는 당신의 생계나 현재의 위치가 위협받을 수 있다. 걸핏하면 화내는 성질은 도움이 되기보다 당신을 더 위태롭게 하며 이웃들은 당신이 기꺼이 도우려는 것조차도 원하지 않게 될 것이다. 편안히 지내고 싶은 친구들도 마음 상하게 하는 '농담'으로 인해 당신과 함께하는 것을 꺼리게 될지도 모르며, 배우자는 점점 더 애정이 식어 사랑으로 친절하게 행동하는 당신을 더 이상 신뢰하지 않을 수 있다. 아마 자녀들은 당신이 참을성 없이 분노를 터뜨리고 비난할까 봐 두려워 더 이상 숙제를 도와달라고 요청하지 않거나 게임조차도 함께하려 하지 않을 것이다. 아마도 전체적으로 인생을 풍요

롭고 보람 있게 하는 인간관계와 활동들이 점점 줄어들어 고립되는 것을 알게 될 것이다.

나의 많은 내담자들은 왜 이렇게 되었는지도 모르는 채 이와 같은 안타까운 상태에 놓여있다. 당신은 이렇게 되어서는 안 된다.

자기자각에서 새로운 분노 표현으로

당신의 분노가 조절될 수 없는 일이 아니라는 것을 증명하기 위해 다음 주에 간단한 도전을 해보자. 모든 분노는 유발요인, 사고, 감정, 분노 표현, 결과의 다섯 가지 요소로 구성된다는 것을 기억하라. 분노를 다섯 가지 요소로 구분하는 것은 당신의 분노가 어떻게 전개되는가를 인식하는 데 도움이 될 것이다. 브라이언의 예를 참고하여 작은 노트나 수첩을 준비하고 다음 주에 지니고 다니면서 분노를 경험할 때마다 무슨 일이 일어났는지를 기록하라.

당신이 흔히 사용하는 분노의 형태에 따라 여기에 포함시켜야 하는 사건인지 아닌지를 구분하기가 쉬울 수도 있고 어려울 수도 있다. 동료나 직원들에게 소리 지른 사건은 당연히 기록하라. 그러나 동료들과 점심을 먹으며 '그냥 농담' 한 것이나 아내에게 그저 '말할 기분이 아니다' 라고 한 경우는 어떻게 할까? 분노 다스리기 프로그램을 시작할 때 가장 어려운 점은 분노를 느끼고 부적절하게 터뜨리는 것을 스스로 인식하고 인정하는 것이다. 분노 에피소드를 가능한 자세히 기록할 수 있도록 '증상들'이 마음속에서 익숙해질 때까지 앞에서 설명한 분노 형태들을 복습하라. 또한 다른 사람들의 반응을 잘 살펴보라. 물론 당신의 본능은 "스텐, 그건 정말 재미없어."와 같은 말들을 무시하고 싶고, 아내가 당신을 비난할 때 냉담한 무관심으로 아내를 '벌주려는' 당신의 태도를 부인하며 방어하고 싶을 것이다. 비록 순간적으로 이런 본능이 나오더라도 분노하거나 위협적인 느낌으로 반응한 사건들은 되돌아보고, 분노 사건으로 확신하지 않거나 대수롭지 않고 신경질적이거나 짜증스러운 것으로 보일지라도 당신의 분노 일지에 기록하라.

분노를 기록하는 것은 분노의 구조를 이해하는 데 큰 도움이 된다. 분노를 터뜨릴 때 당신에게 어떤 일이 일어나는가를 정확하게 알게 될수록 (분노를 유발하는 것, 분노가 일어날 때 마음에 떠오른 사고나 당신에게 일어나는 복잡한 감정, 과거에 무시했던 신체적 현상, 분노 표현으로 인한 부정적인 영향) 당신 안에서 일어나는 분노에 대해 더 주의하게 될 것이다. 분노를 다루기 위해 배워야 할 첫 번째 기술이 바로 자기자각self-awareness이다.

분노 사건을 기록하는 것은 유발요인으로부터 사고, 감정, 신체적 현상, 분노 표현, 결과 간의 연관성을 볼 수 있게 하고 그러한 연결고리를 끊어내는 데 도움을 준다. 여자친구에게 불같이 화를 내던 카를로스는 분노 사건들을 기록한 후 두 번째 상담을 받기 위해 나의 사무실에 와서 자신이 분노가 커지기 전에 얼마나 '다잡았는지'를 말하며 놀라워했다. 예를 들어, 파티에 가기 위해 집을 나서기까지 여자친구가 꾸물거리자 그는 초조하게 서성이며 그녀가 '의도적으로' 자신의 속을 뒤집어놓으려 한다고 중얼거리는 자신을 발견했다. 그는 그 무렵 일지에 많은 사건들을 기록하게 되었고 어느 정도는 자동적으로 되었다. 이 과정은 그 순간 떠오르는 생각에 초점을 맞추게 했고, 여자친구 미아의 행동에 대한 자신의 해석이 얼마나 터무니없는지를 재빨리 알아차리게 했다. 그는 미아가 자신에게 잘 보이기 위해 시간이 걸릴지도 모른다고 생각하기 시작했고 그의 분노는 금방 사그라졌다.

만일 이런 소리가 끼워 맞춘 소리 같다면 그건 일주일간의 여러 사건 중 하나만 골라냈기 때문이다. 사실 이것은 끓어오르는 분노를 끊어내도록 분노의 경로를 중단시키는 자기자각의 새로운 사고를 연습하고 습관화해야 하는 것이다. 그럼, 지금 시작해보겠는가? 이 책에 나오는 아이디어를 실천하는 데 있어서 분노 일지는 과정을 점검하기 위한 효과적인 도구가 될 것이다.

브라이언의 분노 일지 : A 모델

브라이언은 자신이 얼마나 자주 성질을 부리는지 점검하기 위해 이 장에서 제시된 방법을 사용하기로 했고 다른 사람을 비난하기 위해 언성을 높이는 것을 분노로 정의했다. 그는 뒷주머니에 넣고 다니는 작은 노트에 분노 사건을 기록하기 위해 각 요소를 사용했다.

유발요인 : "앤은 내가 부탁한 대로 세탁물을 찾았어야 했어. 내일 중요한 회의에서 발표해야 하는데 마땅히 입을 만한 옷이 없잖아."

사고 : "이렇게 배려가 없다니 정말 실망이야. 그녀는 내가 정말로 필요할 때 도움이 안 된단 말이야. 정말 이기적이야."

감정 : 나는 정말로 화가 났다. 얼굴이 뜨거워지고 어깨가 굳는 것이 느껴졌다.

행동 : 내가 과격했던 것 같다. 순간적으로 이성을 잃고 앤에게 소리 지르고 욕을 했다. 그녀의 설명은 듣지도 않았다.

결과 : 나는 정말로 긴장을 느꼈고 두통이 시작되었다. 앤은 이런 감정폭발을 더 이상 참을 수 없다고 말하면서 방을 나가버렸다. 그녀는 저녁 내내 나와 대화하기를 거부했고, 결국에는 내가 또 사과해야 했다. 침착해야 할 때 그렇게 이성을 잃은 내가 바보같이 느껴졌다.

일주일 동안 기록해보면서, 브라이언은 자신이 최소한 하루에 한 번은 성질을 부렸으며 자신이 생각했던 것보다 더욱 자주 그랬다는 것을 깨달았다. 일지를 통해 그는 아내 앤에게 자주 짜증을 내며 소리 지르고 공격적으로 말했다는 것을 알 수 있었다. 돌이켜보니 분노가 자신과 결혼생활을 악화시키고 있었다. 그는 앤에게 화를 낼 때마다 굉장한 스트레스를 받았고 죄책감에 시달리며 우울해졌다. 일주일이 지난 후 그는 자신의 분노에 대해 무엇인가를 해야겠다는 결심을 하게 되었다. 분노 일지는 부록 2에 있다. 이것을 복사하여 분노 노트로 사용할 수도 있고 아이패드, 아이폰, 컴퓨터를 통해 기록할 수도 있다.

당신은 이제 분노 다스리기 프로그램의 첫 단계인 '분노를 이해하고 인식하기'의 과정을 마쳤다. 그렇다고 해서 당신이 알아야 할 분노를 모두 알게 되었다는 것은 물론 아니다. 이러한 복잡한 정서적 경험은 지속적으로 배워야 하며, 이것은 앞으로 자신에 대해 자각하고 조절하는 기반이 될 것이다. 이 책의 나머지 부분에서는 분노를 어떻게 효과적으로 경험하고 표현할 수 있는가를 학습할 것이다. 각 과정은 일상생활에서 발생하는 분노 유발 상황에서 해야 하는 것들을 순서대로 제시하였다. 당신이 이성을 잃기 전에 분노가 올라오는 것을 알아차리고 분노를 빠르게 꺾음으로써 도움이 되지 않는 생각들이 어떻게 분노를 터뜨리는지 파악하게 되면, 그 문제를 해결하기 위해 어떻게 의사소통해야 하는지를 결정할 수 있을 것이다.

'분노 다스리기 6단계'는 앞으로 나올 장에서 당신이 배워야 하는 과정과 그 과정에 대한 전체적인 '지도'를 제시한다.

시작할 준비가 되었는가? 제3장은 제1~2장에서 확인한 분노 양상을 유발하는 상황을 인식할 수 있게 해줄 것이다.

분노 다스리기 6단계

1단계
분노를
이해하고
인식하기

먼저 당신과 상대방에게 분노가 문제가 되는지를 확인해보자. 그다음 분노의 구성요소를 배우면 자신 안에서 만들어지는 분노를 인식할 수 있게 된다.

제1장은 분노가 왜 문제가 되는지를 인식할 수 있도록 도와준다. 제2장은 분노를 구성하고 있는 각 요소를 검토함으로써 분노 유발요인 상황에 어떻게 반응하는지를 관찰할 수 있게 해준다.

2단계
분노 유발
요인을
확인하고
대비하기

다른 사람, 사물 혹은 처한 상황이 기대에 못 미치면 감정적인 반응으로 분노가 발생할 수 있다. 이런 기대는 흔히 아동기에 학습되며 자신에게 중요한 욕구가 충족되는가 아닌가에 대한 경험으로부터 나온다. 분노 유발요인을 알면 분노를 일으키는 상황을 예측하고 대비할 수 있게 된다.

제3장은 아동기의 경험이 자신, 타인, 일상에 대한 당신의 기대를 형성하는 데 미친 영향력에 대해 검토한다. 그리고 과거에 분노를 일으켰던 상황에 대비하기 위해 비현실적인 기대를 분별하고 이를 바꾸도록 학습한다.

3단계
분노를
정확히
알아차려
초기에
제압하기

일단 유발요인에 대한 인식은 분노가 증가하는 순간에 발생하는 신체 감각을 따라가는 것이 중요하다. 이를 통해 이성적인 사고가 어려워지는 수준에 도달하기 전에 당신의 내적 긴장을 감소시키거나 '이완'시킬 수 있게 된다. 또한 긴장을 이완시키는 것은 긴장 수준에 기여하는 일상의 스트레스를 조절하는 데 도움이 된다.

제4장은 분노의 양상을 조절하기 위해 분노의 초기 신호와 새로운 행동을 연결하는 방법을 가르쳐 준다. 당신은 분노 척도에 이러한 정보를 작성할 것이다.

제5장은 호흡, 근육의 긴장, 심상을 통하여 내적 분노를 감소시킬 수 있는 다양한 아이디어를 설명한다. 당신은 분노를 빠르게 감소시키는 것을 배울 것이며 이를 통해 분노 유발 상황에 좀 더 효과적으로 대처할 수 있을 것이다.

4단계
분노 유발
사고를 확인
하고 변화시
키기

분노를 부채질하는 사고방식을 검
토하고 바꾸기 위해 학습해야 한
다. 여기에는 객관적으로 상황을
조망하고 어떻게 반응할 것인가에
대한 계획을 세우기 위해 마음속
으로 새로운 혼잣말과 이미지를
만드는 것이 포함된다.

5단계
쿨하게
화내기

적극적 문제 해결을 사용하여 갈등
을 줄이고, 당신의 욕구를 이야기
하고, 차이점에 대한 해결책을 마
련한다. 이러한 분노 양상은 제2장
의 부정적이고 도움이 되지 않는
양상을 대체한다.

6단계
과정에
머무르기 :
새로운
행동을
유지하면서
장애물
극복하기

새로운 행동은 그것을 유지하는
것보다 쉽다. 상황이 어려워질 때
쉽게 사용할 수 있는 새로운 분노
양상을 배우고 또 강화시킬 수 있
는 좋은 전략이 있다. 어려움에 부
딪히거나 일이 잘 풀리지 않을 때
당신의 노력을 재검토하고 조정하
는 것이 중요하다.

제6장은 분노를 부채질하는 도
움이 안 되는 혼잣말과 심상을
파악하고 무엇을 해야 하는지 알
려준다.

제7장은 왜곡된 인식에 도전하고
혼잣말과 이미지가 당신에게 도
움이 되도록 가르쳐줄 것이다.

제8장은 당신의 기대를 실망시키
거나 노골적으로 적대시하는 사
람들과의 대화법으로 적극적이면
서도 위협적이지 않은 의사소통
방식을 검토한다. 당신은 갈등을
줄이고 문제 해결을 배울 것이다.

제9장은 다른 사람들이 당신에게
쏟아내는 분노 양상을 어떻게 침
착한 상태로 다루는지에 대한 핵
심을 제공한다.

제10장은 오래된 습관을 하루라
도 빨리 버리고, 분노를 다스리기
위해 새로운 기술을 연습하고 강
화시키는 효과적인 전략을 인간
학습에 관한 참고문헌을 토대로
검토한다.

제11장은 당신이 형편없이 다루어
진다고 느낄 때 다른 사람을 용서
할지 말지를 결정하고, 당신의 분
노를 끝내기 위한 통찰과 전략을
제공한다.

제12장은 분노에 대해 배운 것을
적용할 때 자주 발생하는 어려움을
극복할 수 있도록 돕는다.

2단계

분노 유발요인을
확인하고 대비하기

 분노를 자각하고 어떻게 표현하는가를 배우는 지금, 중요한 것은 분노를 터뜨리게 하는 상황들을 주의하여 살펴보는 것이다. 당신 자신 및 다른 사람들의 행동과 주변에서 일어나는 일들에 대해 당신은 어떤 기대를 갖고 있다. 분노는 이러한 기대가 어긋날 때 일어난다. 제3장에서는 당신이 갖고 있는 기대가 현실적이며 성취 가능한지를 살펴볼 것이다.

03

분노 유발요인을 이해하기

무엇이 상황을 악화시키는가? 최악의 교통체증도 차분하게 보내는 사람이 있는가 하면 분노를 참지 못하는 사람들도 있다. 당신의 친구는 다른 사람의 심술궂은 말을 '그들의 문제'로 재구성하면서 냉철함을 유지하는 반면, 당신은 동일한 상황임에도 공격받았다고 느낀다. 제2장에서는 분노 유발요인 중 개인이 갖고 있는 서로 상이한 기대의 역할을 소개했다. 우리의 이야기를 해보자. 당신이 나에게 선물을 했을 때 내가 어떻게 반응해야 한다고 생각하는가?

감사편지를 보낸다?

전화한다?

이메일로 충분할까? 카드는 어떨까?

"고마워!!!"라는 메시지는 어떨까?

당신의 호의에 즐거워하면서도 고맙다는 표현을 생략한다면?

입장을 바꾸어놓고 본다면 나는 다음에 만났을 때 그냥 고맙다고 하면 그것으로 충분하다. 그러나 당신은 다른 반응을 기대할지도 모른다. 누가 옳은 것일까? 기대에 어긋났을 때 우리는 어떻게 행동하는가? 관계와 상황 속에서 내가 기대한 대로 당신이 반응하지 않는다면 조금 우울하거나 속상하거나 어쩌면 화가 날지도 모른다. 당신은 어떤가?

우리는 어린 시절에 부모님이나 중요한 사람들에 의해서 자신, 타인, 세상이 어떻게 돌아가야 하는지에 대한 자신만의 기대를 형성하게 된다. 다른 사람들이 "~해주세요."라고 말한다거나 우리가 신체적으로 학대받지 않을 거라는 기대는 일반적이지만, 성장 배경이 같지 않거나 모르는 사람에게는 다소 독특하고 이해되지 않는 기대가 될 수도 있다. 그러나 배경에 상관없이 기대가 어긋날 때 우리가 경험하는 가장 일반적인 감정은 분노이다.

이것이 사실인지를 확인하기 위해 가장 최근에 분노가 일어났을 때를 생각해보자. 무엇이 당신을 분노하게 했는가? 누군가의 말 때문인가? 어떤 행동이나 태도 때문인가? 누가 어떤 행동이나 말을 하지 않아서인가? 이제 당신이 무엇을 기대했었는지 생각해보자. 실제로 일어난 일이 당신의 기대에 맞았는가?

잭은 출근시간의 교통체증 때문에 또 분노가 치밀어 오르는 것을 느꼈다. 물론 이것은 과거에도 자주 있었던 일이다. 하지만 그는 속으로 많은 차량을 수용할 수 있는 고속도로 확장을 기대했다(그런 것들을 하기 위해 나한테 엄청난 세금을 걷어가면서!). 그러나 매일의 현실이 그렇지 않은 것을 보면 몹시 화가 난다.

아무도 타냐의 여러 가지 아픈 증상에 대한 긴 이야기를 들어줄 시간이 없어 보인다. 그래도 타냐는 누군가가 옆자리에 앉으면 그들이 핑계를 대고 자리를 떠날 때까지 자신의 이야기를 해댔으며, 자리를 피한 사람들을 '리스트'에 올려놓고 다음 희생자에게 그들에 대한 험담을 했다.

샌디는 그야말로 현대 여성이다. 그녀의 남편은 그녀와 공평하게 부모의 역할을 (거의 똑같이) 분담했고, 그녀는 남편보다 더 열광적인 스포츠광이며 남편이 자신보다 더 자주 저녁식사를 준비한다는 사실에 만족해했다. 그런데도 그녀는 왜 기회만 있으면 '월급'이나 '장래가 없는 직장' 따위의 표현으로 남편을 못살게 굴까?

말하자면 기대 때문이다. 우리는 모두 크든 작든 깊게 뿌리박혔든 덧없든 잘 아는 것이든 간에 누군가가 그것을 지적하면 놀라곤 하는 것들을 가지고 있다. 가장 최근에 화를 냈던 상황을 생각해보더라도 다른 사람에 대한 반응이나 상황과 일을 다루는 데 있어서 당신에게 어떤 기대가 있었는지 드러날 것이다. 아마 당신은 사람들이 "~해주세요.", "고마워요.", "실례합니다."라고 정중히 말하기를 기대했을지도 모른다. 혹은 당신은 시간표에 적힌 대로 매일 정시에 기차가 도착하기를 기대했을 수도 있다. 이런 기대들이 합리적이고 현실적인가? 어떤 사람은 당신이 물건을 많이 샀을 때 점원이 "감사합니다."라고 말하기를 기대하는 부분에는 동의하지만, 당신이 버스에 치일까 봐 "조심해요!"라고 소리치는 사람에게 '정중'하게 말하기를 기대하는 점에는 동의하지 않을 수도 있다. 대부분의 기차가 정해진 시간에서 크게 어긋나지 않게 도착할 것을 기대하는 것이 더 현실적이지 모든 기차가 매일같이 정시에 움직이기를 기대하는 사람은 거의 없다.

비현실적인 기대를 하면 기대했던 결과를 얻지 못할 확률이 높기 때문에 스스로 실망과 분노에 빠지게 된다. 정부가 도로를 확장할 것이라는 잭의 기대는 정부의 여건에 따라 현실적일 수도 있고 아닐 수도 있다. 하지만 정부가 모든 일을 제쳐놓고 출퇴근 시간에는 절대로 정체가 일어나지 않게 해야 한다고 기대하는 것은 결코 현실적이지 않다. 타냐를 안타깝게 여기는 수십 명의 사람들은 대부분 기대했던 것보다 훨씬 오랫동안 그녀의 한탄을 들어주었지만 타냐에겐 결코 만족스럽거나 충분하지 않았다. 샌디는 남편이 가사와 자녀양육에 대해서는 현대적이기를 기대하면서 가족을 먹여 살리는 역할에 대해서는 전통적인 기대를 갖고 있다.

반대로 당신의 기대가 좀 더 현실적일수록 기대에 어긋나는 일은 줄어들고 분노도 훨씬 적게 유발될 것이다. 잭은 항상 시속 88km로 운전하고 싶다는 기대 대신 정부가 더 많은 고속도로를 만들어주기를 기대할 수 있다(그러한 변화에 대한 영향력을 행사함으로써 분노를 전환할 수 있다). 타냐는 자신이 하고 싶은 얘기를 끝까지 다 해야 한다고 기대하는 대신 가까운 친지들로부터 많은 연민과 관심을 기대하고 다른 사람들이 자신에게 귀 기울이는 시간을 감사하게 여길 수 있다. 샌디는 남편이 가족의 생계를 주로 책임지고 집안일은 조금만 도와주면 좋겠다고 말하거나 지금처럼 집안일을 공평하게 하면서 생계에 대한 책임 또한 동등하게 질 수도 있다. 물론 이런 것들이 유일한 해결책은 아니다. 제2장에서 소개한 적극적 문제 해결 방식을 통해 바람직하지 않은 분노의 형태를 여러 가지 긍정적인 다른 방식으로 표현할 수도 있다. 이와 같은 다른 방법들을 통해 비현실적인 기대를 바꿀 수 있으며 분노 반응도 피할 수 있다. 이 장에서는 분노를 다스리는 하나의 과정으로서 분노를 유발하는 기대가 무엇인지 알아보고자 한다. 그렇게 함으로써 조절감을 증진시키고 다음과 같은 힘을 스스로에게 줄 수 있을 것이다.

1. 비현실적인 기대들을 '바꾸거나' 버림으로써 당신의 분노를 유발시

키는 요인을 영원히 없앨 수 있다.

2. 당신 스스로 버리기 싫거나 버릴 수 없는 분노 유발 기대에 보다 잘 대비할 수 있다.

스트레스에 관한 연구 결과를 보면, 잘 조절하고 준비하는 것은 도전적인 상황에서 좀 더 유연하게 적응할 수 있는 '회복력'을 만든다고 한다. 회복력은 당신이 분노를 다스릴 것인지 아니면 분노에 의해 조종당할 것인지를 좌우하는 핵심이 될 수 있다.

우리 각자는 독특한 종류의 기대를 갖고 있지만 모두 자기 자신, 다른 사람들 그리고 일상에서 마주하는 사건이나 상황에 대한 기대를 갖고 있다. 어떤 사람들은 어린 시절의 불쾌했거나 외상적인 경험으로 인해 주변 세상과 일반적인 사람들에 대한 다소 위협적이고 부정적인 관점을 만들어내곤 한다. 아마도 매우 비관적이며, 펼쳐질 가능성이 주어지기도 전에 상황에 대한 부정적인 해석을 하는 사람이 하나쯤은 있을 것이다. 만약 당신이 부정적인 생각을 뿌리치기 어렵거나 이 책의 아이디어를 사용하여 부정적인 기대를 긍정적인 것으로 바꾸기 어렵다고 느낀다면, 이러한 사고방식의 기저에 깔린 부정적인 신념을 변화시키기 위한 상담가의 도움을 고려해보라.

자신에 대한 기대 : 당신은 당신 자신에게 최악의 적인가

당신이 기대를 얼마나 높게 설정하는지와 상관없이 성과는 당신의 유전자 조합과 당신이 무엇을 배우고 실행하느냐에 따라 결정될 것이다. 또한 이것은 건강, 신체적 상태, 영양, 다른 사람들에게서 받는 격려의 영향을 받으며 때로는 날씨와 같이 당신이 전혀 조절할 수 없는 것들로부터도 영향을 받는다.

비현실적인 결과를 기대한다면 분노가 일어나기 쉽다. 다음에 제시된 것 중 어떤 것이 당신에게 해당된다고 생각하는가?

신체적 지구력과 수행력

당신은 운동, 스포츠 및 다른 신체적 과업에서 신체가 감당할 수 있는 것보다 더 많은 것을 바란다.

신체가 단련되지 않은 50세의 조는 전문가의 도움 없이 이십대에게나 가능한 정도의 달리기와 근육 운동을 시작했다. 그는 금방 좌절감을 느꼈고, "내 몸이 이렇게까지 형편없다니, 믿을 수 없군. 이것보다 훨씬 더 무거운 것도 들 수 있어야 하는데 뭐가 잘못됐지?"라며 얼굴을 잔뜩 찌푸리고 짜증을 냈으며 본인은 부정했지만 뚱한 기분으로 집에 도착했다.

사라는 골프 연습을 거의 하지 않았지만 예전에 했던 실력이 남아있길 기대했다. 그러나 겨우 평균 정도만 쳤다. 그녀는 크게 실망했고 자신을 비난하며 불평했다. 그러면서도 친구들이 자신을 골프게임에 부르지 않는 것을 언짢아했고 의아해했다. 사라는 자신이 승부욕이 많다는 것은 인정했지만 그녀의 분노가 다른 사람을 얼마나 불편하게 하는지는 몰랐다.

기껏해야 주말에나 목공일을 하는 케이지는 전문가의 도움 없이 집 지하실을 고치기로 했다. 그는 크리스마스 전에 끝낼 것을 결심하고 시작했지만 금방 형편없이 뒤쳐지게 되었다. 케이지는 주말을 두려워하며 가족원 모두에게 짜증 내고 안달냈다. 가족들은 그가 애초에 이 일을 시작하지 말았어야 했다고 생각하기 시작했다. 그는 자신이 '실패' 했다는 것을 받아들이기 힘들어했다.

다음과 같다면 당신은 신체적 상태에 비해 비현실적인 기대를 가지고 있는 것이다.

- 지나치게 지치고 스트레스를 받아서 하는 일이 더 이상 즐겁지 않다.
- 다치거나 고통스러워서 중요한 다른 일을 할 수 없다.
- 예전에는 즐거웠던 것이 두려워지기 시작한다.

다음에 비슷한 도전을 한다면 어떤 현실적인 기대를 할 수 있을까? 다음을 고려해 보자.

1. 신체적으로 힘든 일을 해야 하는 상황이 오면 가장 최근의 기억을 떠올려 그 일이 가능한지 고려해본다. 과거에 무엇을 할 수 있었는지는 잊고 최근의 상태를 바탕으로 기준을 세운다.
2. 집을 고친다든지 차를 고친다든지 어떤 기술을 필요로 하는 일을 할 때는 일을 시작하기 전에 이런 일에 대한 경험이 얼마나 있는가를 스스로에게 질문해보자. 성공하기 위해 필요한 연장과 자재들이 있는가?
3. 이 일이 안전하고 효과적으로 진행되기 위해 다른 사람의 도움이 필요한가? 도움을 청할 용의가 있는가?

지식과 업무 추진

아무리 우리가 똑똑하다고 해도 우리는 새로운 것을 배우기 위하여 공부하고 연습해야 한다. 우리는 대개 새로운 정보를 익히거나 직장에서 일을 끝내거나 심지어 체스와 브릿지 게임 같은 지능적 게임을 하는데도 높은 목표를 세우고 성공하지 못하면 분노와 좌절감을 느낀다.

조쉬는 컴퓨터에 대한 경험이 적음에도 불구하고 컴퓨터 수업에서 A를 받을 것을 목표로 정한다. 점점 뒤떨어지자 그는 수업이 '너무 빨리' 진행된다며 선생님에게 화를 냈고 결국 좌절감을 느끼며 과목을 포기하고 분노했다.

라리는 그렇게 큰일을 해본 적이 없으면서도 직장에서 중요한 회의를 맡기로 했다. 주변의 도움을 뿌리치고 갖은 애를 다 썼지만 일이 제대로 돌아가지 않자 그녀는 스트레스를 받고 화를 냈다. 한 번은 도와주는 사람에게 화를 내서 그 사람이 상사에게 불평을 했고 라리만 더 곤란해졌다.

비현실적인 기대에 대한 분명한 표시는 다음과 같다.

- 일을 시작하고 나니 당신이 성공적으로 이 일을 해낼 수 있는 충분한 지식, 배경, 경험을 갖추었는지에 대한 확신이 들지 않는다. 모든 것이 다 잘될 것이라고 합리화하지만 마음 깊숙한 곳에서는 개운치 않다.
- 당신이 정한 목표를 달성하지 못했고 얼마 가지 못해서 '따라잡아야' 만 한다는 것을 알게 되었다.
- 자신감이 없고 당신이 '이미 글렀다' 는 것을 다른 사람이 알아챌까 봐 불안하며 방어하게 된다.

어떤 일을 하기로 약속하기 전에 스트레스가 쌓이거나 실패하지 않기 위해서는 다음을 고려하라.

1. 이런 일에 얼마나 많은 경험이 있는가? 과거에는 어떻게 했는가? 이것이 당신이 해낼 수 있는 업적의 정도와 질을 예측할 수 있는 가장 좋은 기준이다. 의문이 생긴다면 그 일을 맡기 전에 그 분야에 대한 경험이 많은 사람에게 조언을 구하라.

2. 이 일에 대한 당신의 생각을 검토해보라. 누구를 즐겁게 하거나 자신의 능력을 증명하려고 하는 것은 아닌가? 나중에 당신에게 너무 벅차다는 것을 알게 되고 삶의 중요한 일을 할 시간을 다 빼앗기더라도 가치 있는 일인가?

3. 이 일을 성공적으로 마치는 데 도움이 필요하면 요청하라. 주어진 다른 책임을 생각해보고 혼자서는 그 일이 너무 힘들다면 사양할 것을 고려한다.

시간과 속도

얼마나 빨리 잔디를 깎고, 방에 페인트칠을 하고, 출근하고, 프로젝트를 끝낼 수 있을까? 우리는 흔히 현실적인 고려를 하지 않거나 불가피한 문제가 생길 수도 있는 가능성을 배제하고 시간표를 짠다. 그리고는 빠른 속도로 진행하지 못하면 화를 내고 자신을 비난한다.

당신은 직장에서 불가능한 마감일의 프로젝트를 맡지만 아무리 늦게까지 일해도 점점 더 뒤쳐지므로 스트레스를 받고 짜증이 난다. '스트레스'를 탓하며 당신이 방어적이 되고 불평한다는 주변 사람들의 걱정을 피한다.

본의 아니게 러시아워에 친구를 공항에 데려다준다고 했다. 꽉 막혀버린 도로에서 꼼짝달싹 못하자 자신과 친구에게 몹시 화가 나 꾹 참았지만 집에 왔을 때 결국 완전히 지치고 침울한 기분을 느낀다.

친구의 결혼식장이 어디인지도 잘 모르면서 아주 늦게 집을 나섰다. 지도를 챙기지 않은 배우자를 탓하며 원망한다.

우리는 종종 상황을 고려하지 않고 일정을 세운다. 크리스마스 주간에 쇼핑을 가거나 퇴근 시간에 운전하는 것은 견디기 힘든 기다림과 줄서기가 불가피하며, 이로 인한 분노는 자신이 만들어낸 고통의 좋은 예이다.

다음과 같은 일들이 너무 자주 일어난다면 당신은 지나치게 시간을 재촉하고 서둘러서 '숨 쉬기 어렵게 하는' 상황을 스스로 만든다는 것을 알아야 한다.

- 일을 제대로 마치기 위해 더 많은 시간이 필요했고 시간에 맞추어 목적지에 도착하기 위해 더 일찍 떠났어야 한다고 자주 느낀다. 당신 스스로 시간을 계획해야 한다는 것을 잊어버리고 '너무 시간이 없다' 던가 또는 '서둘러야 한다' 고 불평한다.
- 당신은 늦을까 봐 초조하게 시계를 보고, 당신의 시간에 대한 기대에 맞지 않는 다른 사람들에게 짜증 내고 화낸다는 것을 알았다.
- 당신은 주변 사람들로부터 늦는다거나 '마지막 순간'에 일을 끝낸다는 말을 듣는다.

시간과 속도에 좀 더 현실적으로 대처하기 위해 다음을 고려하라.

1. 자신과 다른 사람에게 시간 제약을 두기 전에 마감시간이 왜 중요한지 스스로에게 질문한다. 어떤 일은 분명히 시간 제약이 필요하다. 결혼식이나 회의에 늦지 않거나 목적에 관계없이 약속시간에 상대방을 기다리게 하지 않는 것은 일반적인 예의이다. 이번 주말에 꼭

부엌에 페인트칠을 해야 하는가? 세금을 내야 하는 날이 아직 몇 달이나 남았는데 오늘 꼭 세금 계산을 시작해야 하는가? 크리스마스 전까지 꼭 7kg의 살을 빼야 하는가 아니면 그냥 음식을 조절하면서 어떻게 되는지 지켜보는 게 더 나은가? 아이들이 놀이공원에 갈 날짜를 정하자고 조를 때 주중의 상황이 어떤지, 금요일에 기분이 어떤지를 보고 마지막에 결정하면 안 될까? 우리가 일정을 잡아야 하는 대부분의 일들은 꼭 시간적인 제한이 있는 것은 아니다. 그들은 기다릴 수 있다.

2. 일이나 활동이 과거에 어땠으며 그때는 얼마나 오래 걸렸는지 검토해보자. 경험이 없다면 이것이 얼마나 걸릴지를 아는 사람에게 물어보자. 이런 사실을 바탕으로 시간을 정하고 '여유시간'을 둔다(예 : 사무실에서 공항까지 보통 50분 걸린다면 편안하고 여유 있게 갈 수 있도록 한 시간 정도를 잡는다).

3. 당신이 준비한 여행, 프로젝트 혹은 어떤 다른 목표에 도달하는 것이 당신이나 다른 사람들을 속상하게 할 만큼의 가치가 있는가? 다른 사람의 도움이 필요하다면 시간에 대해 서로 분명히 해야 한다. 그렇지 않으면 당신이 원하는 대로 다른 사람이 해줄 것이라고 기대하지 마라.

4. 당신이 결정한 시간이 어쩔 수 없는 상황에 의해 영향을 받는가? 예를 들어, 필요한 물품이나 자료들이 배, 비행기, 기차, 택시나 대중교통수단의 도착시간에 달려있다면 일 년 중 현재의 시점, 공휴일, 우기와 같은 날씨나 러시아워 등을 고려했을 때 얼마나 현실적인지를 생각하라.

성공과 실패

우리가 목표를 성취할 때 인정받고 성취하고 싶은 욕구는 이루어진다. 우리가 일상의 목표와 장기적인 목표를 실제로 편안하게 실천할 수 있는지를 고려하여 정한다면 성공할 확률이 훨씬 높아진다. 불행히도 그와 같은 욕구는 지나치게 높고 성취할 수 없는 목표를 정하도록 몰아갈 수도 있으며 성취하지 못했을 때 분노와 좌절감을 느끼게 하기도 한다.

마리오는 결코 만족하는 법이 없다. 인간관계도 아주 좋고 그가 꿈꾸던 것보다 훨씬 많은 돈을 버는데도 40세에 은퇴하기 위해 계속 주식 투자를 하느라 정신이 없다. 경제가 좋았다 나빴다 하는 것은 당연한 일인데 주식이 떨어지면 그는 화가 나서 자신을 비난한다. 그의 약혼녀는 마리오가 자주 신경을 곤두세우고 주식을 확인하고, 따지고, 비교하는 것에만 몰두한다고 불평한다.

마리아는 무슨 수를 써서라도 성공하기 위해 부하 직원들을 닦달한다. 그녀는 30세가 되기 전에 임원으로 진급하기 위해 다른 사람들에게도 그녀처럼 저녁이나 주말에 일할 것을 요구한다. 성공에 대한 끊임없는 갈망은 그녀에게 엄청난 타격을 주었다. 그녀는 일상생활의 즐거움을 거의 느끼지 못했고 변덕이 심했으며 신경이 곤두서있었다. 제한된 자유시간은 그저 휴식을 위해 혼자 보냈다.

성공을 위해 높은 목표를 세우는 것이 뭐가 잘못인가? 당신이 설정한 목표를 갖는 것은 가치 있는 목적을 달성하는 데 있어 필수적이다. 그러나 높은 기준을 정할 땐 그 목표가 현실적인지 판단하는 것이 중요하다. 다음의 상황이 당신을 실망시키는 일들과 관련이 있는가?

* 당신과 주변 사람들은 당신이 정한 목표를 달성하느라 비싼 대가를

치른다. 오랜 시간 일만 하고 간신히 마감일을 지키며 매우 고통스럽고 갈등이 많다.

- 목표를 성취하고 나면 그것을 평가절하하고, 곧바로 새로운 목표를 끊임없이 세운다.
- 마리아처럼 목적달성에 치중하느라 일상생활의 즐거움은 두 번째로 밀려난다. 인생은 꿈을 실현하기 위해 보내는 것이 아니라 실현하기 위한 과정임을 기억하라. "인생은 목적이 아니라 여정이다."라는 글귀를 나는 좋아한다.

당신이 성공에 지나치게 몰두해 있다면 어떻게 할 것인가? 자신이나 다른 사람을 적정 기대 수준 이상으로 몰고 간다면 그 대가를 치르게 된다는 것을 기억하라.

1. 성공을 위한 기준을 정할 때 당신과 다른 사람들이 치러야 할 대가를 고려하라. 자녀의 축구팀을 지도하여 승리하도록 이끌 수는 있겠지만, 게임에서 '이기기' 위해 지나치게 몰아붙인다면 아이들은 축구를 싫어하게 될 것이다.

2. 당신이 이전에 달성한 것과 같거나 조금 더 높은 수준의 목표를 정하거나, 잘 아는 사람들이 달성할만하다고 조언해주는 정도의 목표를 정한다. 그 목표를 달성하고 나면 그보다 조금 더 높은 목표를 설정할 수 있지만 성취할 수 있는 정도까지만 한다. 심리학자들은 조금씩 목표를 향해 다가가고 그 목표가 성취될 때 기쁨을 느끼는 것을 '연속적 접근법successive approximation' 이라 한다. 이것은 성취할 수 없어서 지치게 하는 비현실적인 목표를 설정하는 것보다 함께

작업하는 다른 사람들이나 당신에게 커다란 즐거움을 줄 것이다.

다른 사람들이 당신의 기대에 어긋날 때

어린 시절 우리는 다른 사람들로부터 무엇을 기대하고 어떻게 행동해야 하는지를 배운다. 당신의 초기 경험은 다른 사람들과 다르기 때문에 당신의 기대가 일반적으로 공유되는 것은 아니다. 실제로 그랬건 안 그랬건 간에 누군가 당신 기대에 어긋난다고 **생각되면** 당신은 분노를 경험할 것이다.

매너와 예의

당신이 집사와 가정부가 있는 집에서 성장했건 '길거리에서' 자랐건 간에 그러한 경험들은 내적 규칙처럼 새겨지고 우리는 그에 따라 여러 상황에 적합한 사회적 행동을 하게 된다. 당신은 아마 다른 사람들이 이러한 규칙을 위반하면 분노할 것이고 때때로 그 이유가 궁금할 것이다.

에드워드는 규칙을 따르고 부모를 존경하며 엄격한 가정교육하에 성장했다. 그는 친한 친구의 아들이 자신을 에드워드라고 부르는데도 친구가 자녀를 곧바로 야단치지 않아 짜증이 났다. 그는 공공장소에서 '버릇없이' 행동하는 자녀를 엄하게 다루지 않는 부모들에게 자주 훈계하곤 했다.

샬롯은 직장 동료들의 '예의 없는' 행동에 신경이 쓰이곤 한다. 그녀는 사람들이 인사도 없이 전화를 끊거나 이메일을 아무렇게나 보내거나 그녀가 한 일에 감사를 표현하지 않으면 곧바로 비난한다.

다음의 내용에 동의한다면 다른 사람들의 예의와 행실에 대한 당신의 기대를 다시 한 번 고려해볼 필요가 있다.

● 다른 사람들의 예의와 예절 문제로 자주 속상하고 실망한다. 당신에게는 그들이 어떻게 행동해야 하는지가 명확한데도 다른 사람들은 예의가 없거나 적절하지 않게 행동한다(예 : '건방지거나' 혹은 '매너가 없다').

● 고마움을 표시하지 않거나 예의가 없거나 당신이나 다른 사람을 존중하지 않을 때 사람들과 자주 갈등이 발생한다.

당신이 믿는 예절이나 습관들이 '잘못된 것'은 아니지만 다른 사람들에게도 그들의 문화나 경험의 배경에 따라 '옳다'고 보이는 다른 시각이 있다는 것을 깨달을 필요가 있다. 우리에게 다른 사람들의 예절이나 부모 역할, 그 외에 다른 것들을 바꿀 수 있는 힘이 있을까? 당신이 가지고 있는 다른 사람들에 대한 '교양 있는' 행동 기준이 충족되지 않을 때 애태우기보다는 다음과 같은 현실적인 선택들을 고려해보자.

1. 당신의 기분을 상하게 한 사람의 배경이나 문화를 고려하여 당신의 기대를 바꿔본다. 현대 사회는 다양한 풍습과 개념을 갖는 다른 배경의 사람들로 가득하며 많은 것들이 당신의 생각과 다르다.

2. 상대방의 나이와 경험을 고려하라. 예를 들어, 십대들의 버릇없는 행동이나 단정하지 않은 행동은 젊은 세대의 문화이며, 당신이 젊었을 때 입었던 옷차림이나 행동을 돌이켜보면 이해할 수 있을 것이다.

3. 당신이 꼭 참견해야 한다면(예 : 그 사람의 생각을 바꾼다거나 혼내거나) 당신이 기대하는 결과가 현실적인지 아닌지 고려해본다. 어떤 표정, 목소리, 말로 해야 다른 사람의 행동을 벌주는 게 아니라 '점잖은 부탁'이 되는지도 고려해보아야 한다.

수용과 친밀

가족이나 친구들이 당신을 지지하지 않거나 친밀한 태도로 대하지 않으면 화가 나고 거부당한 기분을 느낀다. 다른 사람들의 의도와는 상관없이 그들의 노력에 당신이 만족하고 안 하고는 당신이 무엇을 기대하느냐에 달려있다.

- 당신의 배우자는 당신에게 어떻게 그리고 어느 정도의 친밀한 태도로 대해야 하는가?
- 무엇이 친밀하고 로맨틱한 분위기를 만드는가?
- 친구, 형제, 성장한 자녀들이 얼마나 자주 당신에게 전화하고 편지를 쓰고 대화하는가?

샤논은 종종 남편이 '냉정'하고 '로맨틱하지 않다'며 비난했고 이것에 대해 남편이 변명하면 항상 말다툼으로 이어졌다. 최근에 그녀는 손님방에서 잠을 자고 남편에게 차갑게 굴고 그럴 마음도 없으면서 별거하겠다고 위협한다. 그녀는 남편을 바꾸지 못한다는 것을 알면서도 계속 그가 잘 해주기를 바라며 갈등에 사로잡혀있다.

티론은 두 남동생 때문에 또 화가 나 있다. 그들은 전화도 잘 하지 않았고 가족모임도 항상 티론이 주관해야 했다. 그는 최근에 동생 아킴에게 아무것도 아닌 일로 벌컥 화를 냈는데 진짜 이유는 그가 상처받았고 이해받지 못한다고 느끼는 데 있었다. 그는 남동생들과 모든 연을 끊겠다고 생각했다.

다음과 같은 태도나 행동이 당신에게도 적용되는가?

- 다른 사람들과의 약속을 자주 의심한다. 사람들이 당신을 실망시키고 당신만큼 친밀한 관계에 신경 쓰지 않는다고 생각한다.
- 다른 사람들이 당신에게 먼저 말을 걸지 않고, 관심이나 애정을 별로 보이지 않으며 당신이 기대한 것만큼 친밀하지 않으면 거절당한 것 같고 상처받는 기분이다.
- 가장 가까운 관계에서 관심이나 확신의 욕구가 채워지지 않고 갈등이 되풀이된다(예 : 당신은 어째서 날 사랑하지/잘해주지/나와 함께 하지 않지?).

당신이 다른 사람을 사랑하고 돌봐주는 것만큼 다른 사람이 당신을 사랑하고 돌봐주지 않을 수도 있지만 표현하는 방식이 당신과 다를 수도 있다. 당신 마음대로 모든 사람을 움직일 수는 없지만 다음과 같이 두 가지 선택은 할 수 있다.

1. 결코 충족되지 않을 당신의 기대를 계속 유지하며 조용히 괴로워하거나 분노를 터뜨리거나 아니면 그들을 가치 없는 사람들이라고 무시해버린다.
2. 반대로 당신의 기대가 무엇인가를 확인한 후, 문제 해결을 위한 태도로 차분하게 대화한다(제8장 참조). 상대방이 변하지 못하거나 변하기를 원하지 않는데 당신에게 그 사람이 중요하다면 당신의 기대를 바꾸어야 한다. 최후의 수단으로는 이 관계를 위해 노력할 가치가 없다고 결정할 수도 있다.

공정과 공평

우리는 도덕과 신념에 따라 무엇이 공평하고 옳은가에 대한 기대를 갖는다. 문제는 흔히 다른 사람들이 우리에게 동의하지 않는다는 점에 있다. 소수의 직원들을 해고시키면서 고용주는 이것이 다수의 직원들을 위해 '아주 잘한 일'이라고 생각한다. 하지만 회사를 위해 장기간 일한 당신이 회사를 그만두어야 하는 사람들 중 하나라면 당신은 화가 날 것이고 공정하지 않은 대우에 기분이 상할 것이다.

당신의 내적 기준에 어긋날 때 나타나는 '증상'들은 스스로의 기대를 저버릴 때의 죄책감과 다른 사람들이 '공정하게' 행동하지 않을 때의 분노이다.

첸은 친구 샘을 공항에 데려다주기 위해 두 시간 일찍 퇴근한 적이 있었다. 이후에 첸이 샘에게 차를 태워다 달라고 부탁하자 샘은 빨리 퇴근할 수 없다며 거절했다. 첸은 전화를 끊으며 "모처럼 부탁하는데 30분 일찍 나오는 것도 못하다니. 내가 바보였어."라며 분통을 터뜨렸다. 첸은 "이제 샘의 차례야."라며 샘이 호의를 베풀기 전까지 다시는 그의 부탁을 들어주지 않겠다고 다짐했다.

첸의 행동이 이성적인가? 그는 자신이 샘에게 호의를 베풀었으니 샘도 공평한 방식으로 똑같이 호의를 갚아야 한다고 기대했다. 첸은 그가 공평하다고 생각하는 방식으로 다른 사람들이 행동하지 않을 때 자주 실망하곤 한다.

공평을 지나치게 강조하다가 인간관계가 어려워지는 다음의 상황들을 생각해보자.

• 당신의 경험에 비추어 다른 사람들이 얼마나 열심히 일했고 어떤 대

우를 받았는지 비교하며, 당신은 늘 불공평한 대우를 받는다고 결론을 내린다. '공평' 하지 않은 상황을 그냥 넘기기 힘들다.

● 물질적 보상(예 : 직장에서의 연봉 인상, 선물)이나 배려(예 : 당신의 호의에 대한 보답으로 도움을 줌)가 공정해 보이지 않을 때 당신은 화가 나고 분노를 쉽게 삭이지 못한다. 불공평한데도 아무 일이 없는 것처럼 일할 수 없으며 그로 인해 가족이나 다른 사람들과의 관계가 어려워진다.

위의 사항을 염두에 두면서 첸의 상황을 가지고 다른 사람에 대한 기대를 만들어보자.

● 다른 사람들은 우리가 한 만큼 보답하지 않거나 혹은 전혀 하지 않을 수도 있다. 우리는 우리의 행동에 대한 다른 사람들의 반응에 어떠한 영향력도 줄 수 없다. 앞의 예에서처럼 첸은 분명히 자신이 호의를 베풀 때 그에 상응하는 대우를 받을 것이라고 기대했다. 그는 무엇을, 얼마나, 누구에게 줄지를 계산하고 확인한다. 동등한 보상을 기대하는 것이 합리적인가? 아마도 다른 사람들은 첸의 행동을 아무런 대가 없는 멋진 행동으로 볼 것이다.

● 관계 안에서 공평하고 적절한 행동에 대한 기대치는 사람마다 다르다. 예를 들어, 첸은 샘이 '빚졌다' 고 믿으며 자신을 집에 데려다주는 것이 공평하다는 잣대를 가지고 있다. 아마 샘에게 있어서 '보답' 의 의미는 다를지도 모른다. 예를 들어, 샘은 첸에게 오페라 티켓을 주었지만 그는 '이탈리아어 노래를 두 시간 동안' 듣는 것에 관심이 없어 거절했고 이 일을 잊어버렸다.

- 기대가 그렇게 중요하다면 분명한 태도로 대화해야만 한다. 다른 사람들은 당신의 마음을 읽을 수 없으므로 당신이 무엇을 바라고 왜 그런지 알지 못하며, 문제 행동이 관계에 그렇게 심각한 일인지 예측하지 못했을지도 모른다. 샘은 첸을 차로 데려다주는게 그렇게 중요한 일인지 전혀 몰랐을 수도 있다. 당신에게 중요하다면 그것을 명확하게 하거나 당신의 기대가 채워지지 않을 확률이 높음을 이해하라. 나는 공평의 기준에 대한 비현실적이고 충분하지 않은 의사소통 때문에 중요한 관계가 끝나는 것을 자주 보았다.

더 나아가 기준을 '만들거나 깨뜨림'을 강요함으로써 그 경계에 중요한 관계를 두는 위험에 대해 생각해보자. 당신이 친구나 가족의 중요한 무언가를 잊었을 때, 그것은 당신이 그들에게 관심이 없었기 때문인가 아니면 인간이라서 하는 실수였는가?

방해와 성가심

때로는 다른 사람들이 당신의 평화와 평온을 방해하며 성가시게 할 때가 있다.

한 여름 해변에서 책을 읽으려는데 바로 옆에서 어떤 가족이 큰 소리로 떠들며 아이들이 비행기 엔진처럼 시끄럽게 음악을 틀어놓는데도 그냥 내버려둔다. 당신은 짜증이 나서 그 시끄러운 음향기기를 부숴버리고 싶다고 생각한다. 결국은 참지 못하고 자리에서 일어났으며 '이기적인 사람들' 때문에 즐거운 하루를 망쳤다.

당신의 친한 친구가 말을 빙빙 돌리며 천천히 말한다. 당신은 그가 빨리 핵심만 말하기를 기대한다. 당신은 짜증이 나 친구의 말을 가로채거나 주제를 바꾼다. 요점이 없는 길고 긴 회의, 코를 찌르는 여자들의 향수 냄새, 잘못된 대답으로 당신의 시간을 낭비하는 것은 성가신 일이며 때로는 짜증으로 당신을 미치게 한다.

무엇이 당신의 신경을 거슬리게 하는가? 무엇이 당신의 하루를 '못 견디게' 하는가? 누가 혹은 무엇이 당신을 짜증 나게 하며 당신은 거기에 어떻게 반응하는가? 당신 스스로를 힘들게 하는 기대를 찾아보자.

- 다른 사람들의 행동이 자주 성가시게 느껴지고 참기 어렵다. 큰 목소리, 시끄러운 아이들, 거슬리는 행동들(예 : 손톱 물어뜯기, 노래 흥얼거리기, 손마디를 꺾기)이 당신을 불편하게 한다. 당신은 달갑지 않은 이러한 방해를 견디기 어렵다.
- 어떻게도 할 수 없는 방해를 그냥 넘기지 못할 때, 가족이나 친구들은 당신의 행동으로 부정적인 영향을 받는다. 예를 들어, 시끄러운 옆 테이블의 가족 때문에 화가 난 당신은 배우자에게 빨리 식사를 마치고 나가자고 말한다. 당신의 배우자는 당신의 과잉반응으로 저녁을 망쳤다고 생각한다.

당신이 참을 수 없는 일들이 진정 일상의 삶의 질에 영향을 주는가? 당신의 기대를 살펴보자.

1. 당신은 세상이 당신의 계획대로 돌아갈 것을 기대하는가? 십대들, 지루하고 길게 말하는 연설가, 길게 늘어선 줄이 당신의 삶에서 사라질까? 개인이건 단체건 다른 사람들이 언제나 차분하고 부드럽고 합리적이며 느긋하게 행동하리라고 가정하는 것이 현실적이라고 생

합리적인 믿음 : 다른 사람들은 그들의 욕구에 따라 계속 그렇게 행동할 것이다. 이 사실을 받아들이고 나의 기대를 다른 사람에게 강요하지 않으면, 비록 그들의 행동에 내가 동의하는 것은 아니지만 평화로울 수 있다.

그것이 힘들 때는 아래의 주문을 외워보자.

"나는 나 자신을 제외하고는 어느 누구에게도 영향력이 없다. 다른 사람들이 남을 해치지 않는 한 그들이 무슨 말을 하든지, 무엇을 하든지, 무슨 생각을 하든지, 어떻게 느끼든지 간에 그것은 그들의 자유다. 부모 노릇을 하고, 가르치고, 경찰 역할을 하고, 정신적 지도자가 되고, 비판하는 것은 나의 시간과 힘만 낭비할 뿐 내가 할 일은 아니다. 나는 단지 다른 사람들의 행동에 어떻게 대응할지를 결정하고, 내가 바꿀 수 없는 것들은 그냥 받아들이는 것으로 문제를 해결한다. 어떤 선택을 하더라도 나는 침착할 수 있다. 어쨌든 그들은 그들이 선택한 대로 계속해 나갈 것이다."

각하는가?

2. 이런 상황을 바꾸기 위해 당신이 할 수 있는 것이 있는지 스스로에게 질문해보자. 아니라면 당신은 생각을 바꾸거나 상황을 대처할 만한 해결책을 찾거나(예 : 귀마개로 소음을 차단하거나 오래 기다려야 할 때를 대비해 읽을 책을 준비하거나) 자리를 떠날 수도 있다. 당신이 할 수 있는 것은 당신이 할 수 있는 해결책을 찾아 바꾸고, 당신이 바꿀 수 없는 것은 그대로 받아들여 해변에서 계속 즐기거나 회의장에 남아있거나 말이 많은 친구와 관계를 유지하는 것이다.

공격과 학대

위협적인 음성, 태도, 행동은 대부분 우리의 기대에 어긋난다. 이것은 당신이 위협적이거나 폭력적인 언어 혹은 행동의 대상이 되지 않아야만 하는 현실적인 기대이다. 나의 책, 화를 내고 후회하는 화내지 않고 이기는에는 경멸적인 진술(그 태도는 뭐야!!??, 쯧쯧, 제대로 할 수 있는 게 뭐야!!?), 폭력적 위협의 부정적 딱지(예 : 얼마나 멍청한지!, 냉정한 ××) 혹은 원치 않는 신체적 행동(예 : 밀어붙이며 시비걸기, 가지 못하게 가로막기, 팔을 붙잡기, 때리기)으로부터의 행동 범위 '단계'가 제시되어 있다. 이 단계의 어떠한 진술이나 행동도 당사자에게는 심각한 결과를 초래할 수 있다. 제9장은 이러한 행동에서 빨리 벗어나고 위험으로부터 벗어날 수 있는 더 많은 선택을 당신에게 줄 것이다.

세상의 일들이 어떻게 돌아가야 하는가

우리 주변의 환경과 물건이 우리를 실망시키는 예는 수없이 제시할 수 있지만 그중 몇 가지만 살펴보자.

새로 산 자동차가 탄지 2주일도 되지 않았는데 시동이 걸리지 않는다. 당신은 회사에 늦었는데 배우자는 이미 차를 몰고 나가버렸다.

세탁 건조기를 고친지 하루 만에 다시 고장이 났다. 일주일 동안 밀린 빨래를 해야 하는데 당장 이것을 고칠 시간이 없다.

오후 6시에 많은 손님을 초대하여 가든파티를 열기로 계획했다. 그러나 폭우가 쏟아지기 시작했고 일기예보에서도 오늘 저녁 내내 비가 온다고 한다. 그 많은 사람들이 거실에서 북적거리느라 엉망이 될 저녁이 떠오른다.

어느 누구도 이러한 결과를 달갑지 않게 여기겠지만, 어떤 사람들은 낙심한 가운데서도 침착함을 유지하며 곧바로 대책을 세운다. 반면 어떤 사람들은 속을 끓이며 우리가 사용하는 물건과 환경이 우리가 바라는 대로 될 것이라는 잘못된 기대의 희생양이 된다.

나의 내담자 중 한 사람은 비행기가 연착되었다고 공항 직원에게 욕을 해서 체포되었다. 그녀는 그 주에 비행기 지연을 이미 두 번이나 경험하였고 겨울 날씨가 맑기를 기대했다. "저는 비행기가 또 늦어지는 것을 참을 수 없었어요. 다시는 이런 일이 일어나지 않을 거라고 믿었죠. 이 항공사는 저를 함부로 대했고, 저는 더 이상 참지 않겠다는 것을 알려주고 싶었어요. 그래서 게이트에서 일하는 직원에게 욕을 했지요. 그런데 이렇게 고소를 당하다니. 저에게 이런 일이 일어났다는 걸 믿을 수가 없어요."

우리 대부분은 폭행죄로 고소를 당할 지경까지는 아니지만 이 여성의 분노를 이해할 수 있다. 그녀는 우리도 가질 수 있는 비합리적인 기대의 희생양이 된 것이다. 당신도 다음과 같은 기대를 하는가?

> "내가 원하는 것들은 질서 정연하고 예측 가능하며 정해진 시간표대로 움직이는 거야."
>
> "날씨는 계속 화창할거고 자동차, 버스, 기차, 비행기는 아무런 이상 없이 정시에 도착할거야."
>
> "우리 집에 있는 모든 전자 제품은 잘 작동할 것이며 오래갈 거야."

이런 기대들은 터무니없지 않은가? 그러나 차가 막히거나 컴퓨터가 작동하지 않을 때 짜증을 느낀다면, 당신은 그것을 말로 표현했든 아니든 간에 위와 같은 비논리적인 기대를 한 것이다. 여기에 몇 가지 다른 대안들이 있다.

1. 물건이나 상황에 대한 과거의 경험을 생각해보고 한두 가지의 현실

적인 기대를 적어 당신의 욕구를 채우기 위한 계획을 세운다(예 : 타이어가 어차피 낡았으니 비상등을 켜고 도움을 요청하자). 혹은 "컴퓨터가 항상 말썽이군, 뭐 다른 건 없나? 이게 지금 고장 나면 정말 곤란한데 이 작업을 마무리하기 위한 계획을 세워보자. 아마 컴퓨터를 고치는 동안 주말에는 노트북을 빌릴 수 있을 거야."는 어떨까.

2. 문제가 생길 만한 상황을 접하면 일어날 만한 문제에 대처하기 위한 계획을 세운다(예 : 이번 토요일에 비가 올 수도 있다는데 손님들이 비를 맞지 않게 하려면 어떻게 해야 할까?). 지연과 차질이 빈번한 상황에서는 처음부터 현실적인 기대를 하고 그런 일이 발생하면 다시 수정한다. "트렁크 분실은 있을 수 있는 일이야. 완전히 잃어버린 게 아니라 다른 공항으로 잘못 갔을 거야. 긴장하지 말고 어디에 분실신고를 해야 하는지 알아보자."

당신의 기대 바꾸기, 당신의 결과 바꾸기

'분노를 유발하는 기대' 도표에 분노를 일으킬 수 있는 기대의 각 항목들을 간단하게 정리해두었다.

우리는 다른 사람에게 분노를 일으키는 '원인'을 살펴보았는데 당신은 어떠한가? 이제 도표를 바탕으로 분노를 일으키는 당신의 기대가 무엇인지 확인할 수 있을까? 비현실적이지만 익숙한 기대를 완전히 바꾸거나 없애버릴 수 있을까?

자신의 기대를 변형하기

충족되지 않는 기대는 분노를 일으키므로 비현실적인 기대를 버리거나

분노를 유발하는 기대

기대	분노가 터질 때
자신에 대한 기대	
신체적 지구력과 수행력	기대와 달리 어떤 일이나 운동을 신체적으로 원만하게 할 수 없거나 잘할 수 없다. 예전에 잘하던 것도 지금은 잘되지 않는다.
지식과 업무 추진	높은 수준을 감당하지 못하고 점수나 결과가 기대한 만큼 나오지 않는다.
시간과 속도	당신이 정시에 도착하지 못하거나 다른 사람들이 늦는 등 일이 빨리 진행되지 않는다.
성공과 실패	목표를 높게 설정해서 기대한 만큼 달성하지 못한다. 언제나 더 성취하려고 한다. 거의 만족하지 못한다.
다른 사람들에 대한 기대	
매너와 예의	당신의 관점에서 볼 때 예의 없고 태도도 불량하며 감사할 줄도 모르고 역겹게 행동한다.
수용과 친밀	당신에게 중요한 사람이 기대한 만큼 사랑해주거나 돌봐주지 않으며 관심조차 없다.
공정과 공평	사람들은 불공평하고 당신의 공로를 인정해주지 않으며 자격이 없는데도 상을 받는다. 당신이 잘해준 것만큼 당신에게 잘해주지 않는다.
방해와 성가심	사람들은 시끄럽고 성가시며 당신의 생각이나 행동을 방해한다.
공격과 학대	다른 사람들이 위협적이거나 위험하기까지 한 원치 않는 언어적 혹은 신체적 행동을 한다.

기대	분노가 터질 때
물건에 대한 기대	
물건이나 전자제품 같은 기계는 어떻게 작동되어야 하나	전자제품, 기계, 차가 고장이 나거나 제대로 기능하지 못한다.
일은 어떻게 정리되어 있어야 하나	고속도로나 정부기관, 직장, 집안이 당신이 바라는대로 정돈되어 있지 않고 제대로 돌아가지 않는다.
행동은 어떻게 전개되어야 하나	여행이 늦어지고 행사는 계획한 대로 되지 않는다. 교통 혼잡, 공사, 사고 등으로 가야 할 곳을 빨리 가지 못한다.
날씨와 환경	야외 행사나 여행을 계획했는데 날씨가 좋지 않아 일을 망친다. 벌레나 극단적인 기온, 가뭄이 당신의 계획을 방해한다.

바꿈으로써 분노가 터질 가능성은 줄어들게 된다. 이것은 마치 차고의 휘발유통을 치워버림으로써 위험을 줄이는 것과 같다. 차고는 오후쯤 정리할 수 있지만 평생을 통해 학습된 이러한 기대는 어떻게 성공적으로 바꿀수 있을까?

첫째, 분노와 연결된 충족되지 않은 기대를 찾는다. 지난 몇 달간 화가 났던 상황을 살펴보자. 기억이 잘 나지 않는다면 부록 2에 제시된 분노 일지를 사용하여 분노 사건들을 몇 주간 기록해본다.

누구 혹은 무엇이 당신의 분노 대상이었는가? 화를 낸 후 어떻게 되었는가? 무엇을 기대하였는데 잘 안 되었는가? 도표를 보면서 기대하는 점을 정리해보자. 각 상황마다 다음의 문장을 채우다 보면 당신의 기대가 무엇인지 알게 될 것이다.

나는/그는/그녀는/그들은/이것은 _____ 했어야 했다.

이것은 당신의 '해야만 한다'는 무언의 기대를 반영한다. 이러한 기대
는 특정 사람이나 상황 혹은 다른 사람들에게 적용할 때 좀 더 일반적이
고 가치 있는 변화를 만드는가?

이 장에서 배운 것과 다음의 질문을 통해 이러한 기대는 비현실적이므
로 당신의 분노를 불필요하게 유발시킨다고 생각하는가?

1. 자신과 다른 사람 혹은 어떤 물건과의 경험에 비추어볼 때, 기대는
   지금까지 얼마나 자주 충족되었나? 거의 충족되지 않았거나 한 번도
   충족되지 않았다면 아무리 좋은 이상을 반영한다하더라도 그 기대
   는 비현실적인 것이다. 지난 경험은 미래의 결과에 대한 최고의 예
   측요인이다.
2. 당신이 바란 행동은 당신이 기대했던 사람에게도 의미 있고 중요한
   가? 그리고/혹은 당신이 기대한 것을 분명히 말했는가? 말하지 않
   았다면 당신의 기대는 비현실적이며 이루어지기 어렵다.

메리는 남편에 대해 다음과 같이 말했다.

"남편과 며칠 동안 대화하지 않았어요. 저는 화가 나면 남편에게 냉정
해져요. 이번엔 그가 제 친구들 앞에서 제 말을 또 가로채서 화가 났어
요. 여행에 대한 이야기를 하는데 저 보고 틀렸다며 자기가 모든 얘기를

다 해버렸어요. 제가 뭘 기대했냐고요? 음, 저를 가로막지 않고 존중하며 제가 이야기할 기회를 주었어야죠. (배려와 예의에 대한 그녀의 기대에 어긋났다.) 얼마나 자주 제가 얘기를 마무리할 수 있게 하냐고요? 한 번도 그런 적이 없어요. 그런데도 이런 행동을 고치는 것이 저에게 얼마나 중요한 일인지를 그에게 분명히 얘기한 적은 없는 것 같아요. 전 그가 저에게 신경 쓰고 있다면 이런 이야기를 하지 않아도 제가 어떻게 느끼는지 알 거라고 생각했어요." (메리의 기대는 사회적으로는 이상적이지만, 남편에게 한 번도 분명히 이야기하지 않았고, 그의 행동을 바꿀 것을 약속받지도 않았기 때문에 비현실적이다. 그녀가 언급할 때까지 남편은 앞으로도 계속 그녀를 가로막을 것이다. 이것이 현실적인 기대이다.)

사전검토하기와 계획하기

신념에 동의하든 그렇지 않든 자신, 다른 사람 혹은 당신을 괴롭혔던 지난 경험을 바탕으로 기대가 거의 충족되었다고 '사전검토' 해보자. 당신의 생각과 가치를 반드시 다른 사람과 나눌 필요는 없음을 기억하라.

과거의 분노 유발점에 대비하면서 새롭고 현실적인 기대를 몇 분간 살펴보고 사전검토해보자. 이제 예상했던 행동이나 사건이 터지면 당신이 어떻게 반응할지를 고려하여 계획을 세워보자. 당신이 대처하는 데 도움이 되는 몇 가지 방안을 생각해보자.

> 사전검토 : "교통체증이 가장 심한 시간에 나서면 분명 가다서다 할 것이다."
>
> 계획 : "뉴스를 듣거나 읽으려 했던 책의 녹음 테이프나 들어야지."
>
> 사전검토 : "내년의 봉급인상에 대해 논의한다면 회사 사정이 어려우니 큰 인상은 바라지 말자."
>
> 계획 : "맘에 들지는 않지만 상사가 받아들일 수 있는 다른 점을 요구하자."

사전검토 : "우리가 같이 일하는 동안 헤더는 거의 매번 15분은 늦었어. 이번에도 늦을
텐데, 어쩔 수 없지. 또 지긋지긋한 언쟁을 하는 것은 아무 도움도 안 될 거야."

계획 : "우리가 떠나야 하는 시간을 그녀에게 알려주고, 기다리는 동안 나는 이메일을
확인하거나 답장을 보내야지. 그녀도 나에게 참고 있는 무언가가 있을 거야."

이 사례에서 사람들은 **일어날 상황을 사전검토함**으로써 현실에 바탕을
둔 결과를 준비했다. 이러한 현실적인 기대가 대처를 위한 문제 해결 계
획을 이끌어낸다. 예상한 결과가 발생하면 사람들은 "그래, 그럴 줄 알고
준비해뒀지."로 생각할 수 있다.

또 당신이 기대한 대로 상황이 벌어지는 것을 생생하게 마음속으로 떠
올려보고 과거와는 다르게 어떻게 다룰 수 있을지를 상상해보는 것도 유
용하다(예 : 혼잡한 도로에서 라디오를 듣거나 만일을 위해 준비한 음악
을 듣는 모습을 상상해보기). 심상
연습은 실제로 동일한 상황에 처했
을 때 당신의 행동을 이끄는 마음
의 길잡이가 된다.

흔히 있는 일이지만 예상치 못한 순
간에 원하지 않는 상황이 닥쳤을 때도
상상연습은 화가 치밀기 시작하자마
자 당신의 기대를 확인하도록 도와준

> **"저의 기준을 낮춰야 한다는 건가요?"**
>
> 이상과 기대는 다르다. 이상은 당신의
> 신념과 가치관에 따라 일이 *어떠해야
> 하는지*를 나타낸다. 현실적인 기대는
> 실제로 *일어날* 일에 대해 대비하게 해
> 준다. 과거에 일어났던 일은 다시 일
> 어날 가능성이 크다. 당신의 *개인적*
> 기준을 낮추지 마라. 그러나 다른 사
> 람에 대한 현실성을 추가하라.

다. 당신이 붙잡고 있는 비현실적인 기대인 '~해야만 한다'가 수면 위로
드러나는 것을 자주 발견할 것이다.

추운 아침, 자동차에 시동이 걸리지 않는 경우를 가정해보자. "이 빌어
먹을 차는 한 번도 제때 시동이 걸린 적이 없어. 화가 나서 못 살겠어. 제

시간에 출근하기는 글렀어! (분노가 시작된다.) 잠깐, 내가 뭘 기대하지? 이 차는 추운 날씨에도 언제나 잘 작동해야 하고 배터리는 영원해야 하나? 이걸로 세상이 끝나지는 않지. 생각 좀 해보자. 자동차 서비스를 불러서 맡기고 그동안 회사에 전화해서 좀 늦는다고 연락해야지. 이런 일로 화낼 필요가 없어."

갑자기 일어났든 서서히 발생했든 그것을 반드시 바꾸지 않는다면 당신은 당신의 기대를 표면으로 가져올 때까지 분노를 이해하지 못하고 효과적으로 다스리지 못할 것이다. 어쨌든 당신은 분노가 유발되는 것을 인식해야만 하며 그래야 도움이 되지 않는 분노가 표출되기 전에 방지할 수 있다. 제4장에서는 우리가 '분노 자각'이라고 일컫는 특별한 기술을 제시할 것이다.

연습

분노 상황을 만드는 당신의 기대를 검토하기 위해 '분노를 유발하는 기대' 도표를 살펴보자. 다음을 스스로에게 질문해보자.

- 최근 자신에게 몹시 화가 났거나 심한 좌절감을 느꼈던 때는 언제인가? 무엇을 하고 있었는가? 그 일에 대한 과거의 경험에 비추어볼 때 당신의 기대는 현실적이었는가? 지금 다시 똑같은 일을 해야 한다면 더 현실적인 기대를 생각해낼 수 있는가?
- 최근에 누구한테 화가 났는가? 당신이 기억해낼 수 있는 각각의 상황에서 상대방이 무슨 말을 했고 어떤 행동을 해서 화가 났는지 질문

해보자. 또한 상대방이 무엇을 말하거나 '~해야만' 당신의 분노가 가라앉을지 스스로에게 질문해보자.

- 과거 그 사람이 어떻게 행동했는가에 비추어볼 때 '~해야만(기대)'이 현실적인가? 합리적인 기대는 상대방이 지난번에 실제로 어떻게 했는가이지 당신이 이상적으로 생각하는 행동이 아님을 기억하라.

- 만약 당신이 이러한 상황에 있다면 좀 더 현실적인 기대를 검토해보자. 상대방이 당신의 이상적인 '~해야만' 하는 것을 하길 원한다면 상대방이 바뀌도록 긍정적인 영향을 줄 수 있는 방법이 있는가? 제8장은 당신이 원하는 것을 효과적으로 의사소통하는 많은 아이디어를 제공할 것이다.

• 차, 컴퓨터 및 그 외의 것들이 '엉터리로 만들어졌거나' 결함이 있거나 당신을 골탕 먹여서 '분통을 터뜨린' 적이 있는가? (예 : 이건 꼭 필요할 때마다 나를 실망시켜.) 혹은 주변 상황이 당신의 계획을 '망쳐버려' 화난 적이 있는가? (예 : 날씨 때문에 행사에 늦었다던가, 날씨가 너무 추워서 휴가를 '망친' 일들) 이런 일로 그렇게 신경질 냈던 것이 이제와서는 바보처럼 보일지도 모르지만 이러한 사건들을 기억해내는 것은 앞으로의 접근 방법을 바꾸는 데 많은 도움이 될 것이다.

- 무슨 일이 있었으며, 어떻게 반응했는가? 당신의 분명한 기대는 무엇이며 언급되지 않았지만 당신의 감정적인 반응 저변에 깔려 있는 '~해야만' 하는 것은 무엇일까? 다음의 문장을 채움으로써 확인해보자. "이런 일(일어난 사건)은 내가 그렇게 믿고(일들이나 상황이 어떻게 되었어야 하는 믿음) 있는 한 일어나지 말아야 한다."

- 지난 경험에 비추어볼 때(예 : 2년간 쓴 컴퓨터가 고장 났을 때 당신이 충격받은 것 혹은 여름 폭우로 인해 여행이 미뤄져 당신이 믿을 수 없어 했던 것) 당신의 기대는 현실적인가(예 : TV를 구입했다면 그것이 작동하기를 기대하는 것) 혹은 비현실적인가?
- 만약 이러한 불상사가 앞으로 5분 안에 일어난다면 어떤 현실적인 기대를 마음에 둘 수 있으며, 다르게 대응하기 위해 어떻게 할 수 있을까?

3단계

분노를 정확히 알아차려 초기에 제압하기

 일단 분노가 일어나고 있음을 알아차리면 침착하게 생각하고 행동하는 것이 어려워지는 수준에 이르기 전에 분노 자극을 줄이는 절차를 밟아야 한다. 제4장은 분노가 일어나는 가장 초기의 신체적 징후에 대해 자각함으로써 너무 늦기 전에 분노의 불길을 잡을 수 있게 해줄 것이다. 제5장은 재빨리 신체의 긴장을 줄이고 마음을 편안하게 함으로써 당신이 침착하게 결정하도록 할 것이다.

04

분노 자각

> "일단 정말 화가 나면 제가 하는 말을 통제할 수 없어요. 다른 사람들의 생각을 넘겨짚고 상처 주는 말들을 쏟아내곤 해요."

> "제가 화날 때마다 케케묵은 실수를 똑같이 반복하는 이유는 뭘까요? 자리를 박차고 나가거나 악의적인 행동이 도움이 되지 않는 걸 알면서도 계속 그렇게 행동하게 돼요."

대부분의 사람들은 분노가 통제될 수 있다는 것을 인식하지 못한다. 상황을 악화시키는 분노는 어떠한 경고 없이 불쑥 들이닥치는 것 같다. 그러나 당신은 이제 제3장을 읽었고 분노가 살금살금 숨어들어오는 것이 아니라 기대가 충족되지 않았을 때 발생한다는 것을 알게 되었다. 또한 당신은 비현실적인 기대를 좀 더 현실적인 기대로 바꿈으로써 분노의 빈도를 줄일 수 있음을 안다. 그러나 우리는 모두 조금씩은 비현실적인 기대를 계속하며 기대가 어긋날 땐 분노를 터뜨리게 된다. 때로는 완전하게 합리적인 기대가 충족되지 못했을 때도 화를 내곤 한다. 여러 상황에서 분노가 언제 시작되는지를 인식한다면 분노가 당신을 지배하기 전에 다스릴 수 있을 것이다.

이 장에서 나는 너무 늦기 전에 분노의 불씨를 잠재우기 위한 분노의 초기 경고 징후를 발견하는 방법을 제시할 것이다. 또 분노는 즉각적이기 보다는 몇 시간, 심지어 며칠에 걸쳐 발생하기 때문에 당신이 분노와 직접 연결되지 않도록 분노가 분출되기 전에 분노 표현의 수준과 질을 강화시킬 수 있는 몇 가지 요인들을 보여줄 것이다.

제2장에서 제시된 분노 유발요인의 신체적 감각을 기억하는가? 분노가 끓어오를 때 우리의 감각은 과장되는 동시에 명료한 사고와 감정조절을 더욱 어렵게 한다. 어떤 경우에는 도전적인 사건에 적응하는 능력과 회복력이 최하위에 이르는 투쟁 혹은 도피 자극 수준, 즉 '위험지대'에 도달하게 된다. 이때는 우리의 대처 자원이 고갈되었기 때문에 예측하지 못했거나 빗나간 기대들이 강한 반응을 일으킨다. 회복력이 가장 바닥일 땐 침착하고 이성적으로 내적 충동을 '제압'하기 어렵다.

분노 수준을 자각하는 것은 분노를 다스리는 데 있어서 매우 중요한 과정이다. 분노를 다스리기 위한 핵심은 다음의 두 가지 목표로 요약될 수 있다.

1. 분노의 강도를 제거하거나 수정하는 과정. 이것은 분노를 유발하는 사건이 발생했을 때 가장 낮은 분노 수준을 유지함으로써 당신이 잘 대처할 수 있도록 돕는다.

2. 분노가 증가할 때, 신체 감각을 자각하기 위한 학습. 이것 또한 당신의 분노를 낮은 수준에 머물게 하여 침착하고 사려 깊게 대처할 수 있게 한다.

분노 강화요인을 제거하여 회복력을 증진시키기

수면, 스트레스, 약물, 다이어트 등 전반적인 건강은 단기적으로나 장기적으로 당신의 회복력에 영향을 미친다. 잠을 설친 날 분노가 일어나기도 하며 습관적인 수면 부족으로 인해 회복력 수준은 만성적으로 저하될 수 있다. 심각한 스트레스는 침착하게 문제를 해결할 자원을 고갈시키고, 고도의 만성적인 스트레스는 당신의 건강과 삶의 질에 엄청난 영향을 준다. 알코올이나 카페인의 과다 섭취도 신체에 스트레스를 준다. 지나친 음주는 저녁에 배우자와의 불필요한 다툼을 일으키게 할 수 있고, 어느 날 아침 과하게 마신 커피가 오후 회의에 필요한 인내력을 앗아갈 수도 있으며, 점심을 한 끼 거른 것이 분노 유발에 대한 경각심을 갖지 못하게 할 수도 있다는 사실을 알아야 한다. 변화에는 시간이 필요하기 때문에 당신의 일상에 이러한 요인을 곧바로 적용해보기를 제안한다. 이제 회복력에 영향을 미치는 요인과 분노 강화요인의 문제점을 인식하고 어떻게 해결할 수 있는지를 제시하고자 한다. 각각의 분노 강화요인은 'S'로 시작되므로 기억하기가 쉽다.

5S

수면Sleep

충분한 수면은 명쾌하게 사고하고 침착하게 반응할 수 있는 능력을 회복시켜 준다. 수면 부족은 적개심을 증가시키고 회복력을 감소시키는 경향이 있다. 최근 연구들은 성인의 경우 평균 8시간 정도의 수면을 필요로 하며 십대와 아동은 훨씬 더 많은 수면이 필요하다고 지적한다. 운동 부족, 불규칙한 수면, 해결되지 않은 스트레스, 약물, 알코올 남용과 수면성

무호흡과 같은 의학적 문제 그리고 잘못된 수면 습관(예: 지나치게 환한 침실)이 건강한 수면을 방해할 수 있는 요인들이다.

스트레스Stress

한스 셀리에Hans Selye 박사는 소음이나 군중과 같은 자극과 변화에 적응하는 데 발생하는 신체적 반응인 '투쟁 혹은 도피' 반응을 묘사하기 위해 스트레스 용어를 소개했다. 고도의 스트레스 수준에서는 매우 예민해지며 회복력은 떨어진다. 과도한 업무, 비현실적인 마감기한, 중요한 삶의 변화(휴가나 이사와 같은 '긍정적' 사건도 포함), 불확실성, 걱정, 낮은 자기통제감은 스트레스를 증가시키며 예상치 못한 분노 유발요인이 발생할 때 당신을 위험지대로 몰아갈 것이다.

약물Substances

알코올, 카페인, 그 외에 우리가 섭취하는 약물들은 우리의 정서를 극적으로 강화시킨다. 속설과는 달리 알코올은 기분을 좋게 만들거나 긴장을 풀어주지 않는다. 만약 당신이 약간 화가 나있거나 슬프거나 불안한 상태라면 알코올은 정서를 조절하는 뇌의 중심부를 우울하게 만들기 때문에 기분이 더 나빠질 가능성이 있다. 사실상 연구에서도 하나 혹은 둘 다 폭력적인 부부의 3/4은 알코올 섭취를 하는 것으로 드러났다. 카페인은 긴장수준을 증가시키기고 신경질과 스트레스를 상승시킬 수 있다. 처방전 없이 구입할 수 있는 몇 가지 약물(예 : 감기약)은 긴장감을 고조시킬 수 있으므로 부작용을 점검하는 것이 중요하다. 많은 불법 약물들 또한 분명하게 사고하는 능력을 감소시키거나 감정을 고조시키며 특히 공격성과도 관련이 있다(예 : 코카인).

영양Sustenance

충분하고 적절한 영양은 회복력을 유지하고 정서적 긴장감을 낮춰주는 데 필수적이다. 아침이나 점심을 건너뛰었다면 혈당 수준이 떨어질 것이고 피로와 분노 수준은 증가하며 분명한 사고 능력이 감소될 것이다. 많은 영양학자들에 의하면 지나친 설탕과 정크푸드는 감정기복을 증가시켜 분노가 유발되는 상황에 처했을 때 일관적으로 대처하는 능력에 영향을 미친다고 한다. 건강하게 균형 잡힌 식사와 필수 비타민과 미네랄의 섭취는 당신의 회복력을 증가시키므로 무슨 일이 일어나든지 대처할 수 있도록 한다.

질병Sickness

우리가 아프거나 고통을 견뎌야 할 때 우리의 회복력은 감소한다. 두통, 위장 장애, 감기는 내적 자원을 신체의 회복에 집중시키기 때문에 분노를 일으키는 사건에 대처하기 위한 여분의 에너지는 거의 바닥난다. 우리 중 몇몇은 대처 자원이 고갈되었거나 분노를 일으키는 중요한 양상에 완전히 집중하지 못할 정도로 쇠약해져(예 : 허리 통증, 류머티즘, 편두통) 있거나 만성적인 통증을 앓고 있다. 통증과 불편함은 우리를 격앙시키고 신경질적으로 만들며 명확하게 사고하는 능력을 둔화시킨다. 또한 우리의 기분도 우리가 어떻게 행동하는지에 영향을 미칠 수 있다.

1그램의 예방

분노를 강화시키는 요인을 제거하는 것은 벽난로 앞의 가연성 물질을 모두 치우는 것과 같다. 불꽃이 언제 방으로 튈지 어떻게 알겠는가? 토드는 자신의 아내와 어린 아들에게 '폭발' 한 후 분노 치료사를 만나러 왔으며 그로 인해 수치심과 혼란을 느꼈다. 그는 직장의 공적 관계에서 '스트레스' 를 받은 날 집에 도착하자마자 '바닥에 어질러진 장난감' 을 보았고 아직 저녁 준비도 하지 않은 채 네 살배기 아들과 놀고 있는 아내를 보았다. 아내의 '엉망진창' 에 '끔찍해하며' 그는 이성을 잃었고 아내의 어깨를 흔들며 소리를 질렀다. 토드의 갑작스런 폭발로 아들이 놀라 울부짖자 산드라는 재빨리 아이를 데리고 이웃집으로 갔다. 산드라에게 용서를 비는 것으로는 충분하지 않았다. 그녀가 보기에 그의 분노는 '총체적으로 수용 불가능한' 상태였기 때문에 그녀는 남편에게 전문가의 도움을 받을 것을 요구하였다.

우리는 토드가 아침에 일어나 이성을 잃기까지 무슨 일이 있었는지 이야기해보는 것으로 시작했다. 그저 어질러진 장난감과 저녁식사 준비가 되어있지 않았던 것이 분노 유발요인이었으며 이것이 그의 통제감 상실에 불을 지핀 어긋난 기대였다는 것이 명확하게 드러났다. 이외에도 수많은 분노 강화요인들이 그가 집에 도착한 바로 그때 토드의 분노 발생과

분노와 기분에 대해

기분장애의 두 가지 유형은 신경질 나게 하고 때로는 머리끝까지 화가 나게끔 한다. 만약 지난 2주 동안 삶에 대해 슬프거나 무기력함을 느끼거나 당신에게 에너지를 주던 것에 흥미를 잃고 사람들을 피하며 마음이 혼란스럽고 심각한 수면 문제에 시달리거나 자살에 관해 생각했다면 당신은 우울을 경험하는 것일 수도 있다.

만약 당신의 기분이 현저하게 '오르락 내리락' 하며 에너지가 넘쳐 늦게까지 잠이 오지 않거나 잘 수 없으며 빠르게 말하거나 압박받는 듯하고 다른 사람의 생각을 겨우 알아듣거나 위험한 행동을 한다면(예 : 도박, 위험한 비즈니스 거래, 약물 남용), 당신은 양극성 장애를 겪는 것일 수 있다.

이러한 증상을 제대로 진단하기 위해서는 전문가에게 진료받고 치료받아야 한다. 만약 당신이 근본적인 기분장애를 확인하지 않는다면 분노를 성공적으로 다루기 어려울 것이다. 기분장애에 대한 더 많은 내용은 맨 뒷장의 참고자료에서 확인하라.

통제력 감소에 영향을 미쳤다.

수면

토드는 전날 늦은 밤까지 회사의 중요한 발표를 준비하느라 고작 5시간 밖에 못 잤고, 하루가 시작되자 '신경질적이고 기진맥진' 한 듯했다. 그는 평소에 6시간 혹은 그보다 더 적게 잔다고 했다.

당신은 어떠한가? 당신의 수면 습관이 어떤지 잘 모르겠다면 잠자는 시간과 일어나는 시간을 1~2주 정도 기록해보자. 또 한밤중에 깨는 횟수도 메모해보자. 만약 당신의 수면시간이 늘 8시간 미만이라면 수면을 방해하는 요인이 있는지 살펴보자. 점차 취침시간을 앞당겨보고 시간을 정해놓자고 매일 다짐하자. 만약 수면 문제가 지속된다면 의사의 진단과 치료를 고려해보자. 대부분의 수면 문제는 참고문헌에 제시된 아이디어에서 도움을 받을 수 있다.

스트레스

토드는 엄청난 스트레스로 하루를 보냈다. 극심한 교통체증으로 인해 회사에 지각했다. 토드는 많은 압박을 느끼며 처리해야 할 '산더미 같은 업무'를 떠안았다. 전화와 이메일이 끊이지 않았고 매일 이러한 요구에 균형을 맞추는 것이 곡예를 하는 것처럼 느껴졌다. 과도한 업무(적응)와 스케줄을 거의 통제하지 못하는 상황들이 토드의 스트레스 수준을 엄청나게 증가시켰다.

그는 산드라에 대한 분노 폭발이 처음이 아님을 인정했다. '매우 중요한' 발표 자료가 장비의 문제로 뜨지 않자 그는 그날 남아있던 부하직원을 나무랐다. 곧바로 격분을 '이겨냈지만' 분노는 '차올랐고' 오후에는 심한 두통으로 하루를 마감해야 했다.

스트레스는 매우 다양한 증상을 일으키므로 몇 가지 단순한 질문에 대한 응답만을 가지고 스트레스 수준을 진단하기는 어렵다. 그러나 자주 위축되고 신경질을 부리며 불안해하거나 뒤쳐져 있다고 느끼는 것은 과도한 스트레스에 처해 있다는 단서들이다. 적어도 늘상 직면하고 느끼는 일들을 기록해보고 우선순위를 파악해보자. 빼도 되거나 다른 사람에게 위임하거나 하지 않아도 되는 일이 있는가? 매일 단 몇 분이라도 긴장을 풀고 책을 읽는 시간, 개와 함께 평화롭게 숲을 산책할 시간, 무엇이든 당신을 잔잔하게 하고 회복시켜 주는 진정한 휴식시간을 보낼 수 있는가? 만약 당신이 이 외에 더 많은 도움을 받고 싶다면 스트레스 관리 워크숍이나 스트레스 치료 전문가를 찾아가 볼 것을 고려해보고 참고자료에 제시된 내용을 살펴보라.

약물

토드는 스트레스를 다루는 방법으로 커피를 마셨는데 퇴근할 때까지 거의 여섯 잔을 마셨다. 그는 종종 '얽매인' 느낌을 받았지만 카페인과 긴장을 연관시켜 본 적은 없었다.

매일 얼마나 많은 양의 카페인을 섭취하는지(커피나 차, 그리고 탄산음료를 잊지 말자.), 얼마나 많은 양의 알코올을 마시며 얼마나 자주 담배를 피우는지, 그리고 어떤 불법 약물에 빠져있는지 정직하게 살펴보자. 비록 그 당시에는 긍정적인 것으로 보였을지 모르지만 나중에는 대가를 치르게 될 것이다. 만약 알코올이 문제가 된다면 치료 수준을 정하기 위해 병원이나 전문가를 찾아가 진단받는 것이 현명하며 무엇이든 간에 당신에게 많은 도움이 될 것이다. 알코올의 영향에 관한 더 많은 내용은 참고자료에 제시하였다.

영양

토드는 발표기한을 맞추기 위해 애쓰느라 점심을 거르고 아침은 커피와 달콤한 롤빵으로 때웠다. 그는 자주 점심을 거르거나 책상에서 점심을 '먹으면서' 계속 일을 했다.

신체는 에너지가 소진되지 않도록 규칙적인 공급이 있어야 한다. 우리는 대개 아침으로 커피 한 잔을 마시고 점심은 건너뛰고 늦은 오후쯤 되면 지쳐버린다. 최소한이라도 회복력이 필요할 때 갑자기 '텅 비어' 있음을 느끼지 않으려면 매일매일 규칙적으로 재공급해줘야 함을 명심하라.

질병

분노가 폭발할 때는 아프지 않지만, 토드는 감기나 몸살을 앓고 있을 때 화를 더 많이 낸다고 이야기했다. 만성적인 허리 통증이 있는 토드는 통증이 심해질수록 인내심이 줄어드는 걸 느꼈다.

만약 만성적인 건강상의 문제를 가지고 있다면 당신의 회복력은 이미 취약한 것이다. 당신이 감기나 몸살을 앓고 있다면 분노 유발에 경계심을 가지고 있어야만 한다. 만약 만성적인 근육통이나 두통이 있다면 의사와 상의하고 통증치료 전문가로부터 조언을 구하길 바란다. 만약 기분장애

원칙 : 언제 알코올이 문제가 되는가?

당신이 알코올을 얼마나 마시든지 관계없이 다른 사람, 건강 그리고 작업의 효율성에 문제가 시작되면 알코올은 문제가 된다. 당신과 배우자가 약간의 맥주나 두 잔 정도의 와인을 마셨음에도 불구하고 알코올을 마셨을 때 싸움이 자주 일어난다면, 단주하거나 알코올을 마실 때는 인신공격이나 자극적인 논쟁을 하지 않는다는 규칙을 정하라. 만약 파트너가 이를 위반한다면 이 장 뒷부분에 설명된 "그만"이라는 말을 사용하여 타임아웃하라.

가 진행 중이라면 전문가의 안내를 받아야 한다.

집에 도착할 때쯤 토드는 지금 그가 후회하는 폭발에 대해 분명히 준비했다. 회복력이 떨어지고 분노가 격렬해진 날 아침을 선택하여 자신의 일과를 인식하면서 스트레스를 줄이기 위해 좀 더 잘 자려고 노력했다. 토드는 상사를 만나 심각한 스트레스를 주는 두 가지 일을 빼고 부차적인 행정적 지원을 마련하는 데 동의를 얻어냈다. 그는 점심을 먹기 위해 사무실 밖으로 나가 적어도 45분 동안 식사했으며 카페인이 없는 커피를 마심으로써 카페인을 감소시키기로 결심했다.

그럼에도 우리는 딜레마에 직면했다. 내가 아는 대부분의 사람들처럼 토드도 분노와 긴장을 폭발시킨 후에야 자신의 분노를 인식했다. 그는 '몹시 화가 나는 순간'은 잘 인식했지만 그것을 이겨내기 위해 침착하게 생각하는 것은 너무 늦었다. 우리는 분노를 초기에 중지시킬 수 있는 새로운 행동을 살펴보기 위해 **분노 척도**에 초점을 맞추었고, 긴장과 분노의 초기 신호(분노의 첫 느낌)를 알아보기로 하였다.

분노 척도 만들기

대부분의 사람들과 마찬가지로 당신은 분노할 때 처음의 신체 변화와 두 번째 신체 변화, 마지막의 신체 변화가 어땠는지를 기억하기는 어려울 것이다. 당신은 그저 화가 났다는 것만 안다. 분노는 언제, 어떻게 시작되는 것일까? 분노의 전조를 아주 자세하게 살펴보면 개인의 분노 패턴을 반영하는 분노 척도를 만들 수 있다. 분노가 상승할 때 발생하는 일련의 신체 변화는 사람마다 다르겠지만 제2장에서 언급했던 '투쟁 혹은 도피' 반응의 하나 혹은 그 이상을 포함한다.

나는 토드로 하여금 분노가 눈에 띄게(분명히 알아차릴 정도로) 증폭될 때 경험하는 신체 감각을 기술하게 했다. 그다음 그의 분노가 그 지점에 도달할 때, 토드가 처음에 했던 '원하는 행동'과 각 단계를 연결했다.

다음에 제시된 토드의 분노 척도는 분노 자극의 각 단계를 구분하기 위해 0~100까지의 숫자를 사용한 것이다.

토드와 내가 한 것처럼 당신도 분노를 척도화하기 위해 다음의 절차를 활용하라. 첫째, 지난 몇 주 동안 당신이 분노했을 때 기록했던 분노 감각이 드러나있는 분노 일지(부록 2)를 살펴보라. 이것을 염두에 두고 다음을 시도해보자. [작성 : 복사해서 사용할 수 있는 분노 척도 양식은 부록 3에 수록되어 있다.]

1. 완전히 편안한 상태에 초점을 맞추고 시작하라. 나는 토드에게 눈을 감고 몇 분 동안 등을 기대고 앉아 완전한 평화로움을 느끼는 장소에 있다고 상상하면서 긴장을 풀라고 했다.

   "보세요."라며 토드가 시작했다. "저는 최근에 긴장을 푼다는 생각을 한 번도 해본 적이 없었어요. 그런데 고등학생일 때 할머니와 같이 살면서 느껴봤던 정말 편안한 느낌들을 기억해낼 수 있었어요. 저는 할머니 집 뒤뜰에서 할머니와 이야기했던 것을 떠올렸어요. 항상 저를 위해 아이스크림을 준비해두셨지요. 날이 어두워지면 반딧불도 볼 수 있었고요. 저는 할머니집을 정말 사랑했어요."

   토드의 경우 이러한 장면을 생생하게 떠올릴 수 있었지만, 당신은 같은 방법으로 편안한 상태를 다시 느끼기가 어려울지도 모른다. 만약 그렇다면 신체가 어떻게 느껴지는지를 정확히 경험함으로써 편안하게 하고 제5장에서의 전략 중 하나를 사용해보길 바란다.

그리고 나는 토드로 하여금 신체적으로 어떻게 느껴지는지에 집중하면서 머리에서 발끝까지 특히 얼굴, 목, 가슴, 호흡, 복부에 집중하게끔 했다.

토드는 "얼굴이 시원해요. 그리고 제 몸 어디에서도 긴장을 느낄 수 없어요. 호흡은 느슨하고 편안해요. 머리도 지난 몇 주와는 달리 아프지 않아요. 저는 긴장으로부터 자유롭고 가벼운 느낌이 들어요. 그 순간을 잘 회상할 수 있고 그 순간을 즐기는 것 외에 다른 생각은 전혀 들지 않아요."라고 말했다.

그리고 우리는 배운 것을 이용해서 척도 '0~20'을 채웠다.

2. 분노 일지를 사용하여 분노로 끝을 냈던 최근의 사례를 하나 선택하라. 당신의 신체적 감각을 상기시키기 위해 일지를 사용하라. 더불어 최근의 분노 사건에서 당신의 신체적 반응을 재구성하기 위해 상상을 사용할 수 있다. 마음속에 한 장면이 떠올랐을 때 분노를 터뜨리게 했던 그 상황을 마음의 눈으로 '보고', '들으려고' 노력하면서 생생한 이미지를 떠올려보자. 처음에 알아차린 신체 감각과 당신의 분노가 시작될 때 분노가 눈에 띄게 상승하는 각 순간에 집중해보자.

토드는 마음속으로 분노를 생생하게 그릴 수 있었기 때문에 분노를 터뜨렸을 때 파악했던 **불편한 첫 번째 신호**, 즉 몸으로 느꼈던 첫 번째 변화를 떠올리면서 시작하기로 했다. 분노의 절정에서 시작하기보다는 분노와 긴장을 감지한 초반부에서부터 시작해 점차 분노의 증폭에 초점을 맞추기로 했다. 나는 그에게 실제 상황에서 느낀 것과 비슷한 신체 감각을 느낄 수 있는지 혹은 그가 어떻게 느꼈는가를 바로 회상할 수 있는지 질문했다.

"글쎄요. 그날 아침에 일어날 때부터 긴장했던 것 같아요." 토드는 회상했다. "잠을 푹 잘 수 없었고 머리가 아파서 잠에서 깼어요. 그리고 어깨에 긴장감이 있었어요. 저는 그걸 이완시키기 위해 어깨를 문지르는 장면을 떠올릴 수 있었어요. 그리고 그날 회사에서 해야 하는 모든 것을 생각하기 시작했죠."

토드는 그 장면을 떠올리면서 어떻게 느꼈는지 묘사하였고 우리는 척도 '21~40'에 이것을 적었다.

3. 분노가 절정에 다다를 때까지의 연속적인 단계를 적기 위해, 분노 폭발의 수준에서 다음 단계로 증가한 시점을 상상해보자. 토드는 분노가 점점 커지던 그날에 집중하면서 분노가 증가하는 시점의 신체 감각을 기록했다. "회사에 가면 모든 것들이 다 긴장됐어요. 끝내지 못한 일더미로 가득 찬 책상과 제가 해야 할 전화를 적어놓은 수백만 개의 포스트잇을 보고 있어요. 기술자들은 제 발표에 대해 상의하러 들어왔어요. 준비가 되지 않은 것처럼 보였지만 그들은 모든 문제를 최소화하려고 했지요. 제 얼굴은 달아오르기 시작했고 머리는 얻어맞은 것 같았어요." 토드가 설명한 신체 감각은 척도 '41~60'에 작성되었다.

그리고 계속해서 그날을 회상해보게 했으며 그의 분노가 현저하게 증가한 다음에 무슨 일이 일어났고 그의 몸은 어떻게 느꼈는지에 집중하게 했다. "우리는 발표장으로 갔어요. 그리고 저주받은 프로젝터가 제대로 작동하지 않는다는 것이 분명해졌지요. 우리는 슬라이드 발표를 기본으로 하기 때문에 정말 화가 났어요. 심장이 쿵쾅거리고 얼굴은 뜨거워졌어요. 저는 발표가 끝나자마자 곧장 나와 제 사무실로 들어왔지요." 토드가 계속해서 묘사한 신체 감각은 척도 '61~80'에 기록되었다.

토드의 분노 척도

평가	신체 감각	요구되는 행동
0~20	근육이 이완되고 얼굴이 시원해지며 호흡은 느슨하고 편안하다.	나의 몸과 생각에 주의할 필요가 있다.
21~40	어깨의 긴장을 알아차리기 시작했고 두통이 시작되었음을 느낄 수 있다.	나는 자리에 앉아 근육 이완, 깊은 이완 호흡을 함으로써 긴장을 관리할 것이다.
41~60	얼굴이 달아오르고 어깨가 긴장되며 머리는 얻어맞은 것 같고 호흡은 더 가빠진다.	나는 (이 책의 다음 장에 있는) 분노 조절 아이디어 2~3개를 이용하여 대처할 것이다. 만일 50에 다다른다면 나는 상황에서 떠날 것이다.
61~80	일어나 서성거렸다. 주먹을 꽉 쥐었고 모든 감각들이 격렬해졌다.	나는 상대방에게 이 '격렬한 감정'을 말할 것이다. 그리고 40이하로 떨어질 때까지 '타임아웃'을 하고 상황을 떠날 것이다.
81~100	다른 사람의 얼굴에 가까이 가서 소리치고 욕을 하는 자신을 발견한다. 얼굴은 '불타는 것' 같고 가슴이 쿵쾅거린다.	나는 물러나야 한다.

그리고 우리는 분노를 터뜨린 순간과 바로 그 직전인 분노의 절정에 집중하였다. "글쎄요. 잠시 동안 앉아서 나를 실망시킨 데보(기술자)에게 얼마나 화가 났는지 생각했죠. 엄청난 교통체증 속에서 운전을 해 집으로 돌아왔고 문을 열었는데 제대로 된 것은 아무것도 없었고 저녁식사도 준비되지 않은 채 나를 바라보는 산드라를 보았죠. 전 이

성을 잃고 말았어요. 얼굴이 불타는 것 같았고 그녀가 하지 않은 것들에 대해 고함을 질렀어요. 어떻게 아직도 저녁 준비를 하지 않고 놀 수가 있지? 도대체 하루 종일 뭘 한거야? 제가 산드라의 어깨를 얼마나 꽉 움켜쥐었는지는 거의 기억하지 못하지만 그렇게 했어요."

그의 분노 척도 '81~100'에 적혀있는 신체 감각은 명쾌한 사고를 불가능하게 하는 강렬한 폭발 위험 지대에 다다랐을 때 발생했다.

분노와 새로운 행동을 연결시키기

토드의 분노 척도는 각각의 분노 상승 단계와 연결된 새로운 행동들을 제시한다. 그가 어깨의 긴장과 두통을 느끼기 시작했다면(21~40), 이것은 분노를 줄여야 하는 첫 번째 신호로 간주되며 다음 장에서 자세히 묘사되는 다양한 기술(앉기, 침착하게 호흡하기, 근육에 긴장을 주었다가 풀기 등)을 사용할 수 있다. 이젠 토드가 가지고 있는 기대(현실적이면서도 합리적인 기대)를 침착하게 검토해보고 다음 장에 제시될 아이디어를 활용하여 상황을 해결할 수 있는 시간을 갖게 되었다. 그동안 그는 앞에서 제시된 분노 강화요인을 제거하기 위해 스트레스를 줄이는 방법으로 산책을 하거나 점심을 먹고 휴식을 취하는 등의 노력을 하였다.

만약 토드가 초기 개입에 실패하고 분노의 다음 단계(41~60 : 머리를 얻어맞은 것 같고 얼굴이 달아오르며 호흡이 가빠짐)에 들어갔다면 그는 재빨리 긴장을 줄이기 위한 조치를 취할 필요가 있다. 50 이상이라면 가능한 그 상황에서 바로 벗어나기를 추천하며 냉정한 사고만이 행동을 이끌 수 있다.

타임아웃 외치기

나와 함께 작업했던 대부분의 사람들은 나중에 후회할 만한 말을 하거나 행동을 하기 전에 바로 멈추기를 원했다. 그러나 다른 사람들이 듣기 싫은 논쟁을 계속할 때 어떻게 반응을 멈추고 모욕을 주거나 최악의 상황을 만들지 않으면서 떠날 수 있을까?

나는 모든 사람들의 입장을 존중하면서도 정중하게 상황을 거절할 수 있는 **정지 신호**를 사용하도록 권한다.

"이건 중요하지만 저에게는 생각할 시간이 필요합니다."

"매우 인상적이네요. 그것을 생각할 만한 시간이 필요해요."

당신의 배우자 혹은 가족과 함께 "나는 휴식이 필요해." 혹은 "냉철함이 필요해."처럼 사전에 약속된 정지 신호에 대한 동의를 구할 수 있다. '정지'는 존중되어야 하며 어떤 상황이든 간에 분노가 끓어오를 땐 논쟁을 곧바로 중단하고 '정지' 시간을 갖기로 약속한다. 논의가 다시 시작되기 전에 상황을 정리하고 분노를 중지시킬 수 있도록 적어도

> **창의적으로 하라 : 당신만의 분노 척도를 설정하라.** 분노 단계와 새로운 분노 행동을 연결시키기만 하면 척도의 형식은 마음대로 선택 가능하다. 나의 많은 내담자들은 수은이 0에서 100까지 올라가는 것을 시각화하여 '분노 온도계'를 만들었다. '긴장이 풀어진' 상태를 시원한 파란색이나 초록색으로 색칠하고 척도의 맨 꼭대기를 뜨거운 빨간색으로 색칠하는 식으로도 디자인할 수 있다. 분노 단계를 기억하기 쉽도록 디자인한다면 어떻게 만들어도 상관없다.

30분간은 혼자 시간을 보낼 수 있는 공간을 확보하는 것도 도움이 될 수 있다.

당신은 다른 사람을 낙인찍거나 비하하지 않고도 대화할 수 있으며 그렇게 함으로써 긴장을 이완시킬 수 있다. 다음의 두 가지 접근을 비교해 보자.

겁주기 접근 : "지금 이걸 얘기하기엔 네가 너무 화가 난 것 같아." 혹은 "네가 너무 소리를 질러서 함께 있지 못하겠어."

갈등-거절하기 접근 : "내 생각을 좀 정리하기 위한 시간이 필요해. 다시 이야기하자(가능하면 언제인지 언급하자). 이해해줘서 고마워."

당신이 분노를 터뜨리게 하는 상황을 물리적으로 떠날 수 없다면 언어적 반응으로 중단하고 분노를 조절하기 위해 얼마간 '내적 성찰'을 할 수도 있다. 예를 들어, 토드는 그가 회의에서 핵심 역할을 맡고 있는 동안에는 자리를 떠날 수 없었다. 그래서 다른 사람들이 이야기할 때 의자에 앉아 등을 기대고 근육을 풀며 긴장을 가라앉히고 호흡하면서 제5장에서 설명된 것처럼 차분한 생각을 반복했다. '위험지대'에 도달했다는 것을 아는 것이야말로 다음에 무엇을 해야 할지 방향을 잡는 데 엄청난 도움을 준다. 분노 자극을 중지시키는 'STOP' 방법은 제7장에서 다시 다룰 것이다.

올라간 것은 내려올 수 있다 : 분노 상승 다스리기

분노 척도는 분노가 증폭될 때를 알려주는 물리적 자료로서 제공될 뿐 아니라 당신의 목표를 설정하는 데도 활용될 수 있다. 예를 들어, 긴장을 감소시키려고 노력하되 현재보다 바로 아래 수준의 신체 감각을 달성하는 것으로 목표를 정할 수 있다. '0~20'에 기술된 편안한 신체가 이상적이지만 당신은 언제든지 분노를 낮출 수 있고 낮은 수준으로 긴장을 경감시킬 수 있으며, 오래된 분노 패턴에서 벗어나게 되었고 조절감도 어느 정도 획득하였다. 분노 척도가 아래로 내려갈수록 더 좋아지는 것이다.

　마지막으로 덧붙이자면 일단 분노가 폭발하는 상황에 처해 있고 분노가 증폭될 때는 분노 척도를 바로 기억하지 못할 수도 있다. 당신의 분노 수준이 척도의 어디에 해당하든지 간에 "잠깐만, 내가 지금 화내고 있어. 나는 어느 수준에 있지?"라고 말하는 것을 기억해낼 수 있다면 분노를 중지시킬 수 있는 과정을 충분히 밟을 수 있게 된다. 흔히들 이미 위험지대에 들어간 후에야 인식하게 된다. 그러나 당신은 정지 신호를 사용하여 침착한 사고를 방해하는 상황에서 빠져나올 수 있는 시간을 가질 수 있다. 분노 척도를 연습할수록 분노를 중지시키기 위해 그것을 재빨리 기억해내고 이를 반영할 수 있게 될 것이다. 제10장은 분노 척도를 새로운 '습관'으로 정착시키는 데 도움이 되는 수많은 아이디어를 제시한다.

　당신은 장소나 시간에 관계없이 분노의 상승을 잡아내야 하며 더 낮은 혹은 더 향상된 수준으로 당신의 투쟁 혹은 도피 자극을 재빨리 '약화'시키는 것을 배워야만 한다. 제5장에는 당신의 분노를 경감시킬 수 있는 여러 가지 아이디어를 제시한다.

05

분노 상승 꺾기

"긴장을 풀어라."

"침착하라."

"냉정해져라."

원하는 것과 정반대가 되는 효과를 내는 말은 거의 없다. 화가 났거나 불안하거나 흥분했을 때 '긴장을 풀어라', '침착하라', '냉정해져라'와 같은 말을 들어본 적이 있다면 이러한 지시가 거의 효과가 없다는 것을 경험해봤을 것이다. 분노가 치솟을 땐 이러한 말들은 결코 효과를 발휘하지 못한다. 일단 분노가 터진 후에는 평온한 상태로 바꾸기가 쉽지 않으며, 태어날 때부터 무장된 모든 생리적 반응을 거스르기는 매우 어렵다. 그저 대수롭지 않은 것처럼 분노를 멈출 수 있어야만 한다고 간주하는 태도는 그야말로 화나게 한다.

이 장에서 나는 분노를 중지시키고, 분노가 발생해 당신이 조절할 수 있는 범위를 벗어나 치솟을 때의 신호를 확인하여, 침착하고 이성적인 상태로 돌아가는 방법을 제공할 것이다. 어떤 것도 모든 사람에게 동일한 효과를 주는 것은 아니다. 그러므로 각자 여러 가지 방법을 자신에게 적용해봐야 한다. 긴장이완기법을 어느 정도 자동적으로 적용하려면 여기에 숙달되어 있어야만 한다. 사람에 따라 서로 다른 기법들이 다르게 적용될 뿐 아니라 상황에 따라 다를 수도 있으므로 자신만의 고유한 방식을 하나 이상은 만들어두어야 한다.

샤샤는 자신의 분노가 높은 수준까지 자주 올라간다는 것을 믿을 수 없었다. 부하직원은 샤샤가 '너무 긴장하며 참을성이 없고 냉소적'이라고 주장하며 불평을 제기했다. 이뿐만이 아니라 직원 중 몇몇이 다른 부서로 옮겨달라고 요청하여 샤샤는 난처한 상황이었고 이것은 그녀의 뛰어난 경력에 오점이었다. 그녀의 분노는 다른 사람들도 '자신이 하는 것만큼 헌신적으로' 일해야 한다는 높은 기대에서 시작되었다. 그녀는 직원들이 자리를 비우거나 병가를 내면 화를 내고 실망하곤 했다. 결국 그녀는 '온종일 업무'에 매진했다.

샤샤가 첫 번째로 알아차린 신체 감각(분노 척도 21~40)은 어깨와 목 근육의 긴장이었다. 그녀가 이러한 초기 분노 신호를 감지했을 때, 우리는 즉시 현실적이면서 빠른 효과를 볼 수 있는 방법으로 분노를 중지시키기로 동의했다. 또한 스트레스를 줄이고 카페인의 양을 줄여 책상에서 긴장을 이완시키는 휴식시간을 갖기로 했으며, 시간이 날 때마다 분노를 강화시키는 요인이 무엇인지 알아보기로 했다. 물론 그녀의 분노가 50 이상으로 올라갔을 땐 상황에서 벗어나기 위해 사용할 수 있는 '정지 신호'도 재검토하였다. 초기의 분노를 제압하기 위한 가장 핵심적이고 결정적인 첫 번째 절차는 호흡조절이므로 샤샤도 먼저 호흡조절기법을 연습하기로 했다.

호흡 : 분노 다스리기를 위한 복식호흡

마음으로 몸을 다스려라(*The Relaxation Response*)라는 허버트 벤슨 박사의 선구적인 책을 보면 사실상 긴장이완기법이나 명상기법은 분노를 꺾기 위한 기반으로 호흡에 초점을 둔다. 만약 라마즈 훈련을 받아봤거나 명상이나 요가를 해본 적이 있다면 당신의 내적 상태를 조절하는 데 호흡이 미치는 영향을 이미 알고 있을 것이다. 호흡은 어떻게 분노에 영향을 미칠까?

- 당신의 뇌가 당신의 혼잣말을 '듣고' 위협을 인식하면 스트레스 화학물질이 분비되고 호흡이 가빠진다. 이것은 당신의 뇌가 폐와 횡격막에 신호를 보내어 '투쟁 혹은 도망'을 할 수 있도록 근육에서 뇌에 이르기까지 더 많은 산소를 전달하기 때문이다.
- 호흡은 무의식적으로 작동하고 뇌간의 한 부분에 의해 조절되는 반면(호흡하지 않으려고 시도해보고 무슨 일이 일어나는지 보라.) 심장, 혈관, 위장체계와 달리 자발적인 조절하에 있다. 깊이 잠을 자는 동안 당신의 호흡을 활성화시키기 위해 당신의 호흡을 천천히(느리면서 리듬감 있게) 늦추면 편안한 호흡 패턴이 생리적 휴식을 취하도록 뇌에 신호를 전달하게 된다.
- 이러한 종류의 호흡은 복부 근육을 느슨하게 만들어 복부가 완전히 팽창하게끔 하며 진정으로 깊은 호흡을 하게 한다. 당신은 오페라 가수처럼 횡격막에서부터 깊은 호흡을 하게 되는데 이것을 '복식호흡'이라고 한다. 당신은 '투쟁 혹은 도피' 반응이 축소된 것을 즉각적으로 경험할 것이며 분노의 격렬함도 느슨해질 것이다.

나는 분노가 상승하는 첫 번째 신호와 관련된 이러한 깊은 호흡법을 발전시켰다. '심호흡'이라고 하는 이 호흡법은 당신의 분노를 분노 척도의 바로 아래 수준으로 낮출 뿐 아니라 분노를 강화시키는 일상의 스트레스를 관리하는 데도 유용하다.

샤샤는 내가 '심호흡'을 통해 긴장을 푸는 방법을 설명했을 때 회의적이었다. 어떻게 하면 그녀가 바쁜 스케줄 속에서 무엇이든 좀 더 할 수 있는 시간을 찾을 수 있을까? 나는 일단 그녀에게 호흡법을 배우고 분노의 첫 번째 신호를 알아차릴 때마다 혹은 그렇지 않을 때는 한 시간에 2~3번씩 몇 분 정도만 할애하면 된다고 확신을 주었다. 그녀에게 매일 2주 정도를 연습하도록 권했다. 그녀는 긴장을 풀기 위해 저녁에 연습하기로 했다. 그녀는 긴장을 이완시키기 위해 호흡법을 연습하게 되었으며 집에서도 완전한 휴식을 취할 수 있게 되었다. 그 후 심호흡은 집이나 사무실, 그 외 스트레스를 받는 어디에서든 가장 필요할 때 그녀가 배운 기법을 여는 열쇠가 되곤 했다. 우리가 사용한 방법은 다음과 같다.

심호흡하기

횡격막으로 호흡하기

옷을 느슨하게 하고 모든 근육이 의자나 쿠션에 의지할 수 있도록 앉거나 기대어 누워보자. 갈비뼈 바로 아래에 손을 얹어보자. 이제 위의 근육을 풀고 완전히 숨을 들이마시는데 손이 바깥쪽으로 움직이는 것을 인식하면서 폐가 복부 아래쪽으로 팽창하도록 해보자. 제시한 방법대로 몇 분간 연습해보자.

대부분은 습관적으로 얕게 호흡하기 때문에 새로운 순서를 따라 하기가 쉽지 않을 것이다. 만약 어렵다면 샤샤가 했던 것처럼 집에서 연습해

보는데, 등을 기대고 누워 배 위에 잡지책 한 권을 놓아보자. 공기를 들이
마실 때 잡지가 위로 들리는지 확인하라. 누운 채 자연스럽게 횡격막으로
호흡할 때 가장 잘 느낄 수 있다.

심호흡

자, 이제 어깨를 들썩이지 않고 위를 팽창시켜 완전한 복식호흡을 해보
자. 잠시 숨을 멈췄다가 마음속으로 열에서 하나까지 아주 천천히 세면서
입을 약간만 벌려 공기를 천천히 내보내자. 공기가 천천히 빠져나가도록
호흡을 잘 조절해야 한다. 만약 입을 벌려 빠르게 숨을 내쉬면 실패하기
쉽다. 20초에서 점차 그 이상으로 늘려도 되지만 처음에는 약 15초간(첫
단계에 적당한 시간) 숨을 내쉬는 것이 핵심이다. 숨을 내쉴 때 긴장이 내
부에서부터 빠져나가는 것을 느끼면서 등을 기댄 채,

- 이마를 반듯하게 하고
- 턱의 긴장을 풀고
- 어깨를 늘어뜨리고(어깨를 올렸다가 자연스럽게 가능한 많이 내
  려라.)
- 팔의 힘을 빼도록 한다.

자리에 앉아서 등을 기대고 근육을 풀면서 매일 심호흡을 연습하는 것
이 중요하다. 분노를 일으키는 신체 감각(분노 척도 30 이상)이 흥분을
가라앉혀야 한다고 신호를 보낼 땐 언제나 자리에 앉음으로써 시작해보자
(항상 그래야 하는 것은 아니지만 가능하다면). 자리에 앉으면 (혹은 누우
면) 몸의 고유 반사감각은 당신의 뇌에 더 편안한 위치를 알려주므로 즉

시 편안해지기 시작한다. 당신은 이전에 깨어있었을지라도 안락한 의자에 앉아있거나 누워있을 때를 회상하면 졸음이 밀려오기 시작할 것이다. 반대로 일어서서 이리저리 움직인다면 현재의 분노 수준이 유지되거나 심지어 증가되도록 뇌에 신호가 갈 것이다. 또한 자리에 앉아있을 때는 공격적으로 '이성을 잃을' 가능성이나 다른 사람들이 위협받을 가능성이 줄어들며 상황은 진정된다. 매일 20분쯤 한 번 혹은 두 번 정도 깊게 호흡하라. 만약 이것이 일처럼 들린다 할지라도 어쨌든 호흡해야만 한다는 것을 기억하자. 나는 당신에게 호흡하는 **방법**을 바꾸기를 제안하는 것뿐이다. 많은 내담자들이 연습해야 한다는 것을 잊어버려서 그렇지 호흡법 자체는 따라 하기 쉽다고 언급했다.

샤샤를 비롯한 다른 많은 내담자들은 이 새로운 행동을 지금까지 자주 했던 행동과 연결 지어 연습해야 한다는 것을 상기시켜 주는 프리맥 원칙 Premack Principle을 발견했다. 샤샤는 전화를 자주 했기 때문에 우리는 가능한 한 샤샤가 전화할 때마다 등을 기대고 깊은 심호흡을 하도록 제안했다. 전화는 그녀에게 분노를 중지시키기 위한 하나의 신호가 되었다. 그 외에도 호흡을 떠오르게 해주는 신호이자 긴장을 이완시켜 주는 하와이의 마우이 해변에서(그녀가 기억하기에 몇 안 되는 휴가 중 하나) 남편과 함께 찍은 사진을 벽에 붙였다. 이것은 효과가 있었다. 그녀는 다른 시간에도 등을 기대고 앉아 긴장을 풀려고 노력하는 자기 자신을 발견했다. 책상은 이제 마음을 가라앉히고 편안하게 하는 새로운 목표와 연결되었다. 우리는 그녀에게 스트레스를 주던 전화통화에 기분을 전환하고 편안하게 하는 순간을 끼워 넣었다.

긴장을 풀기 위해 근육을 긴장시키기 : 치료의 역설

스트레스받거나 화날 때 근육은 균형을 잡기 위해 긴장함으로써 '투쟁 혹은 도피' 행동 반응에 대비한다. 시대를 앞선 1920년대 심리학자 에드먼드 제이콥슨 박사Dr.Edmund Jacobson는 내담자에게 긴장과 이완의 차이를 구분하도록 가르쳐서 깊은 긴장이완 반응이 성취될 수 있다는 사실을 발견하였다. 그의 접근방식은 매우 간단하다. 전형적으로 손과 손가락에서 시작해 근육이 어떻게 느껴지는지에 집중하면서 내담자에게 일련의 근육을 약 10~12초 정도 긴장시키도록 지시한다. 내담자는 긴장을 했다가 다시 완전히 긴장을 풀면서 이완되는 동안 느껴지는 내적 감각에 집중한다.

점진적으로 근육의 긴장을 이완시키기 위한 다양한 기법들은 복식호흡, 혼잣말/자기지시기법, 심상기법과 함께 수년에 걸쳐 발달해왔다. 이것은 그중에서도 배우기 쉽고 내담자에게도 매우 효과적이었다.

점진적인 근육이완기법

여기에서는 근육의 긴장상태와 이완상태를 비교하여 근육이 어떻게 다르게 느껴지는지를 확인하는 것이 핵심이다. 근육이 떨릴 때까지 10~15초 동안 근육들을 긴장시킨다. 손이 흔들릴 정도로 주먹을 꽉 쥐는 것으로 시작해보자. 순서에 따라 두 번씩 반복해보자.

주의 : 만약 근육장애나 만성적인 통증 문제가 있다면 과정을 시작하기 전에 의사와 상의하라.

긴장을 풀기 직전(긴장을 풀기 전 약 8~10초 정도를 남겨두고)에 얕게

호흡하라. 그다음 긴장과 호흡을 동시에 놓아라. 심호흡의 경우와 마찬
가지로 호흡과 이완을 긴밀하게 연결시켜야 한다. 긴장이 풀릴 때 근육이
어떻게 느껴지는지를 인식하라(예 : 많이 할수록 팔이 저리는 것을 느낄
수 있다).

　나는 샤샤에게 목(매우 중요함)을 포함하여 모든 근육을 완전히 받쳐
주는 편안한 팔걸이 의자에 앉도록 했다. 발이 바닥에 뜨지 않고 가볍게
닿을 정도가 되어야 한다. 우리는 다음과 같이 손과 손가락에서부터 시작
하였다.

　　"할 수 있는 한 주먹을 꽉 쥐고 근육이 어떻게 느껴지는지를 주목하면
　　서 긴장시켜 보세요. 근육이 떨릴 정도가 되어야 합니다(15초 정도 후).
　　호흡을 참았다가 긴장을 풀 때 근육이 어떻게 느껴지는지를 주목하면
　　서 근육과 호흡을 동시에 풉니다. 이제 다시 근육을 긴장시켜 보세요
　　(총 2번)."

　다음은 내가 샤샤에게 가르쳤던 일련의 순서들이다. 다른 방법들도 가
능하겠지만 이와 같이 시작해보길 바란다.

1. 손가락과 손을 모두 긴장시키기 위해 주먹을 꽉 쥐어보자. 이제 긴
　장시키자. 주먹을 꽉 쥐고 힘을 주면서 손의 느낌이 어떤지 알아차
　려라. 15초 동안 유지하자. 그다음 호흡을 잠시 참았다가 호흡하는
　동시에 근육의 긴장을 풀자. 근육을 따라 긴장이 이완되는 그 느낌
　에 주목하라. 이제 두 번 반복해보자.
2. 팔의 아랫면과 윗면을 긴장시키기 위해 (의자 팔걸이에 대고) 팔 전
　체를 긴장시켜라(주먹을 꽉 쥘 때처럼).

3. 어깨를 귀쪽으로 최대한 들어올린다(어깨를 크게 으쓱인다).

4. 목 근육을 긴장시키기 위해 등받이 쪽으로 머리를 밀어라. 목과 목 안쪽을 모두 긴장시키기 위해 입천장을 혀로 강하게 밀어라.

5. 할 수 있는 한 눈썹을 높이 치켜 올리고 팔 안쪽 근육이 끌어당겨지는 느낌을 느껴라. 두 번 반복한 후 근육에 힘을 주어 얼굴을 잔뜩 찌푸려보자(눈썹을 V자로 만들기).

6. 눈 주변의 작은 근육들을 긴장시키기 위해 광대를 눈썹 쪽으로 끌어올려 눈을 가늘게 뜨게끔 하자.

7. 턱 근육을 긴장시키기 위해 할 수 있는 한 입을 크게 벌려보자. [주의 : 만약 턱에 통증이 있거나 씹을 때나 입을 크게 벌릴 때 '두드득거리는' 감각이 느껴진다면 악관절증과 같은 의학적 문제가 있을 수 있다. 이 과정을 하기 전에 물리치료사나 치과의사에게 점검을 받아라.]

8. 가슴(흉부 근육)을 긴장시키는 동시에 팔로 흉곽을 꽉 조여보자.

9. 긴장을 유지하면서 할 수 있는 한 복부를 척추 쪽으로 끌어당겨 보자.

10. 척추를 따라 어깨 깊숙한 곳에서부터 모든 근육에 긴장을 주면서 등을 구부려보자.

11. 가능한 한 괄약근과 엉덩이 근육을 긴장시키자.

12. 발에 힘을 주어 바닥으로 밀어내면서 허벅지에 긴장을 주자. 허벅지가 떨릴 정도로 긴장되는 순간을 곧바로 알아차려야 한다.

13. 바닥을 향해 다리를 뻗고 무릎을 향해 발가락을 치켜 올려 종아리 근육을 긴장시키자.

14. 발과 발가락을 가능한 한 긴장시키면서 발가락을 (꽉 움켜쥐듯이) 구부리자.

　긴장이 완전히 풀어졌을 때의 근육 느낌에 익숙해지도록 적어도 20분씩 매일 이 순서대로 연습해보자. 직장에서 혹은 다른 곳에서라도 긴장이 느껴지면 (가능하다면) 앉아서 깊이 심호흡하고 지금까지 배운 긴장이완 자세를 따라 해보자. 운동선수들이 연습을 통해 생각하지 않고도 공을 던지거나 골에 넣기 위해 근육을 사용하는 방식을 숙달하듯이 당신은 긴장이 이완된 상태로 근육을 재설정하는 방법을 '연습' 해야 한다.

　나는 샤샤에게 업무 중 어깨의 긴장(그녀의 첫 번째 분노 신호)이 느껴지면 언제든 크게 심호흡하라고 했다. 그리고 근육이 완전히 긴장에서 풀어졌을 때의 느낌을 떠올리며 그 느낌을 다시 느껴보기를 요청했다. 숨을 내쉴 때마다 집에서 연습했던 것처럼 근육의 긴장이 풀릴 것이라고 말해주었다. 곧바로 근육의 긴장이 풀어진 상태를 재현하기 어렵다면 분노와 스트레스가 치솟을 때 그 자리에서 팽팽하게 느껴지는 근육을 긴장시켰다가 풀라고 격려했다.

　일단 점진적인 근육이완기법을 배우고 나면 몸의 각 부분에서 느껴지는 긴장을 훨씬 더 잘 감지하게 되며 이를 통해 초기에 분노를 더 잘 '감지해낼 수' 있게 된다. 또한 몸 전체의 긴장을 재빨리 풀기 위해 부분적으로 긴장을 시킬지 아니면 전체적으로 긴장을 시킬지도 선택할 수 있다.

　샤샤가 이 순서에 익숙해지자 나는 다양한 근육을 긴장시키고 푸는 방법과 분노를 중지시킬 수 있는 강력하고 즉각적인 방법을 가르쳤다. 예를 들어, 그녀는 상사가 보고서를 쓰지도 않은 채 병가를 내자 '맹렬한 분노' 에 압도당한 자신을 발견했다. 보고서가 제 시간에 준비되지 않은 것을 알게 되자 샤샤의 분노는 80까지 치솟았고 거의 폭발할 것 같았다. 그녀는 사무실로 돌아와 모든 전화를 끄고 의자에 앉아 등을 기대고 심호흡을 시작했다. 이것만으로는 분노가 가라앉지 않아서 심호흡을 하면서 상체의 근육을 긴장시켰다가 풀어주었다. 그녀는 이 근육이완기법으로 분노를 50 이하로 줄일 수 있었으며 서너 번 정도 더 반복했다. 그녀는 다음과 같이 했다.

- 가능한 한 어깨에 많은 힘을 주면서 들어올리고 주먹을 꽉 쥐기
- 흉곽을 팔뚝으로 누르고 조이면서 가슴(흉부 근육)을 긴장시키기
- 위장의 근육을 끌어올리기
- 눈을 찌푸리면서 가능한 한 많은 얼굴 근육을 찡그리기

이것이 그다지 보기 좋은 것은 아니지만(누가 당신을 보고 있겠는가?) 치솟는 긴장을 즉각적으로 가라앉히는 아주 강력한 방법이다. 이 외에도 '몸 전체'의 긴장을 이완시키기 위해 등과 다리를 포함한 다른 근육도 긴장시킬 수 있다.

자율생성문장 : 당신의 의도를 현실로 만들기

점진적인 근육이완기법은 분노를 약화시키기 위한 근육 기억을 사용하지만 자율생성문장은 연상의 힘을 활용한다. 긴장이 완전히 풀어졌을 때 각 부분에서 느껴진 감각을 마음속으로 반복해보면서 신체의 부분이 어떻게 느껴지는지에 집중하면 당신의 마음에 이러한 감각이 만들어지게 된다. 마음은 긴장이 이완되었을 때의 느낌을 분명히 알고 있어야 한다. 이 기법을 사용하기 위해서는 지도를 받을 필요가 있다. 'auto'는 자동을, 'genic'은 생성을 의미하는 라틴어에서 만들어진 자율생성문장 autogenic phrase은 배우기 쉬우며 다음의 두 가지가 필요하다.

1. 긴장이 완전히 풀어졌을 때(과거의 경험을 바탕으로) 느껴지는 각 부분의 느낌(예 : '부드럽고 시원한' 혹은 '따뜻하고 느슨한')을 묘사하는 문장을 마음속으로 말해보면서 몸의 각 부분에 완전히 집중하라.

2. 이러한 감각을 좀 더 인식하면서 적당히 심호흡하고 천천히 네 번 반복해서 말하라.

나는 샤샤에게 편안하게 앉아서 한 번에 하나씩 신체의 각 부분에 완전히 집중하면서 눈을 감아보라고 했다. 일단 한 부분(예 : 얼굴)에 집중했다면 마음속으로 "나의 얼굴이 시원하게 느껴진다…. 그리고 침착하다."라고 말하면서 느리고 리듬감 있게 천천히 심호흡하도록 했다. (숨을 들이마시고) "나의 얼굴의 시원하게 느껴지고… (숨을 내뱉으면서) 그리고 침착하다."와 같이 각자의 속도에 맞춰 긴장이완 감각이 일어나도록 기대하되 그것을 강요하지는 않는다.

자율생성문장의 긴장이완 순서

깊고 편안한 호흡을 하면서 마음속으로 천천히 각각의 문장을 네 번 반복해서 말해보자. 당신의 경험상 긴장이 풀어졌을 때의 느낌이 '따뜻하고 가볍다' 라기보다 '가볍고 차갑다' 혹은 '감각이 없어졌다' 라면 당신은 다음의 문장을 사용해야만 한다. 다음의 목록은 당신이 자신만의 자율생성문장을 만들 때 참고할 수 있는 예문들이다.

"(숨을 들이 마시고) 나의 팔은 따뜻하다…. (숨을 내쉬고) 그리고 묵직하다."

"나의 어깨는 쳐져 있고… 그리고 느슨하다."

"나의 목은 느슨하다…. 그리고 이완되어 있다."

"나의 두피는 부드럽다…. 그리고 이완되어 있다."

"나의 얼굴은 시원하다…. 그리고 차분하다."

"나의 가슴은 가볍다…. 그리고 느슨하다."

"나의 호흡은 자유롭다…. 그리고 매끄럽다."

"나의 위장은 쳐져 있다…. 그리고 느슨하다."

"나의 등은 쳐져 있다…. 그리고 이완되어 있다."

"나의 다리는 늘어져 있다…. 그리고 이완되어 있다."

"나는 평온하다…. 그리고 이완되어 있다."

이 방법은 분노를 꺾는 데 아주 적절하다. 최소 2주간 매일 이 순서대로 연습한다면 어디에서든(예 : 회의 중, 저녁 파티 중, 논쟁 중) 전체 혹은 부분을 적용하여 긴장이 치솟는 것을 가라앉힐 수 있다.

분노가 일어날 때의 초기 감각인 샤샤의 어깨 긴장과 '얼굴이 달아오르는 느낌'은 이제 그녀가 의자에 앉아 심호흡해야 하는 신호가 되었다. 샤샤는 때때로 화를 돋우는 혼잣말이 호흡의 효과를 방해하는 것 같다고 이야기했다. 나는 점진적으로 호흡을 느리게 하려고 노력하는 동시에 어깨와 얼굴에 적절한 자율생성문장을 말함으로써 두 가지 목표를 성취할 수 있다고 언급했다.

1. 이것을 연습하면 문장을 반복해서 말할 때 강력한 긴장이완 반응이

일어난다. 문장을 좀 더 천천히 말하려고 노력함으로써 호흡이 느려지고 마음이 좀 더 차분해질 수 있다.

2. 문장들이 마음 안에 가득 차 있기 때문에 분노와 화를 자극하는 혼잣말을 차단시킬 수 있다.

샤샤는 애써 기억해내지 않아도 될 만큼 노련하게 심호흡을 사용하게 되었다. 다른 사람들과 이야기하는 동안 부정적인 혼잣말이 증가할 때마다 등을 기대고 분노를 가라앉히려고 노력하면서 자율생성문장[나의 얼굴은 시원하다…. (천천히 숨을 내쉬면서) 그리고 차분하다.]을 마음속으로 말했다.

연습을 통해 어디에서든 몸의 긴장에 대한 자율생성문장에 집중함으로써 재빨리 분노를 감소시킬 수 있다. 나의 내담자들은 대개 교통체증 상황에서, 아이들이나 소음으로 화가 나는 가게에서, 스트레스를 주는 전화통화 등 분노와 스트레스가 치솟는 어느 곳에서나 침착하고 평온한 호흡과 함께 이 문장을 사용한다고 했다.

심상기법 : 마음의 창을 좀 더 평화로운 현실로 열기

사람들은 모두 심상이 얼마나 생생할 수 있는지 안다. 꿈에서 막 깼을 때 꿈이 완전한 현실처럼 보이기도 하며 마음속에 특정한 상황을 다시 만들어냄으로써 현재 인식하는 모든 광경, 냄새, 소리에 마술을 걸 수 있다. 분노를 잠재우기 위해 상상하는 능력을 활용할 수도 있다. 상황을 생생하게 상상하는 것은 현실에서 경험한 것과 동일한 감각을 일깨운다. 심상기법이 수많은 긴장이완 프로그램의 일부가 된 이유이기도 하다. 또 실제 사건이 발생한 뒤 몇 시간 혹은 며칠이 지난 후에도 그저 분노를 터뜨리게 했던 경험을 상상하기만 해도 분노를 고조시키는 것처럼, 반대로 제6장과 제7장에서 논의된 것처럼 긍정적인 심상으로 분노 유발요인에 반응하는 새롭고 평화로운 방식을 다시 만들 수 있다.

샤샤는 자주 공상에 잠기며 행복한 기억으로 위로받는 자신을 발견했다고 보고했다. 나는 그녀에게 심상기법에 익숙해질 수 있다고 말하며 다음과 같은 심상기법을 가르쳤다.

1. 떠올리고 싶은 정서적 경험을 목표로 삼아보자. 분노를 중지하기 위해 평화로움, 고요함, 차분함, 편안함, 안전과 안정, 확신, 조절감, 부드러움이 혼합된 느낌을 원할 수 있다. 샤샤는 분노를 다스리는 데 있어서 차분함과 확신에 정서적 목표를 두기로 결정했다.

2. 그렇게 느꼈던 시간과 경험을 회상해보자고 스스로에게 말하면서 당신이 원하는 정서 상태에 집중하고 눈을 감아라. 마음의 눈으로 제대로 된 장면이 나타날 때까지 생각하고 상상하자. 만약 당신이 과거 경험으로부터 어떤 장면을 회상할 수 없다면 창의력을 발휘하여 당신이 원하는 느낌을 줄 수 있는 장소(예 : 미지의 공간, 구름 위에 떠 있기, 아름다운 정원에서의 휴식)를 그려볼 수 있다. 이 또한 당신의 긴장을 이완시키는 심상이 될 것이다. 샤샤는 '여름방학 때 플로리다의 케세이 키 해변에 누워있던' 어린 시절의 한 장면을 가져왔다.

3. 떠올린 각각의 장면으로 완전한 심상이 그려질 때까지 장면의 조각을 모아 가능한 한 생생하게 상상해보자. 장면 안에서 몸을 움직이

지 말고 고요한 자세로 물(예 : 따뜻한 욕조)속에 몸을 담그고 앉아

있거나 떠 있거나 누워있자.

4. 당신이 볼 수 있는 주변의 색이나 형상을 인식하자. 하늘과 수평선 그
   리고 먼 곳을 내다보자. 샤샤는 '푸른 하늘과 뭉게뭉게 피어오른 구
   름, 초록빛 바다와 햇빛의 반짝거림' 으로 가득 찬 시각적 장면에 집
   중했다.

5. 시냇물이 졸졸 흐르는 소리, 야생동물들의 소리, 바람 그리고 당신
   이 실제 그 상황에 있을 때 존재했던 모든 주변의 **소리를 들어보자.** 샤
   샤는 '파도가 밀려들어 왔다가 빠져나가는 소리' 와 '산들바람이 부
   드럽게 흩날리는 소리' 가 분명하게 떠올랐다.

6. 얼굴과 다른 부위의 **체온을 느껴보자.** 편안하게 누워있거나 앉아있을
   때(예 : 모래사장) 당신의 **몸이 어떻게 느끼는지**에 주목하자. 샤샤는
   '얼굴을 스치는 바람' 과 '따뜻한 햇살' 을 느끼는 데 집중했다.

7. 장면을 구성하는 **기분 좋은 냄새도 맡아보자.** 정서를 경험하는 뇌의
   부분과 냄새 간에는 직접적인 통로가 있다. 이것은 향수나 어떤 음
   식이나 '불쾌한 냄새' 가 우리 안에서 강력한 정서적 반응을 일으키
   는 이유가 된다. 기분 좋고 편안한 냄새(예 : 엄마가 빵을 구울 때, 꽃
   이나 잔디를 깎을 때의 싱싱함)를 상상하라. 샤샤의 경우 '소금기가
   있는 공기와 선탠로션의 냄새' 가 장면을 좀 더 현실적으로 만들어주
   었다.

정서를 쉽게 불러올 수 있으면서 오랫동안 붙잡아둘 수 있고 생생하게
상상할 수 있을 때까지 매일 '자원이 되는' 장면을 떠올려보고 긴장을 이
완시키기 위해 연습해야 한다. 장면 중에서는 심상의 핵심적인 본질이 되

거나 두드러지는 얼굴이나 사물, 색이나 형상이 있기 마련이다. 나는 작지만 전체 장면의 근본적인 요소가 되는 부분을 **심상 조각**이라고 부른다. 당신이 충분한 시간을 갖고 전체 장면을 상상하는 연습을 했다면 이러한 심상 조각은 전체의 장면과 함께 정서적 반응을 재빨리 회상하는 데 유용하게 사용될 수 있다.

샤샤는 사무실에 앉아있는 동안 장면을 재빨리 붙잡기 위해 해변의 장면 중 핵심적인 심상 조각(초록빛 바다)에 초점을 두었다. "나는 어깨가 긴장되고 얼굴이 뜨거워지는 것을 알아차린다(긴장이완을 위한 단서). 케세이 키의 **초록빛 바다**를 상상하면서 깊고 느린 호흡을 해보자."

유용한 기분전환법

우리는 대개 기분전환이 도움이 된다고 생각하지 않는다. 그러나 기분전환은 당신이 분노를 일으키는 혼잣말에 몰두하는 것을 환기시키거나 또 다른 방식으로 분노를 잠잠하게 하여 당신의 화를 다스리는 데 도움이 될 수 있다.

좀 더 중립적이면서도 덤덤하게 마음을 가득 채우는 것들에 다시 집중하게 하는 거의 모든 전략은 분노를 감소시키는 데 도움이 될 수 있다. 다른 전략들이 당신의 분노를 다루지 못할 때 할 수 있는 방법을 고려해보자.

- 긴장을 풀고 숨을 내쉬면서 10에서 1까지 천천히 수를 거꾸로 세어보자.
- 시를 읽거나 좋아하는 노래를 듣거나 영적인 에너지를 주는 문장(예 :

찬송가, 성경, 율법, 코란의 글귀)을 반복해서 보자.

• 바로 맞은편에 보이는 창문의 수를 세는 것처럼 덤덤하게 할 수 있는
   것이나 쇼핑 목록, 파티 계획을 떠올리면서 몰입할 수 있는 일에 집중
   해보자.

샤샤는 부정적인 혼잣말을 조절하기 어려울 때 마음을 가라앉히기 위
한 기분전환 활동으로 제임스 테일러의 'You've Got a Friend' 노래를
듣기로 했다. 이 노래는 그녀의 삶에 있어서 매우 긍정적인 순간과 관련
이 있으며 가사가 잔잔하고 편안하기 때문에 노래를 들으며 그가 노래 부
르는 모습을 상상할 때 분노가 금방 중단된다는 것을 알았다. 분노를 일
으키고 스트레스를 주는 회의에 들어갈 때 노래를 흥얼거리는 것은 분노
를 조절할 필요가 있음을 마음속에 일깨워주었다.

불끄기 : 통합

이 책은 당신이 긴장을 풀 수 있는 다양한 방법을 검토하기에 좋은 여러
자료를 제시한다. 나는 분노를 이완시키는 데 유용한 다섯 가지 전략을
검토했지만 당신은 명상법, 자기최면, 요가와 같은 다른 방법을 개발해
낼 수도 있다. 이것은 모두 마음을 잔잔하게 하고 신체에 활기를 불어넣
음으로써 '투쟁 혹은 도피' 반응으로 인한 분노를 감소시킨다.

그러나 어떤 기술을 사용해야 하고 혹은 어떤 기술부터 시작해서 어떤
순서대로 해야 할까? 다섯 가지 전략 중 하나 혹은 그 이상의 것이 당신의
분노를 일으키는 혼잣말을 중지시키고 긴장이완에 다시 집중하게끔 하
겠지만, 우선 나는 다음과 같은 순서로 해볼 것을 추천한다.

1. 앞에서 설명하였듯이 긴장을 풀기 위해 뇌에 신호를 보내면서 등을 기대고 자리에 앉아보자.

2. 서 있다고 하더라도 일단 자리에 앉아 천천히 숨을 내쉬면서 10에서 1까지 거꾸로 수를 세며 머리를 식히는 동시에 한두 번 정도 심호흡을 해보자. 이것은 즉각적으로 분노를 잠재운다.

3. 그다음 좀 더 느린 속도로 천천히 호흡하면서(5를 셀 때까지 숨을 들이마시고 내쉬는 것) 다른 분노 상승 꺾기 기술들을 혼합하여 사용한다.

샤샤는 그녀에게 자원이 되는 장소(해변)를 상상했을 때 느꼈던 긴장이완을 목표로 삼고 자율생성문장과 '초록색' 심상을 혼합하여 사용했다.

"저는 앉아서 긴장을 풀기 위해 두 번의 깊은 심호흡을 해요. 그다음 초록빛 바다를 떠올리면서 '내 어깨가 쳐지고 느슨해진다'거나 '내 얼굴은 시원해지고 차분해진다'라는 문장을 말하기 시작하죠. 저는 이 과정을 사무실에서 재빨리 할 수 있어요. 회의장에서나 다른 곳에서도 천천히 호흡하면서 문장을 말하고 심상에 빠져들어요. 이것은 정말로 효과적이라 저는 다시 완전히 일에 집중할 수 있게 돼요. 제가 해야 할 것에 집중해야만 할 때는 가능한 근육의 긴장을 풀고 앉아 저만 알 수 있도록 심호흡을 하면서 마음속으로 문장을 반복해요. 저 말고는 아무도 제가 그렇게 하는 것을 모를 거예요."

4. 분노를 정말로 가라앉히기 어려울 땐 '잠시 멈추고' 다른 장소로 가자(제4장의 '정지 신호'를 회상하라). 이때 몸 전체 혹은 부분적으로 근육에 긴장을 주었다가 푸는 것이 신체적인 긴장을 푸는 데 효

과적이다. 긴장했다가 긴장을 풀 때 호흡과 근육을 함께 풀어준다. 다시 '처음으로' 돌아와 천천히 호흡하면서 자율생성문장을 계속 말한다.

특히 매우 심각한 상황일 땐 중지해야 하는 것을 기억하고 상황을 개선 시키기에 가장 적절한 '첫 번째 절차'를 찾는 연습이 필요하다. 나의 경우 1차적인 분노 신호는 목과 가슴의 긴장이다. 근육이 긴장되었다는 것을 알아차렸을 때 곧바로 앉아야 하는 것을 기억해낸다면(혹은 이미 등을 대고 누워있다면 근육을 푼다.) 중지하기 위한 다음 단계로 가장 부드럽게 나갈 수 있다. 제10장은 분노와 스트레스가 올라올 때 좀 더 자동적으로 중지시킬 수 있는 더 많은 아이디어를 제공한다.

일단 분노 척도의 30 이하까지 내려가면 당신은 "나는 비합리적인 기대를 하고 있는가? 나는 문제를 해결할 수 있는 방향으로 분노 상황을 검토해보고 있는가?"와 같이 질문해봄으로써 사고를 검토할 수 있다. 분노가 상승할 때 이를 중단시키는 것은 당신으로 하여금 분노에서 벗어나게 하고 정서적 조절감을 얻게끔 도움을 준다. 그러나 그것이 사람들과의 관계나 문제를 해결해주는 것은 아니다. 제6장과 제7장은 분노를 다스리는 다음 단계로서 분노에 불을 지피는 비유용한 사고를 구분하고 이를 변화시키는 데 초점을 둔다.

연습

화가 치밀어오를 때 이를 멈추게 하는 것은 분노를 다스리는 데 있어서 매우 중요한 과정이기 때문에 기본사항을 완전히 숙지할 때까지 매일 연습할 것을 강력하게 권한다. 이 장에 제시된 여러 가지 방법들은 화가 날 때 분노를 중지시키는 데 효과적이다. 나의 내담자들의 경우 심호흡부터 연습하지 않고 편의에 따라 다른 방법을 먼저 하기도 했다. 심호흡을 연습할 땐 한두 번의 심호흡만으로도 긴장의 정도가 유의미하게 변할 수 있을 때까지 연습해야 하며, 최소 2주간은 매일 연습해야 한다. 방해받지 않는 편안한 장소를 찾길 바란다.

그다음 무엇을 먼저 시작할지는 당신이 원하는 대로 하되 각각의 전략을 학습하는 데 힘쓰자. 이 장에서 제안한 것처럼 빠른 효과를 줄 수 있는 당신만의 적절한 방법을 찾아내기 위해 여러 가지 전략을 혼합해서 연습해보자. 어떤 경우에서든 자리에 앉는 것이 분노를 가라앉히는 과정의 첫 번째 신호이므로 먼저 앉아서 시작할 수 있도록 노력하라.

몇 시간의 작은 노력을 엄청난 스트레스나 분노로 인한 삶의 대가와 비교해본다면 당신은 아마 조만간 분노가 일어날 때 그것을 잘 조절할 수 있는 전문가가 될 것이다. 제4장의 분노 강화요인5S를 기억하면서 당신의 삶에 여전히 남아있는 분노의 찌꺼기를 수정하고 제거하는 방법을 찾아보자. 이것은 분노 유발요인이 이전과 동일한 영향력을 발휘하지 않도록 하기 위해 미리 예방접종을 하는 것과 같다. 기억하라. 당신의 분노를 중간 지점으로 유지하는 것은 나중에 예상치 못한 분노 유발요인이 나타날 때 당신의 회복력을 크게 증가시킬 것이다.

4단계

분노 유발 사고를
확인하고 변화시키기

 일단 분노가 통제됐다면 되돌아가서 분노를 초래한 생각을 살펴보는 것이 중요하다. 사고를 변화시키지 않는다면 제3장에서 언급된 것처럼 분노가 유발되는 상황에 대한 당신의 반응이 변화될 것을 기대할 수 없다. 제6장에서는 분노의 강도와 분노를 일으키는 부적절한 사고를 구분하는 것에 대해 배울 것이다. 그리고 제7장에서는 이러한 사고 패턴을 영구적으로 변화시키는 방법에 초점을 둘 것이다.

06

분노 유발 사고를 인식하기

공항에서 연착된 비행기를 기다리는 세 사람의 눈에 제멋대로 뛰어다니는 아이들의 모습이 들어왔다. 렌달은 소란스러운 손자들을 떠올리고는 너그럽게 웃으며 아이들에게 "비행기 기다리기가 힘들지?"라고 말했다. 시드니는 요즘 엄마들이 왜 저렇게 아이들에게 관대한지 모르겠다며 한숨을 쉬고는 대기실 반대편으로 자리를 옮겼다. 로라는 "항공사에서 비롯된 총체적인 무능함을 따지러 갈 때 이 아이들의 행동도 보여줘야만 해."라 생각하며 이런 일은 말도 안 된다고 생각했다. 그녀는 거의 15분 동안 계속해서 왔다 갔다 하는 아이들과 그들의 엄마를 쏘아보았다. 한 아이가 그녀의 발을 밟자 그녀는 벌떡 일어나 엄마를 향해 걸어가서는 화난 목소리로 "제발 이 아이들을 좀 통제하시지요?"라고 말했다.

우리 주변에서 일어나는 일에 대해 정서적으로 어떻게 반응하는가는 마음속의 생각에 달려있다. 이러한 생각들은 상황에 대한 우리의 기대를 반영한다. 아이들의 넘치는 에너지는 모든 상황에서 너그럽게 넘어가줘야 하는가? 엄마들은 아이들이 주변 사람을 귀찮게 하지 않도록 주의를 줘야만 하는가? 사람들이 당신의 마음을 읽어야 하며, 당신이 언제 분노를 누르지 못하는지를 알고 있어야 하는가? 당신은 분명히 당신이 가지고 있는 어떤 기대를 바탕으로 다르게 반응할 것이다.

첫 번째 장에서도 언급했듯이 도전적인 사건에 대한 당신의 반응이 자신이나 다른 사람들에게 문제를 일으키는 분노라면 당신의 사고를 점검해봐야 한다. 일단 분노가 터졌을 때 그것을 어떻게 다스리는가와는 별개로, 분노의 순간을 줄이지 않는다면 당신은 수습하기 위해 불필요한 에너지를 매일 소비해야 할 것이다. 다행히도 우울, 불안, 분노처럼 도움이 되지 않는 감정의 원인이 되는 사고를 분명히 하고 변화시키기 위한 학습방법이 있다. 이것을 **인지행동치료**라고 하며 아래에 두 가지 예를 제시해두었다.

> **혼잣말** : 혼잣말은 어떤 방식으로 행동하라는 지시, 비판, 해석을 포함하며 자기
> 자신과 나누는 내적 대화로 머릿속에 담겨있는 말을 의미한다. 존은 "내가 집
> 에 들어가면 메리는 화를 낼 거야."라고 생각하고는 곧바로 방어적인 태도를
> 취하며 분노를 느낀다. 에린은 "회사 사람들로부터 비난받는 것은 정말 참을
> 수가 없어."라고 중얼거린다. 그녀의 상사가 '실수'에 대해 논의하려고 하자 에
> 린은 벌컥 화를 냈다.
>
> **심상** : 이것은 이미 일어난 (직장에서 상사로부터 '부당하게' 비난을 '듣는' 장면
> 을 그린다.) 혹은 미래에 일어날 사건(그 상사에게 성공적으로 맞서는 자기 자
> 신을 상상)에 대한 심리적 영상이다. 혼잣말이나 심상은 당신이 실제 상황에
> 반응할 때 일반적으로 떠오르는 정서적 반응이다. 예를 들면, 당신의 몸이 긴
> 장을 느끼고 분노했던 기억을 찾기 위해 침대에 누워 화난 사건을 떠올려봄으
> 로써 회상할 수 있다.

분노를 고조시키는 혼잣말과 심상을 이해하는 것은 사고하는 방식과

그 결과로 인한 부적절한 분노를 변화시키는 데 도움을 준다. 제7장은 현재의 사고를 바꾸는 데 필요한 방법을 제시하지만 먼저 문제가 있는 혼잣말과 심상을 구분해야만 한다.

혼잣말 : 오늘 어떻게 사고하고 있는가

심리학자들은 의례적으로 "그래서 당신은 그것에 대해 어떻게 느끼셨나요?"라고 질문한다. 초기에 분노의 감정을 구분하는 것도 중요하지만 혼잣말을 점검해보는 것은 당신이 처음에 그렇게 느낀 이유를 이해하는 데 결정적이다. 혼잣말에 대해 좀 더 알아보자.

혼잣말의 본질

우리가 가지고 있는 대부분의 사고는 사건을 기술하거나 해석하거나 우리의 행동을 움직이는 말의 흐름에서 오는 것처럼 보인다. 이 흐름은 자동적이기 때문에 그것을 어떻게 깨뜨려야 하는지는 알기 어렵다. 그러나 생각하지 않으려 끊임없이 마음을 갈고 닦는 몇가지 방법을 배울 수는 있다. 사실 대부분의 사람들은 내적 평화를 얻기 위하여 요가, 명상, 또다른 기술을 특별히 훈련받지 않는다면 마음을 정화하기 어렵다고 생각한다. 그러나 분노를 터뜨리게 하는 심리적 요소를 조절하려면 이러한 사고를 뿌리뽑는 작업이 필요하다. 나의 내담자 중 한 사람은 "저는 제 생각을 조절하지 못하는 것 같아요."라며 "제가 속았다는 느낌이 들면 자동적으로 조종 장치가 움직이는 것 같아요. 제 자신에게 비난을 쏟아붓기 시작하고 마음은 온통 부당하다는 생각으로 가득 차요. 어째서 모든 것을 잃기 전에 좀 더 일찍 알아채지 못할까요?"라고 말했다.

대부분의 인지행동 상담가들은 우리가 언어, 운전, 운동 등의 외적 행동을 학습하는 것과 동일한 방식으로 사고를 학습한다고 믿는다. 대부분의 경우 상황에 대해 어떻게 사고하는지를 보여주는 부모, 교사, 또래 친구들을 모델로 삼아 사고를 모방한다. 또는 학교, 종교, 부모의 가르침을 통해 어떻게 사고해야 하는지를 정식으로 배우기도 하고 때로는 살아가면서 만들어지기도 한다. 그러나 모든 경우에 당신의 혼잣말은 당신이 자동적으로 테니스 라켓을 쥐거나 이름을 쓰는 것처럼 여러 번 반복하여 '습관'이 될 때 자동적으로 튀어나온다.

여기에서 중요한 핵심을 끄집어낼 수 있다. 당신이 만약 학습을 통해 어떠한 사고 패턴을 배워왔다면 새로운 사고가 당연해질 때까지 연습함으로써 과거의 사고 패턴을 지울 수 있다는 가정을 세울 수 있다. 과거의 사고는 사용하지 않으면 맥없이 주저앉을 것이다. 그러면 당신의 분노에 불을 지피거나 잘못된 방향으로 이끄는 혼잣말을 어떻게 구분할수 있을까?

인지행동 상담가들은 상황에 대한 사실을 좀 더 위협적이거나 다루기어려운 것으로 보이게끔 하는 잘못된 혼잣말을 **인지왜곡**이라고 한다. 인지왜곡은 다양한 형태로 나타난다. 어떤 것은 상황을 실제보다 더 나쁘게보게 하고 어떤 것은 순 엉터리의 문제를 만들어내기도 한다. 그러나 인지왜곡은 모두 다음과 같은 중요한 원칙을 바탕으로 이해해야 한다.

> 원칙 : 혼잣말이 현재와 과거의 사실에 근거한 것이 아닐 때 이것은 왜곡되며 불필요한 분노나 불유쾌한 정서를 불러일으킨다.

'사실'은 보이고 들을 수 있고 당신과 다른 사람 모두에게 감지되는 사건이다. 사고가 나기 전에 차가 얼마나 빨리 달렸는가에 대해 두 사람의 보고가 다를지라도 두 대의 차가 있었고 사고가 일어났다는 사실은 일치할 것이다. 속도에 대한 의견이나 누가 과실을 했는가는 사실이 아니라 각 사람의 관점에 기초한 해석이다. 다른 사람들이 어떻게 생각하며 느끼는지 혹은 그들이 무언가를 하는 이유에 대해 단순한 사실을 넘어 해석할 땐 실수할 수 있다.

물론 당신이 아프거나 일시적으로 휴직하게 되는 것처럼 어떤 사실들은 유쾌하지 않다. 첫 번째 원칙의 필연적인 결과로 두 번째 중요한 원칙이 도출된다.

원칙 : 사실이 유쾌하지 않을 때 불편한 느낌 혹은 잘못된 행동을 불러일으키는 생각이 확인되고 대체되어야만 한다.

이러한 생각들은 당신이 직면한 상황을 더욱 악화시킨다. 예를 들면, 스스로에게 질병이 삶을 망친다고 말하거나 나쁜 인사고과 때문에 좋은 직장을 그만두어야 한다는 생각은 당신이 직면한 일을 다루는 데 분명 도움이 되지 않는다. 심지어 이 생각이 현실이라고 믿는다 할지라도 그것은 비생산적이며 대체되어야만 한다.

형이 '못 온다는 연락도 없이' 자신의 50번째 생일에 오지 않았을 때 루이스가 했던 생각에 '사고는 사실에 기초해야만 한다' 와 '사실을 기반으로 한 사고가 상황을 악화시켜서는 안 된다' 는 두 가지 원칙을 적용해 보자. 특히 루이스의 분노와 행동을 이해하기 위한 핵심 사고는 고딕체로 표기하였다.

루이스는 그의 형 파블로가 우편으로 초대장을 받았을 거라고 추측했다. 파블로가 참석하지 않자 루이스는 "형은 나한테 전화할 정도의 관심도 없군. 정말 너무해. 형 때문에 캘리포니아에서 온 부모님과 숙모를 위한 저녁을 모두 망쳤어. 절대 용서 못해."라고 생각했다.

루이스의 혼잣말이 첫 번째 원칙과 일치하는가? 좀 더 생각해보자. 루이스와 아내는 파블로가 초대장을 받았다고 확신했고 파블로가 불참한 이유에 대해 현실적이지 못했다. '형은 관심이 없어'의 사고는 분명히 왜곡된 것이다. 분명한 사실은 그저 형이 참석하지 않았다는 것뿐이다.

필연적인 결과 원칙 또한 적용된다. 불유쾌한 사실은 파블로가 참석하지 않아 루이스와 다른 사람들이 실망했다는 것이다. 그러나 나는 파티에 참석한 대부분의 사람들이 멋진 시간을 보냈다는 루이스의 아내의 말을 들었다. 그날 저녁을 모두 '망쳤다'는 루이스의 사고는 분명히 그의 분노에 추가된 과장이다. 더불어 파블로의 행동을 '용서 못한다'고 스스로에게 말한 것은 상황을 어렵게 만들었다. 이러한 사고는 관여된 모든 부분에 문제를 악화시킨다.

앞에서 제시된 원칙을 적용하자면 사고가 왜곡되어 도움이 되지 않는다는 것을 재빨리 파악할 수 있을 것이다. 다음은 두 가지 원칙에 위배되고 분노에 불을 붙이거나 잘못된 행동을 불러일으키는 인지왜곡의 특별한 예이다.

당신의 혼잣말은 어떤 인지왜곡에 해당하는가

당신은 자신의 혼잣말 속에 내재된 왜곡들을 분별할 수 있는가? 왜곡의 예를 읽고 최근에 일어난 분노 사건을 생각해보자. 이러한 모든 왜곡이 친숙하게 느껴지는가? 밑줄 친 왜곡의 핵심 문구에 특히 주목해보자. 당신의 혼잣말이 어떤 왜곡에 해당하는지 스스로에게 질문해봄으로써 판단해보자.

개인화

칭찬을 받거나 보상이 주어진 결과를 인정하는 것은 쉽다. 반대로 누군가가 당신에게 부정적인 행동을 하거나 말을 할 땐 화가 날 것이다. 그러나 부정적인 의도에 대한 당신의 추측은 때로 사실로 정당화되지 않기도 한다. 이러한 예가 익숙하게 들리는가?

우리는 모두 이 한 가지와 관련될 수 있다. 당신이 출근하기 위해 운전할 때 누군가가 당신의 차 앞으로 자동차를 바짝 대면 "고의로 끼어들다니 믿을 수 없어. 얼마나 배려심이 없으면."이라고 자동적으로 생각한다. 그 사람이 고의로 당신을 가로막았는가? 가능하겠지만 그의 행동은 당신과 아무런 관련이 없다. 다른 운전자들은 단지 직장에 가는 것뿐이고 생각 없이 차선을 바꿨을 가능성이 더 크다.

"이 부엌은 완전 난장판이구만. 애들이 하는 짓들은 내 삶을 끔찍하게해." 아이들이 정말로 엄마를 화나게 하려고 그랬을까 아니면 노는 데빠져 그들이 난장판으로 만든 것에 신경 쓰지 못한 것일까?

스스로에게 질문하라 : 다른 사람들이 당신에게 부정적이거나 심술궂은 의도를 갖고 있다고 생각할 때 당신의 가정을 뒷받침해줄 만한 사실적 진술이나 행동이 있는가? 당신과는 상관없는 다른 사람의 행동이 위협적일 이유가 없지 않은가? (그 사람은 산만했거나 배가 고팠거나 다른 사건으로 인해 화가 났을 수도 있다.) '약아빠진 이기심enlightened self-interest' 원칙이 적용된다. 다른 사람들은 자신의 욕구를 충족하는 데 집중하기 때문에 어떻게 하면 당신의 하루를 망칠지에 대한 음모를 꾸밀

분노를 유발하는 인지왜곡

개인화 : 사실적 증거 없이 다른 사람의 진술이나 행동이 당신에 관한 것이라고 믿는다. 이 경우 개인적으로 공격받았다고 느낄 수 있다.

재앙화 : 사실을 넘어 사건이나 사람의 행동으로부터 생긴 부정적인 영향력을 과대포장하거나 과장하여 상황을 '위험하게 받아들인다.'

추측 : 사실상 모든 가능한 결과를 공정하게 샅샅이 조사하지 않고 어떤 근거도 없이 상황이 나쁘게 변할 것이라고 예언한다.

흑백논리 : 상황이나 사물의 긍정적인 면과 부정적인 면 모두에 집중하지 않고 그것을 극단적으로 본다(예 : 성공/실패, 나쁜/좋은). 따라서 과잉일반화하여 생각하는 경향이 있다(예 : 항상, 결코, 무엇이든, 모두).

마음짐작 : 다른 사람이 어떻게 생각하고 느끼는지 혹은 사람들의 동기가 무엇인지를 확인하지 않고 안다고 가정한다.

낙인붙이기 : 다른 사람이나 상황을 묘사하기 위해 욕설이나 선동적인 표현들을 사용한다(예 : '짐승', '광대', '악몽').

여과하기 : 부정적인 관점에 모순되는 중성적이고 긍정적인 사건을 살펴보지 않고, 가장 화나고 위협적인 면에만 초점을 둔다.

한계점 : 인내할 수 있거나 참아야 하는 것에 임의적인 한계를 설정하여 다른 사람이 '선을 넘을 때'는 더 강하게 대하거나 벌을 주어야 정당하다고 느낀다.

부정적인 청사진 : 당신이 어떻게 행동할지, 어떻게 앙갚음할지 혹은 다른 사람을 어떻게 처벌할지를 스스로에게 지시한다.

시간이 없다(예 : 점심시간은 언제죠?). 그들의 이기심은 그들이 당신의 어려움에 대해 관심을 갖거나 주목하는 것을 능가할 것이다.

재앙화

당신은 균형을 잡지 않고 다음의 시나리오처럼 실제로 그럴법한 것을 넘어 사건의 부정적인 영향만 과장한다.

회의가 취소되자 존은 사무실로 돌아와 "막판에 회의가 취소되다니. 오늘 하루를 완전히 망쳤어."라는 생각으로 자신의 분노를 돋우었다.

"이건 내가 본 적이 없는 최악의 교통체증이야. 절대 제 시간에 병원에 도착할 수 없을 거야."

"스테파노는 오늘 운동장에서 최악이었어. 다시는 저런 아이를 초대하지 않을 거야."

스스로에게 질문하라 : 현재와 과거의 사실을 고려해볼 때 극단적이거나 비관적인 언어를 사용하여 부정적인 영향이 계획되었다고 과장하고 있지 않은가? 과거의 경험을 바탕으로 좀 더 가능성 있는 결과를 고려해보고 그것을 다루기 위한 문제 해결을 계획하자.

추측

당신은 사실적인 증거 없이 미래의 부정적인 결과를 추측하여 바로 화내거나 염려하기 시작한다. '자기 충족적 예언'과 같이 미래에 대한 부정적인 추측은 자기 패배적인 행동(특히 당신이 우려하는 부정적 결과를 자초하는 부정적인 분노의 형태)을 이끈다. 이와 같은 상황에 처한 당신을 볼 수 있는가?

메디슨의 사고는 내년의 승진 여부를 알기도 전에 분노에 불을 붙였다. "나는 그저 승진 여부가 발표됐을 때 겨우 살아남았다는 것만 알게 되겠지. 관리자들은 스톡옵션을 챙기고 우린 남은 것만 얻게 될 거야."

나단은 교통지옥의 한가운데에서 "우리는 이 엉망진창에서 결코 빠져나가지 못할 거야. 난 회의에 늦을 거고 사장은 엄청나게 화를 낼 거야."라고 추측했다.

스스로에게 질문하라 : 사실에 앞서 부정적인 일이 발생할 것이라고 추측했는가? 당신의 추측에 사실적 근거가 있는가? 사실 우리 중 누구도 앞으로 무슨 일이 일어날지 믿을 만한 추측을 할 수 있는 사람은 없다. 가장 불행할 결과에 집중하는 것은 불필요한 분노를 만들어낸다. 미래에 무슨 일이 일어나든지 우리는 결국 분노하고 화내게 될 것이다. 그 대신에 사실적으로 가능한 결과의 범위 안에서 고려하고 계획하자.

흑백논리

'결코/항상', '모두/아무것도', '선하고/악한' 처럼 2개의 반대 극 혹은 양극으로 생각한다. 그 순간 실제로 일어난 것에 초점을 두기보다 다른 사람의 행동이나 사건을 한 극 혹은 다른 극으로 고정시켜 특징짓는다.

> "이 모든 계획으로 인해 재앙이 왔고 완전히 실패했어. 제대로 되는 일이 아무것도 없어."

> 엄마는 딸이 완전히 통제불능이라고 생각한다. "캐시는 더 이상 내가 말하는 걸 절대로 하지 않아요."

> "오늘날의 공화당은 완전히 사악하다. 오직 민주당만이 순수하게 좋은 의도를 가지고 있다." 혹은 "민주당 전체는 단지 세금을 걷고 소비하고 그것만을 원한다!"와 같이 양극화된 정치가 어떻게 만들어지며 많은 유권자가 서로의 정당에 얼마나 화가 나는지에 대해 나는 당신에게 말할 필요가 없다.

스스로에게 질문하라 : 당신은 좀 더 가능성 있는 중간 지점의 근거를 고려하지 않고 모두 혹은 아무것도와 같이 극단적인 방식으로 상황이나 사람을 보는가? 즉각적으로 극단적인 생각을 하는 것은 모든 상황을 해결하기 어려운 것처럼 보이게 하고 통제감을 거의 느끼지 못하게 한다. 결과적으로 당신은 당황스럽고 두려워지며 이러한 느낌은 당신의 분노를 합리적으로 반응하기 어려운 수준까지 끌어올린다. 그 대신 당신이 있는 특정한 지점에서 실제로 일어난 일(예 : 오늘 계획이 제대로 진척되지 않았다, 캐시는 오늘 오후 평소보다 더 버릇없게 굴었다.)을 생각하라.

마음짐작

당신은 다른 사람이 무엇을 생각하고 느끼는지를 가정하거나 그들의 동기를 근거 없이 결정한다. 만약 다른 사람이 악의적인 동기를 갖고 있다고 가정한다면 당신은 방어적이거나 심지어 공격적으로 행동할 것이다. 다음의 예문이 익숙한가?

"그녀는 나를 미워하고 있고 내 일을 망치기 위해 뭐든지 할 거야. 회의 때 나에게 질문한 걸 보면 확신할 수 있지."

"우리의 결혼에 대해 맞서기보다는 자기 엄마의 비위를 맞추는 것이 더 중요하군."

"홀리는 논쟁하기가 취미야! 그저 트집을 잡으려고만 하지."

스스로에게 질문하라 : 당신은 자신이 다른 사람의 생각, 감정, 욕구를 그들에게 물어보지 않고도 안다고 짐작하는가? 마음짐작의 가장 해로운 측면은 부정확할 수 있는 짐작이 당신의 분노와 행동을 이끈다는 것이다. 당신의 짐작이 얼마나 이성적인지 고려해보고 만약 그것이 합리적이고 중요한 것처럼 보인다면 다른 사람과 함께 검토해보자.

낙인붙이기

비판적인 낙인(어리석은, 바보 같은, 가망 없는)으로 자기 자신을 공격하는 것은 당신의 좌절감을 증가시킬 뿐이며 문제를 규명하는 데 필요한 에너지와 자신감을 빼앗을 것이다. 욕하기, 악담하기, 다른 사람을 깔아뭉개기는 당신의 분노에 불을 붙이고 나중에 후회할 언어적 모욕 단계에 이르게 할 것이다. 다른 사람을 비인간적으로 만드는 부정적인 낙인은 자주 공격성을 앞세운다. 당신과 맞지 않는 사람을 실수할 수 있는 사람이라기보다는 얼간이, 멍청이, 괴물로 생각하는 것은 누군가에게 상처를 주기가 쉽다.

또 낙인은 당신의 분노에 불을 붙이고 분노를 참기 어렵게 만드는 상황에 처하게 한다. 예를 들면, 공항에서의 지연을 '반복되는 악몽'으로 생각하는 것은 정말로 어려운 상황에 대한 당신의 감정을 반영할 수도 있지만, 감정적으로 부과된 낙인은 상황을 필요 이상으로 악화시킨다.

> 에릭의 혼잣말은 온통 '멍청이' 이자 '얼간이' 인 운전기사에 대한 모욕과 경멸로 가득 차 있다. 문제는 에릭의 생각이 종종 음성으로 전환된다는 것이며 나중에는 그가 저주와 욕설을 뿜어내기 시작하는 것을 아내와 아이들이 목격한다는 것이다.
>
> 레이시는 자신의 사무실을 '정신병원' 으로, 자신의 아파트를 '지옥' 으로, 자신의 네 자매를 '마녀 집회' 라고 불렀다. 그녀는 친구들에게 이야기할 때 유머로 이러한 낙인을 사용하기 시작했지만 나중에 그녀의 유머가 구석구석 퍼져나가자 그녀는 그 장소와 거기에 사는 사람들을 원망하기 시작했다.

스스로에게 질문하라 : 당신은 다른 사람이나 상황을 생각하면서 저주하거나 욕을 하거나 거친 낙인붙이기를 사용하는가? 다른 사람 앞에서 이러한 말을 얼마나 자주 사용하는가? 그 사람에게 낙인을 붙이지 말고 (찰리는 얼간이야. 그 애 방은 완전 엉망진창이야!) 행동에 초점을 두어라 (찰리가 장난감을 치우지 않고 그대로 두니 화가 나).

여과하기

긍정적이고 부정적인 것뿐 아니라 중립적인 상황에서도 당신은 부정적인 관점으로 믿는 정보만 걸러내고 가장 화가 나는 상황에 초점을 맞춘다. 사람들이 행동하는 방식을 생각해보았는가?

> 마라는 자신의 보고서에 대한 동료들의 비판을 곰곰이 생각하자 몹시 화가 났다. 그녀는 사람들이 예전에 주었던 다른 긍정적인 피드백은 생각에서 제외시켰다.
>
> 리브는 사무실에 도착하기 전까지 아내와 벌였던 언쟁에 계속 집중했다. "아내는 정말 고약하군." 그는 화가 난 상태였기 때문에 사무실 동료들에게 냉담하게 거리를 두었다. 그는 아내가 몸이 아파서 잠을 자지 못했으며 평소와는 다르다는 것을 고려하지 못했다.

스스로에게 질문하라 : 그날 관찰한 중립적 혹은 긍정적인 사건보다 화나는 사건에 좀 더 쉽게 초점을 두는 자신을 발견했는가? 당신은 밝은 희망보다는 반대편의 '구름' 만 쳐다보는가? 컵에 물이 절반이나 있다기보다는 절반밖에 없다고 보는가? 그보다 큰 그림을 보자. 당신이 싫어하거나 기대하지 않는 것 너머로 사람이나 상황에 관한 덜 위협적인 사실이 있는가? 이것이 '5S' 중 하나에 의해 유발된 전형적이거나 일반적인 행동인가? 그래서 재빨리 용서할 만한가?

한계점

당신은 문제를 해결하는 데 어느 정도까지 기꺼이 할 수 있는지 혹은 얼마나 견딜 것인지에 관한 범위를 당신 마음대로 정해둔다. 당신은 다음 예문의 사람들처럼 다른 사람들이나 상황이 당신이 정한 한계를 넘을 때 화내는 것이 당연하다고 느낀다.

제이크는 "이번엔 절대 참지 않을 거야."라고 말했다. "다른 사람들의 비판을 참을 수 없어. 한 번만 더 모욕을 준다면 나는 아마 미쳐버릴 거야."

"나는 이걸 해결하기 위해 할 수 있는 건 모두 다 했어." 세이코는 단호하게 말했다. "이제 그녀가 노력하기에 달려있어."

스스로에게 질문하라 : 당신의 개인적인 강점과 과거의 대처 능력을 다른 사람이 알아주지 못했을 때 '참아야 하거나', '견뎌야' 하는 범위를 당신 혼자 정하는가? 당신은 분명히 실망이나 상실과 같은 최악의 상황에서도 성공적으로 대처해오지 않았는가? 한계점의 가장 큰 문제는 다른 사람의 말과 행동이나 어쩔 수 없는 상황(교통이나 날씨와 같은)에 부딪혔을 때 당신을 무기력하게 만든다는 점이다. 당신의 한계에 벗어났다고 해서 스스로 그렇게 많은 분노를 만들어낼 필요가 있을까?

부정적인 청사진

분노의 부정적인 측면으로 행동하는 많은 사람들은 앞으로 몇 시간 혹은 심지어 며칠간 그들이 할 것을 생각한다. 빌딩을 쌓기 위한 계획처럼 부정적인 청사진 사고는 생생하고 세세한 부분의 행동까지 묘사한다.

"나는 그가 아빠로서 얼마나 끔찍했는지를 가족 앞에서 내가 생각한대로 막 말할 거야. 내가 말한 걸 들으면 아빠는 완전히 굴욕감을 느끼겠지. 그는 당해도 싸."

"그녀가 집에 와서 싹싹빌며 사과한다 하더라도 나는 그녀와 한 마디도 하지 않을 거야."

스스로에게 질문하라 : 당신은 분노를 유발시킨 다른 사람들에게 상처를 주거나 심지어 괴롭히기 위해 상세히 계획을 세우는 자신을 발견하는가? 계획대로 일을 저지르고 난 다음 날 그 사람과의 문제가 해결되었는지 혹은 악화되었는지 꼼꼼히 살펴보라. 만약 당신이 부정적인 '부정적인 청사진'으로 계획했던 것을 행동으로 옮긴다면 가능한 결과는 무엇인가?

심상

우리는 제5장에서 긴장을 이완시키기 위해 심상기법을 어떻게 사용하는지를 보았고 거기에서 학습한 것처럼 심상은 강력한 기능을 한다. 그러나 심상은 분노나 도움이 되지 않는 행동에도 마찬가지로 영향을 줄 수 있다. 분노를 유발할 가능성이 있는 심상은 과거, 현재, 미래에 초점을 둘 수 있다.

과거 사건을 재창조하기

분개는 화가 난 후에도 오랫동안 지속되어 온 일종의 지속되는 만성적인 분노이다. 당신은 몇 달 혹은 심지어 몇 년 후에도 당신이 경험했던 신체적 감각과 들었던 말에 '귀 기울이며' 화가 났던 상황을 계속 떠올릴지도 모른다. 만약 당신이 가장 위협적인 장면에만 선택적으로 집중한다면 당신의 분노는 원래의 강도보다 더 크게 눈덩이처럼 불어날 것이다.

웬디는 아직도 3년 전에 있었던 여동생의 결혼식 때문에 화가 나 있다. 그녀는 신부 들러리로 초대받지 못했기 때문에 결혼식을 생생하게 떠올릴 때마다 더더욱 화가 났다. 그녀는 분개하며 동생과 한마디도 하지 않겠다고 굳게 다짐했다.

스스로에게 질문하라 : 마음속으로 과거의 불만을 생생하게 반복하고 있는 자신을 발견하는가? 화가 난 장면이 펼쳐져서 당신의 기분과 긴장 수준에 영향을 미치고 있는가? 그렇게 하는 대신 화가 났던 사건을 다시 떠올리는 목적이 무엇인지 스스로에게 질문해보자. 당신은 분노를 해결하는가 아니면 오히려 부채질하는가? 만약 이것을 해결하고 싶다면 심상에서 빠져나와 새로운 해결책에 대해 깊이 생각해보고 당신이 그것을 어떻게 느끼는지를 보기 위해 심상 안에서 각각을 살펴보자. 제11장은 분개를 분별하고 해결하기 위한 구체적인 아이디어를 제공해줄 것이다.

현재의 심상

분노 유발요인이 발생했을 때(몇 분 혹은 몇 시간 전에) 당신은 받아들일 수 없는 것을 상상하고, 그 상황을 해결하기 위한 침착한 반응이 필요한 순간에 다시 분노를 일으킬지도 모른다. 분노를 터뜨리게 하는 심상은 당신을 또다시 자극시키는 혼잣말과 함께 시작된다.

네지의 상사는 그에게 '불공평한' 연간 보고서를 떠맡겼다. 네지는 자리로 돌아와 일을 다시 시작하려고 했으나 상사의 '의기양양한' 표정과

'판단하는 말투'가 떠올랐고 점점 열받기 시작했다. 갑자기 그는 상사의 사무실로 뛰어들어가 이성을 잃어버린 자신을 발견했다. 비서가 들어왔고 네지에게 건물에서 나가라고 했다. 그의 문제는 지금 현실에 영향을 끼치는 정신적인 심상 때문에 더욱 악화되었다.

스스로에게 질문하라 : 분노를 유발하는 상황과 직면했을 때 혹시 가장 화가 나는 부분에 초점을 맞추어서 심상을 그저 되새기고 있는 것은 아닌가? 당신의 긴장을 이완시키는 데 도움이 되는 것은 무엇이며 이러한 상황을 통해 생각해볼 수 있는 것은 무엇인가? (제5장에 제시된 것처럼 긴장을 이완시키는 장면 혹은 당신이 과거에 이러한 상황에 성공적으로 대처했던 방식)

미래를 추측하기

심상은 아직 발생하지 않은 자극에 초점을 둘 수도 있다. 당신이 (누군가가 당신을 이용하는 것과 같은) 위협적인 미래의 결과를 생생하게 상상할 때 뇌는 즉각적으로 분노를 부채질하고 당신이 실제로 다른 사람이나 상황에 어떻게 반응할지에 영향을 준다(당신은 아직 발생하지 않은 문제를 만들어내고 그 상황을 상상하면서 미리 화를 낸다).

콜린은 수용되는 느낌을 받지 못했기 때문에 아내의 가족 모임에 가는 것이 두려웠다. 장인이 자신을 무시하는 것을 상상하자 그는 화가 났고 '누구에게도 무시당하지 않겠다'고 결심했다. 모임 장소에 도착하자마자 그는 방어적인 태도를 취하고 화를 냈으며 만나는 사람들에게 거리를 두었다. 그의 심상은 결국 그가 갖게 될 '불쾌한 시간'의 장을 마련해주었다.

스스로에게 질문하라 : 실제로 상황이 일어나기 전에 잘못되거나 위협적일 수 있는 심상에만 집중하고 있는 자신을 발견하는가? 마음속에서 그려낸 분노를 일으키는 심상을 뒷받침할 만한 어떤 근거가 있는가? 시간을 훨씬 더 유익하게 활용하고 문제를 해결하는 새로운 행동을 떠올려보자.

심상은 당신이 분노를 일으키기 위해 무엇을 말하고 행동할지에 초점을 맞출 수도 있지만 그것을 해결할 수도 있다.

분노 행동을 상상하기

'부정적인 청사진'과 유사하게 행동 반응을 상상하는 것은 당신이 결국 할 것을 안내하는 '인지적 지도'를 만들어낸다.

샨탈은 남편이 가족과의 저녁식사에 '또' 늦었으며 전화조차 하지 않은 것에 대해 몹시 화가 났다. 분노가 치솟자 그녀는 남편을 노려보며 그와 말하기를 거부하고 사과를 받아주지 않는 장면을 상상했다. 그가 도착하자 그녀는 상상했던 것을 행동으로 옮기는 자신을 발견했으며 며칠 간 서로 한마디도 하지 않았다.

스스로에게 질문하라 : 화가 날 때 강렬한 감정을 어떻게 표현할지 상상해보았는가? 만약 그렇다면 당신의 상상은 긍정적인 대처인가 아니면 분노를 악화시키는 부정적인 표현으로 이끄는가? 또 마음속으로 만든 각본으로 인해 벌어질 현실적인 결과를 상상해보았는가? 이것은 돌이킬 수 없는 위험한 행동 없이 가능한 갈등 해결 방식을 상상으로 '시도해보는' 기회를 제공한다.

다시 쓸 시간

분노를 일으키며 잘못된 방향으로 이끄는 사고에 익숙해진 지금, 분노가
발생하는 초기 신호를 알아차렸을 때의 혼잣말과 심상에 집중하자. 당신
의 사고가 문제를 일으키는지 혹은 문제를 해결하는 데 도움이 되는지를
평가하기 위한 가이드로서 이전 페이지를 살펴보자.

당신이 가지고 있는 사고의 '각본'은 강력한 모델에 노출되었던 아동
기와 삶의 변화를 경험한 인생 전반을 통해 작성된 것이다. 그러나 당신
은 그것을 변화시킬 수 있다. 극작가가 대사를 편집하듯이 당신은 당신의
내적대화의 편집자가 되어 비이성적인 혼잣말에 도전하고 도움이 되지
않는 분노를 유발시키는 심상을 바꿀 수 있다.

제7장은 분노 유발 사고에 반박하고 그것을 대체할 새로운 혼잣말을
만드는 편집 도구를 제공할 것이다. 당신은 분노 경험의 새로운 목표를
달성하기 위해 심상의 힘을 적용하는 방식을 배울 것이다. 그래서 다음
장으로 넘어갔을 땐 자신만의 새로운 '각본'을 쓰고 창조적인 에너지를
얻게 될 것이다.

07

각본 다시 쓰기
새로운 해결을 위한 새로운 사고

닉 : 분명해요. 전 이제 젠이 날 미치게 하려고 늑장부린 게 아니라는 걸 알았어요. 이런 생각을 해야 할 때가 언제인지 스스로 찾아낼 수 있고 엄청나게 화내기 전에 스스로 멈출 수도 있어요. 하지만 우리가 어딘가를 가려고 할 때 제가 기대한 대로 젠이 준비하지 못하면 또다시 이 사이클이 반복되죠. 습관처럼 큰 싸움을 벌이지는 않지만 젠도 저도 찜찜하긴 해요.

포레스트 : 우리 회사는 직원에게 관심이 없는 것처럼 보입니다. 직원들을 해고 했지만 아무도 이에 대해 말하지 않고 그들은 그냥 일하러 오지 않았어요. 저도 어쩔 수 없이 다른 곳에 이력서를 넣어야 하는데 직장을 구하지 못하면 어쩌죠? 저는 연봉이 줄어들 거라는 걸 알아요. 월세도 못내면 어쩌죠? 그들은 어떤 손해도 입지 않아요. 확실해요! 정말 회사에 화가 나고 컴퓨터 기술을 좀 더 갖지 못한 제 자신에게도 화가 나요. 제 스스로 저를 비참하게 만들고 있다는 걸 알아요. 하지만 어떻게 떨쳐버려야 할지 모르겠어요.

에이단 : 로리는 자기 엄마와 저의 관계를 망가뜨리기 위해 갖은 힘을 다 써요. 로리는 자기 자신에게만 관심이 있는 것처럼 보이고 제 아내 게리는 그냥 내버려두죠. 만약 아내가 우리의 새로운 결혼생활에 진정으로 관심을 갖고 자기 아들

을 아기 취급하지 않는다면, 우리 관계는 잘될 수도 있어요. 저는 로리에 대해 논쟁할 때 아내만큼 지나치게 반응하지는 않지요. 아내가 저보다 로리의 비위를 맞추는 데 더 많은 관심을 쏟는다고 생각해요! 그 애는 완전히 통제불능이라구요!!

분노를 일으키는 왜곡된 사고와 비현실적인 기대를 확인한 후, 잘못된 방향으로 돌려진 배의 키를 바로잡아야 한다는 것을 아는 것과 실제로 행로를 바꾸는 것이 아주 다른 것임을 깨닫는 데는 오래 걸리지 않을 것이다. 포레스트의 '추측'과 '재앙화'는 그를 분노의 상태에 고정시켰고 그가 자신의 두려움을 떨쳐낼 수 없을 때 아내와 논쟁하게 했다. 에이단은 아내 게리와 아들 로리의 생각, 동기, 감정을 알기 위해 자신이 '마음짐작'한다는 것을 알아차렸다. 그들은 각자의 인지왜곡이 어떻게 그들의 스트레스와 분노를 악화시킬 수 있는지에 대해 배웠다. 그렇다고 해서 내일부터 절대로 '마음짐작'이나 '추측'에 빠지지 않는다는 것은 아니다. 당신은 누군가에 대한 '낙인붙이기'를 멈추라고 스스로에게 말할 수는 있지만, 당신의 주변을 맴도는 그 사람의 모습을 완전히 지워내기는 어려울 것이다. 당신은 분노를 터뜨린 후 왜곡된 사고를 분별해낼 수 있지만, 완전히 뿌리 뽑힌 줄 알았던 왜곡된 사고가 새롭게 왜곡된 다른 사고로 재빨리 대체된다면 당신의 평온에 밑거름이 되는 잠재적인 사고나 기대를 분별할 수 없게 된다. 당신은 친지들이나 오랜 친구들로부터 공격받을 때 느끼는 분노를 간신히 피할 수는 있겠지만 과거의 잘못과 허물을 넘어서는 분개함을 벗어나기는 어려울 것이다.

분노를 일으키는 왜곡된 사고와 비현실적인 기대를 바꾸는 것이 쉽다고 말한다면 그것은 사실을 왜곡하는 것이다. 마음은 무한히 복잡한 사고

패턴이 가능한 복합기관이다. 어떤 상황에서 어떤 방식으로 어떤 사람에게 분노를 터뜨릴지 추측하는 것은 단순한 문제가 아니다. 여러 번 반복된 왜곡된 사고는 습관처럼 '자동화' 되기 때문에 이러한 작업은 쉽지 않다. 왜곡된 사고의 해로움을 인식했음에도 불구하고 비생산적인 심상이나 혼잣말이 튀어나올 땐 당황하지 말자.

다행히도 인지행동 상담가들은 분노를 가속화시키는 심상과 혼잣말을 구분했고 이를 대체할 수 있는 효과적인 방법을 고안했다. 그러나 이러한 방법은 책임과 인내를 요구한다. 오래된 습관의 자리에 새로운 사고와 심상을 심기 위해서는 시간을 두고 반복적으로 연습하는 것과 분노를 일으키는 모든 기대와 혼잣말을 집요하게 파헤치는 노력이 필요하다. 결과를 빠르게 달성하지 못하더라도 포기하지 말자. 오래된 사고 습관을 완전히 없애버리기는 쉽지 않겠지만 그것은 정복될 수 있다. 당신은 틀림없이 빠르고 긍정적인 변화를 보게 될 것이다. 이 장의 마지막 부분의 연습에 도움이 되는 팁을 제시하였다.

각본을 다시 쓰기 위한 두 가지 접근 방법이 있다. 먼저 분노가 일어날 때마다 과거의 왜곡된 사고를 멈추고 합리적인 새로운 사고를 채우기 위한 실용적인 방법이 필요하다. 이 방법을 활용하여 연습하면 오래된 사고는 구석으로 밀려나고 새롭고 긍정적인 자동적 사고로 대체될 것이다. 둘째, 분노를 일으키는 상황을 정리하고 각본에서 무엇이 일어날지를 재구성한다. 이것은 다음번에 분노가 일어날 수도 있는 상황에 대비할 수 있도록 새로운 심리적 기반을 만들고 실수로부터 배울 수 있도록 돕는다. 이러한 기반은 새로운 혼잣말과 유사한 상황에 직면했을 때 당신이 이것을 기억해내도록 재구성하고 연습하게 하는 심상을 만들 수 있게 한다.

각각의 목표는 다른 목표에도 도움이 된다. 새로운 사고를 학습하고 연습함으로써 스스로 과거의 습관을 새로운 사고로 대체할 수 있다. 당신은 점차 화를 덜 내게 될 것이고 화가 나더라도 잘 조절하게 될 것이다.

당신은 인지행동적 방법을 통해 자신도 모르게 배워온 부정적 메시지를 고치기 위한 강력한 힘을 사용하게 된다. 분노 너머 우리가 가지고 있는 지적인 힘을 상기시키기 위해 당신의 사고에 도전하는 행동을 '반증'이라고 부를 것이다. 논쟁할 때 한쪽(새로운 사고를 하는 당신)은 다른 쪽(오래된 자동적인 사고를 하는 당신)과 논쟁의 타당성을 반박한다. 또한 어느 쪽이 이기는가는 합리적인 사고라는 확실하고 단순한 원칙을 바탕으로 결정된다. 논쟁의 결과에 따라 그러한 원칙을 위반하는 혼잣말과 심상을 버리고 당신이 연습하게 될 새롭고 합리적인 혼잣말과 심상을 만들게 될 것이다.

새로운 내적 대화 학습하기 : 비생산적인 혼잣말을 생산적인 혼잣말로 대체하기

만약 우리가 조언만으로 '좀 더 이성적'이 될 수 있다면 세상은 아마도 아주 평온한 곳이 될 것이다. 그러나 감정적인 분노는 판단력을 흐리게 하고 화가 났을 때 바르게 생각하는 것을 어렵게 한다. 이것이 우리가 다음의 4단계 과정을 제안하는 이유이며 지금 당장 혹은 나중에 연습할 때도 효율적인 반증을 지속적으로 만들게끔 이끌 것이다. 궁극적인 목표는 도움이 되지 않는 사고를 멈춰 유용하며 합리적인 사고로 대체하는 것이고, STOP 방법이 이러한 과정을 상기시켜 줄 것이다.

STOP 방법

1단계. 멈춰라!Stop

제4장과 제5장에서 보았듯이 분노가 가득하면 명확하게 사고할 수 없으므로, 분노를 멈춰야 충분히 생각할 수 있게 된다. 분노 사고의 반증에서 첫 번째 단계는 치솟는 분노를 멈추는 것이다. 먼저 분노에서 벗어나게 하는 강력한 내면 대화를 사용하여 분노를 식히기 위해 스스로에게 "멈춰!" 혹은 "긴장을 풀자."라고 말한다. 연습함으로써 내적 정지 신호는 분노의 개입과 분노의 사고를 멈추게 하고 점점 더 효과적으로 될 것이다. 때로는 심상도 당신의 분노 사고를 멈추게 할 수도 있다(예 : 강력하게 '멈춰!'라고 말하면서 권위적인 인물의 목소리나 밝고 빨간 정지 신호를 떠올려보는 것처럼 정지와 관련된 심상을 보거나 듣는다).

그다음 가능하다면 의자에 앉아 등을 기대고 깊게 심호흡하며 점진적으로 이완시키고 자연스럽게 표현되도록 하거나 당신을 차분하게 하기 위한 작업을 한다.

만약 사람과 직접 혹은 전화로 격렬한 논쟁을 하는 중이라면 내적 정지 신호만으로는 충분하지 않다. 이때 당신은 제4장에서 공부한 것처럼 분노 수준이 50이나 그 이상에 도달했을 때 쓰는 '타임아웃'이 필요할 것이다. "지금 이 느낌은 엄청 강렬해요. 저는 생각할 시간이 필요해요."라고 말하거나 당신의 생각을 이성적으로 말할 수 있을 때까지 시간을 잠깐 확보하기 위해 양해(예 : '물을 좀 마시고 싶어요'라고 말하거나 잠깐 화장실을 다녀오기)를 구할 수도 있다.

2단계. 생각하라Think

"멈춰!"라고 말하고 나면 최소한 숨 돌릴 만한 여유를 갖게 된다. 이 순간 분노를 일으키는 상황을 살펴보기 위해 몇 가지를 생각해보자. 분노는 항상 불공평하거나 기분이 상하거나 충족되지 않은 기대, 얼마나 화가 났는지 혹은 어떻게 반응하는지에 초점 맞춰진 혼잣말에서 비롯되므로 분노를 일으키는 사고를 덮어두어서는 안 된다. 이 장의 도입부에 제시된 예에서 닉은 젠에 대해 "그녀는 나를 미치게 만들어!" 혹은 "친구들은 또 우리가 늦었다고 핀잔 줄 게 뻔해."라고 생각했다. 또 포레스트는 그가 해고될지도 모른다고 추측하고 "나는 집과 내가 쌓아온 모든 것을 잃을 거야."라고 생각했다.

에이단은 "그 애는 내가 자지 못하게 하려고 늦게 들어와요." 혹은 "단지 나를 짜증나게 하려고 숙제를 미뤄요."라고 하며 그의 의붓아들의 행동을 '개인화' 한다. 때때로 분노 자극을 중단시킨 후에 표면적인 사고를 보면 비이성적이거나 부적절하며, 제대로 들여다보면 그것이 얼마나 우스꽝스러운지 알게 될 것이다. 그러나 모든 자동적 사고가 항상 비합리적인 것은 아니다. 다음의 세 가지 질문과 함께 제6장에서 논의된 '원칙' 과 인지왜곡의 사례를 비교하여 각각의 사고에 도전해보자. 다음 질문은 즉각적으로 당신의 사고를 평가하는 데 사용되기 때문에 기억해둘 만한 가치가 있다. 밑줄이 그어진 핵심 단어를 기억하자.

- <u>관찰 가능한 사실</u>에 기초하였는가? (예 : 나의 주장을 뒷받침할 만한 사실적 증거가 현재 혹은 과거에 있는가?)
- 마음을 진정시키고 내가 직면한 문제를 해결하기 위한 <u>좋은 아이디어를 나에게 주었는가?</u>
- (제6장의 목록) <u>인지왜곡은 없었는가?</u> 이 목록들을 몇 번씩 반복하여 읽음으로써 왜곡된 사고가 튀어나올 때마다 곧바로 왜곡을 알아

차릴 수 있다(예 : 저것은 '개인화' 혹은 '마음짐작'이야. 난 이걸 바꿔야 해).

만약 당신이 세 가지 질문 중 어느 것에서도 대답할 수 없다면 당신의 사고는 상황을 악화시키므로 강력하게 제거해야만 한다(예 : '저건 최악의 경우야. 정말 말도 안 돼!' 혹은 '이건 상황을 악화시킬 뿐이야. 내려놓자!').

3단계. 객관화하라Objectify

시험을 망쳤던 생각을 떨쳐버린 지금 당신은 새로운 것으로 그 자리를 채울 필요가 있다. 새로운 사고는 현재의 상황이나 사람에 대한 객관적인 사실에 근거를 두어야만 한다. 제6장을 되짚어보면 사실은 보이거나 들리거나 다른 감각으로 경험되는 행동과 사건을 포함한다. 다음의 내용이 도움이 될 것이다.

- 과거의 행동을 바탕으로 사람이나 상황에 대한 **현실적인 기대**에 초점을 맞춰라(예 : '물론 그녀가 늦었지. 사실 그녀는 자주 늦어. 내가 그걸 바꿀 수는 없지' 혹은 '그래서 새로운 게 뭐지? 그는 항상 끝까지 말하려는 것처럼 보여. 나는 그가 마지막까지 말하도록 두겠어').
- 현재 맥락에서 불편한 상황과 과거의 실제 사건을 좀 더 수용할 수 있을 만한 것으로 두자. 예를 들면, 그 사람이 한 다른 행동을 보거나 좀 더 긍정적으로 말해보자(예 : '평소에 그녀는 많은 도움이 되지' 혹은 '그가 늦긴 하지만 적어도 그와 함께 일하는 건 즐거워'). 마찬가지로 과거의 사실에 비추어 **스트레스적인 상황도 재평가하라**(예 : 비행기

를 열 번 타는 동안 가방을 잃어버리기는 이번이 처음이야).

- 다른 사람의 행동을 이해하는 데 도움이 되는 덜 위협적인 사실을 고려하라(예 : '빌은 아들이 아픈 후로 엄청난 스트레스를 받았지' 혹은 '그녀는 신입이니깐 지금은 이해해줘야지')
- 상실을 경험했을 때 어떻게 잘 이겨냈는지 혹은 급박한 상황에서 어떻게 침착했는지와 같이 상황을 대처하는 데 도움이 되는 자신의 강점을 살펴보자(예 : 작년에 해고당한 것에 비하면 이건 아무것도 아니야. 난 잘할 수 있어).

당신은 상황을 좀 더 긍정적이고 이성적인 관점으로 보는 창의력에 한계가 있었을 뿐이다. 상황을 다시 생각하자마자 분노의 기분이 사라질 것이다.

4단계. 계획하라Plan

사고를 변화시키는 것은 감정을 관리하는 데 분명 도움이 되지만, 완전하게 다시 기록된 분노 처리 각본에는 앞으로 이와 유사한 분노 상황을 다룰 수 있도록 혼잣말을 포함시켜야 한다. 무엇으로 부당함, 불공평함 혹은 다른 문제와 마주쳤을 때의 분노(또는 부적절한 분노 표현)를 대신할 수 있을까? 당신이 다른 사람에게 기대하는 점을 당신의 혼잣말로 계획해서는 안 된다. 저녁식사 약속을 할 때마다 늦는 배우자에게 노발대발하는 것은 적절하지 않지만 그 행동이 당신을 불편하게 한다는 사실에 관한 것은 어떨까? 남동생을 향한 모든 친척들의 편애로 당신이 흥분하는 것은 더 이상 의미가 없지만 수년간 둘 사이에 존재해온 균열을 어떻게 메우겠는가? 통제되지 않는 당신의 분노 과정으로부터 다른 결과를 얻기 위해서는 다르게 행동해야만 하며 어떻게 해야 하는지가 제8장의 주제이다.

자, 이제 좋은 계획은 **구체적**이며 당신이 해야 할 **행동**을 명시하고 있다는 점을 기억하자(예 : '내일 회의가 끝나자마자 그 프로젝트의 문제를 해결할 거야'에 비하면 '내 태도를 바꿀 거야'는 애매모호하다). 계획은 **당신의 통제하**에 있으며(예 : 당신의 계획이 다른 사람이 어떻게 하느냐에 달려있다면 그 계획은 수정하라.), **결과를 측정할 수 있어야**(예 : 아이들에게 소리 지르지 않고 오후를 무사히 보낸다.) 한다.

계획을 함으로써 통제에 대한 감각이 증가하며 잠재적으로 발생할 수 있는 분노도 실제로 줄어들 것이다. 이러한 장점을 증대시키기 위해 당신의 구체적인 목표를 달성하게 하는 생산적인 혼잣말을 사용하자.

- 포레스트는 그가 해고당할 수도 있는 현실적인 가능성에 대해 준비하고 계획을 세우는 작업을 했다. 그는 가능한 최악의 모든 결과를 상상하기보다 열려있는 다른 가능성을 찾기 위해 그가 연락할 수 있는 친구, 과거 동료들, 슈퍼바이저 등의 네트워킹을 통한 아이디어를 기록하기로 결정했다. 사실에 기반을 두고 그의 노트에 유용한 생각을 기록함으로써 그는 좀 더 조절되고 있음을 느꼈다. 그는 암담한 상황에 대한 부정적인 추측으로 스스로를 비참하게 만드는 대신, 원치 않게 직장을 잃을 경우 그가 해야 하는 것에 대해 계획을 세웠다.
- 에이단은 아들 로리와 어떻게 해야 할지를 결정하기 전에 아내와 함께 훈육법에 대해 의논하기로 계획을 세웠다. 그는 훈육법에 앞서 게리에게 방식을 선택하게 했고 그로 인해 결정을 하는 데 좀 더 집중하게 되었다. 에이단과 게리의 갈등이 줄어들자 로리와는 화해하게 되었다.

STOP 방법은 제4장의 분노 척도에서 배운 것처럼 분노 자극이 '41~60' 임을 알았을 때 바로 사용할 수 있다(예: 어깨가 딱딱하게 굳어지기 시작할 때, 얼굴이 뜨거워질 때). 이것을 사용하는 방식을 도식화한 에이단의 STOP 방법을 살펴보자.

STOP 방법은 즉각적으로 문제를 해결할 수 있고 분노 자극에서 벗어나게 하지만 잠재적인 문제를 해결하기에는 충분하지 않으며, 이것이 미래의 계획이나 혼잣말을 암시하는 것은 아니다. 사건이 발생한 뒤 시간을 두고 분노 조절을 반영하는 과정에 대한 통찰이 필요하다.

기록된 반증들 : 미래를 위한 연습

화가 났을 때는 자신의 사고를 철저히 살펴보기가 어렵다. 그러나 이후에라도 발생한 것을 기록함으로써 분노 유발요인에서부터 행동까지를 모두 검토할 수 있다. 그리고 나서 분노를 일으키는 상황에 직면했을 때 실행할 수 있는 새롭고 합리적인 사고와 행동을 만들 수 있게 된다. 이와 같이 기록하는 것은 분노의 역동을 드러내고 갈등을 다루는 데 좋은 방법이지만 STOP 방법을 사용하는 것만으로는 동일한 원인으로 반복되는 분노를 없애거나 줄이기가 쉽지 않다.

화날 때마다 일어나는 모든 일을 기록하는 것이 부담스러워 보인다면, 그것이 분노의 원인을 밝힐 뿐 아니라 당신의 분노 행동을 새롭고 긍정적인 습관으로 바꾸게 하는 연습이라고 이해하자. 당신은 분노가 발생했을 때에 대한 예행연습을 하고 비난받았을 때 빠르게 새로운 사고를 떠올릴 수 있도록 미리 분노 사건을 기록하는 연습을 할 것이다. 결국 완벽한 변화를 위해 책만 읽거나 더 열심히 하겠다고 결심만 하는 것은 아무 소용이 없다. 당신은 특정한 새로운 접근 방식을 공부해야 하며 그것을 연습

당신의 분노를 관리하기 위한 STOP 방법 : 에이단의 예

멈춰라

▶ 큰 내적 음성으로 "그만, 지금 당장!"이라고 말하라. 밝고 빨간 색깔의 멈춤 표시나 당신을 멈추게 할 수 있는 누군가를 떠올려라.

▶ 깊은 호흡을 하고 가능하다면 등을 기대고 앉아 어깨와 팔을 편안히 하라.

▶ 상대방이 큰소리를 낸다면 당신은 부드러워져라. 당신은 통제 안에 있다.

▶ 당신의 화를 '50' 이하로 감소시킬 수 없다면 정지 신호를 사용하라(적어도 20분간 자리를 떠나라).

생각하라

▶ 어떤 혼잣말이 지금 가장 화를 돋우게 될까? *로리는 나를 좋아하지 않고 게리와 나의 관계를 약화시키기 위해 무엇이든 할 거야.*

▶ 세 가지 질문에 대한 대답

　―그것이 사실인가? *아니다. 나는 아이의 머리에 있는 것은 아무것도 알 수 없다. 그는 내가 떠나길 바란다는 말을 한 적이 없다.*

　―그것이 당신을 진정시키는가? *전혀 아니다. 나는 로리와 그를 내버려두는 아내에게 더욱 격노하게 된다.*

　―당신이 원하는 것을 얻는 데 좋은 생각을 주는가? *아니다. 이것은 내가 그를 싫어하게 만들 뿐이다.*

▶ 만약 당신이 세 가지 질문 중 하나 혹은 둘 이상이 아니라고 대답한다면 당신의 생각에는 문제가 있으며 그것을 바꾸어야만 한다.

객관화하라

▶ 당신에게 영향을 미칠 수 있는 사실들에 대해 생각하라. 시험 삼아 해보거나 직접 해보자.

　―*로리는 나를 통제할 수 없어. 오직 내가 할 수 있지. 나는 그가 더 이상 나에게 영향력을 행사하도록 두지 않을 거야.*

　―*기다리자. 지금 바로 멈추자. 그로 하여금 나를 괴롭히게 한다면 나는 질 거고 게리는 내게 화가 날 거야. 어떻게 반응할지 제어하고 침착함을 유지하자. 어차피 로리는 열여섯 살이 될 거고 때때로 내가 이해할 수 없거나 좋아하지 않는 일을 할 거야. 어쩌겠어? 나는 성인이야.*

▶ 다음과 같이 다른 사람들이 행동하는 방식에 대해 덜 위협적인 이유를 생각하라.

- 그는 열여섯 살이고 내가 그 나이에 그랬듯이 명백히 자신에게만 몰두한다. 그는 나를 비참하게 만드는 것보다 그가 원하는 것을 하는 데 더 관심이 있다.
- 그는 오늘 저조한 상태였을지도 모른다. 그걸 생각할수록 그가 기말고사에서 화학과목의 성적을 잘 받기 위해 밤늦게까지 공부했다는 것을 깨달았다. 평소에 그는 훨씬 더 좋은 상태이다.

▶ 스스로에게 질문하라 : 이러한 유발요인에 내가 정말 화를 낼 만한 가치가 있는가? 다음과 같은 생각을 해보자.
- 이것은 사실 그렇게 중요하지는 않아. 아마도 그와 나는 내일이면 그것을 잊을 거야. 그렇게까지 가치 있지는 않아. 점점 나아질 거야.
- 내가 로리에 대해 다시 불평한다면 게리는 어떻게 반응할까? 생각해보니 알겠어. 그녀는 아마도 항상 해온 것과 같은 행동으로 반응할 거야. 그리고 그건 내게 실망스럽겠지? 나는 그것을 원하나?

계획하라

▶ 이제 침착함을 유지하고 상황에 다르게 접근하기 위해 문제 해결 계획을 세우자.
- 나는 심호흡을 하고 어깨를 편안하게 할 것이다. 이건 화낼 가치가 없다.
- 나는 게리, 로리와 함께 앉아서 내가 그에게 기대하는 행동, 그의 행동에 대한 결과와 보상에 대해 약속할 것이다.

해야 한다는 것을 알고 있다. 연습하기 위해서 실제 상황을 만들어낼 수는 없기 때문에 그에 대한 차선책으로 글쓰기를 하는 것이다. 나의 경험과 인지행동치료의 많은 임상 연구를 볼 때 글쓰기는 정말 효과가 있다. 하나의 상황(예 : 배우자와 함께 집에서)에 대한 당신의 혼잣말을 바꾸기 위해 기록하는 것은 다른 유사한 상황(예 : 사무실에서)에서도 좀 더 합리적으로 생각하도록 도움을 주며 노력한 만큼 결과가 있을 것이다.

나는 기록된 반증을 위해 '분노 분석' 이라고 부르는 수레바퀴를 개발하였다. 닉은 이 분석을 통해 젠의 능장에 왜 계속 화가 나는지 그리고 그것을 변화시키기 위해 어떤 새로운 혼잣말을 쓸 수 있는지 파악하였다. 닉은 '계속적인 적대감과 사람을 무시하는 말' 때문에 젠이 별거하자고 나오자 상담을 받으러 오게 되었다. 젠의 걱정을 축소화하면서 닉은 분노가 직장에서의 스트레스 때문이라고 했다. 화가 났을 때 했던 행동을 기억하는지 궁금해하자 그는 신경 쓰지 못했다며 "분노가 저를 뒤덮었어요. 제가 미쳐서 한 행동을 기억 못하겠어요."라고 말했다.

젠에게 '적대감'이라는 단어가 어떤 행동을 말하는지 물어보고 그런 행동이 관찰되었던 상황을 (다음에 제시된) 분노 분석지의 왼쪽(발생한 것)에 기록하게 했다. 이 분석은 분노 상황 동안 발생한 것을 토대로 생각하고 느끼는 방식을 고려하는 데 도움이 되도록 고안되었다. 닉은 분노가 치솟았을 때 마음속에서 튀어나온 혼잣말을 기억해내려고 노력했다.

다음 표의 오른쪽 항목(당신이 하고 싶어 하는 것)을 채워보고 다음번에 유사한 '늑장' 상황이 벌어질 때 그가 어떻게 생각하고 느끼고 반응할지에 대한 새로운 목표를 설정해보자.

분노 분석은 많은 분노 상황을 쉽게 다룰 수 있게 하고, 시간의 흐름에 따른 진행과정을 추적할 수 있게 한다. 다음은 닉이 완성한 분노 분석 중 하나다.

닉이 분석의 왼쪽을 끝내고 나에게 보여주었을 때 나는 혼잣말을 반증하고 오른쪽을 채우면서 감정과 행동에 대한 새로운 목표를 설정하게 했다. 그가 어떻게 했는지 검토해보자.

카메라 점검

나는 닉에게 객관적인 렌즈를 통해 분노를 터뜨리게 하는 상황을 점검하라고 요청하였다. 만약 카메라를 본다면 무엇이 녹화되어 있을까? 카메라는 말한 것이나 행동한 것을 정확하게 기록한다. 그래서 객관적인 사실과 당신이 내린 해석을 분리하는 데 도움이 된다(예 : 카메라는 사물에 대

닉의 분노 분석지

일어난 것	당신이 하고 싶은 것

상황(누가, 어디서, 무엇이 발생했는가) :
젠이 의도적으로 친구들과의 저녁모임에 지각하게 만들었다.

카메라 점검 :
카메라는 당신의 아내가 준비하는 과정을 보여준다. 나는 그녀의 사고나 동기를 볼 수 없다. 그렇다면 그것이 의도적이었는지를 어떻게 알겠는가?

암묵적 기대 :
최소한 15분 일찍 목적지에 도착해야만 한다.

현실적인 기대 :
과거 경험을 바탕으로 우리는 15분 이상 지각하지 않을 것이다.

사고/혼잣말 :

1. 우리는 분명 늦을 것이고, 친구들은 우리에게 화낼 것이다.

2. 아내는 의도적으로 그렇게 행동하는 것이 틀림없다. 내가 지각을 참지 못한다는 것을 그녀는 안다. 그녀는 매 순간 우리가 늦을 만한 행동을 한다.

3. 얼간이만이 계속해서 또 다시 지각한다.

합리적인 혼잣말(사고, 객관화, 계획) :

1. 추측. 사실은 내가 제시간에 도착했다는 것이다. 이제 나는 마음을 진정시키고 심호흡하며 아내가 준비할 때까지 신문을 읽을 것이다.

2. 마음짐작. 사실 그녀는 잘 보이고 싶어서 내가 준비하는 것보다 더 많은 시간이 걸리는 것이다. 나는 마음짐작과 개인화를 하지 않으려고 할 것이다. 자리에 앉아 호흡을 하며 만약 그녀가 적절한 시간에 내려오지 않는다면 나는 다른 차를 탈 것이라고 그녀에게 알려줄 것이다.

3. 낙인붙이기. 사실 나는 젠을 사랑하고 아내는 나보다 더 현명하다. 이것은 머리가 좋고 나쁨이 아니라 스타일의 문제다. 나는 나의 계획을 따를 것이다(#2 위에).

일어난 것	당신이 하고 싶은 것
4. 이것을 참을 수 없다. 그녀는 결코 변하지 않을 것이다.	4. 한계점 설정을 멈추자. 나는 참을 수 있다. 이전에도 참았고 다시 참을 것이다. 젠은 나처럼 시간에 초점을 두는 사람이 아니다. 사실상 우리는 15분 이상 늦은 적은 거의 없었고 나는 괜찮을 것이다. 이것이 하루를 망칠 만한 가치가 있는가?
분노 감정/신체 감각 : 나는 몹시 화가 났고 숨을 쉬기가 힘들다.	어떻게 느끼고 싶은가 : 실망스럽지만 마음을 진정시키자. 규칙적으로 리듬감 있게 천천히 호흡해 보자.
감정 수준(0~100) : 90	
분노 행동/직면 : 내 자신에게 악담을 퍼부으면서 왔다 갔다 한다. 나는 젠에게 준비하라고 고함을 지르고 화가 나서 커피를 쏟았다.	원하는 행동/양상 : 마음을 가라앉히고 젠에게 우리가 출발해야 할 시간임을 알린다. 앉아서 신문을 읽자. 긴장을 풀고 심호흡을 하며 등을 기대자.
결과 : 다시 이성을 잃고 바보 같은 느낌이 든다. 우리는 결국 제시간에 도착했지만 젠은 스트레스를 받았고 나에게 화가 났다.	원하는 결과 : 레스토랑으로 가기 전이나 가는 동안 내내 마음이 평온하고 긴장이 풀린 채 저녁을 보낸다.

한 추측, 가정, 해석, 낙인붙이기를 기록하지 않으며 단지 일어난 사실만 기록한다).

　'젠이 의도적으로 늑장을 부린다'는 닉의 첫 번째 관점은 그의 분노에 불을 지폈다. 그러나 그의 '카메라 점검'은 위층에서 옷을 입고 화장을 하고 있는 젠을 발견하였다. 카메라는 젠의 사고를 '볼' 수 없으므로 '그녀가 의도적으로 늑장을 부린다'는 닉의 위험한 가정은 어떤 증거에 의해서도 지지되지 않는 '마음짐작'에 해당됨을 밝혀낼 수 있었다.

현실적인 기대

그는 과거 경험을 바탕으로 15분 정도는 늦겠다는 현실적인 기대를 갖기로 했다. 합리적인 기대로 재설정하고 선언하는 것은 다음번 외출 준비를 할 때 그의 분노를 감소시키는 데 많은 도움이 되었다.

합리적인 혼잣말

그리고 닉은 이미 논의 되었던 'STOP' 방법을 사용하여 각각의 핵심적인 사고에 대한 반증을 일일이 기록했다. 그는 '멈추고' 난 후에 침착한 상태였기 때문에 첫 번째 단계는 생략하였다. 그의 반증을 철저히 살펴보면 나머지 세 단계(생각하라, 객관화하라, 계획하라)를 활용하여 적었음을 알 수 있다. 젠의 늑장에 대한 그의 첫 번째 사고를 점검해보자. "우리는 분명 지각할 것이고, 친구들이 화를 낼 것이다…."

생각하라. 앞서 내가 당신에게 기억해두라고 부탁했던 세 가지 질문(밑줄 친 핵심 단어)을 중심으로 각각의 반증이 합리적인지를 철저히 살펴보기로 했다. 그다음 그것을 대표하는 왜곡에 대해 기록하였다.

- 나의 사고는 관찰 가능한 사실에 기초했는가? 아니다. 아직 일어나지 않았기 때문에 우리가 늦거나 친구들이 화낼 거라는 것은 사실이 아니다.
- 이것이 마음을 진정시키고 내가 직면한 문제를 해결하기 위한 좋은 아이디

어를 주는가? 아니다. 사실상 그것은 더 많은 분노와 불안, 불평에 영향을 주었고 문제를 더욱 악화시켰다.

- **인지왜곡으로부터 자유로운가?** 그는 제6장의 인지왜곡에 익숙해져서 하지 않기로 재빨리 결심했다. 이 사고는 추측의 한 예이다.

닉은 그것이 비합리적인 사고이며 대체시킬 필요가 있다고 결론지었다. 그는 자신의 사고에서 드러난 인지왜곡이 어떤 종류인지를 적었다. 추측.

객관화하라. 닉은 비합리적인 사고를 반증하기 위해 한두 가지의 객관적인 사실을 생각하고 새로운 혼잣말을 만들기로 했다. 그들은 제시간에 도착할 것이고 그의 친구들도 약간씩 늦을 것이라는 사실에 주목했다. 큰 맥락 안에서 젠의 행동을 이해하기 위해 실제로는 그녀가 매일 다른 방식으로 그의 요구에 매우 큰 관심을 보였다는 사실을 적었다.

계획하라. 닉은 다음번에 젠이 준비하는 것을 기다릴 때 분노를 중지시키기 위해 다음과 같은 계획을 세웠다(제5장). 그는 신문을 읽고 필요할 때마다 심호흡을 하기로 계획했다. 그래도 화가 나려 한다면 STOP 방법을 활용하여 새로운 현실적 기대를 상기시키고 분노를 터뜨리게 하는 혼잣말에 재빨리 도전하기로 결심했다.

나는 어떻게 느끼고 싶은가

화가 난다고 호흡을 조절하지 않으면 분노를 터뜨리게 되고 자기패배적으로 되기 때문에 닉은 침착하고 편안하게 호흡하려고 노력했고 실망스러운(그에게는 본래 현실적이었던) 감정을 작업하기로 결정했다. 이러한 목표에 초점을 맞추자 어떻게 행동할지를 평가하고 노력할 수 있는 현실적인 기준을 잡게 되었다.

원하는 행동/표정

앞으로 젠의 늑장에 대응할 수 있는 효과적인 해결책을 찾기 위해 닉은 목록의 오른편에 최상의 것들을 기록하면서 가급적 새로운 아이디어를 많이 생각해냈다.

원하는 결과

마지막으로 닉은 그의 사고, 감정, 행동을 변화시킴으로써 다음에 이러한 유사한 상황에 직면했을 때 성취하고 싶은 결과를 살펴보았다. 원하는 결과를 시각화하는 것은 그것이 실제로 일어날 수 있게 하는 가장 효과적인 방법이다. 원하는 결과는 현실적으로 기록해야 하며 그가 자신의 분노를 기록한다면 성취할 수 있을 것이다.

닉이 STOP 방법을 활용하여 세 가지 사고(2~4번)를 어떻게 반증했는지 살펴보자. 일어난 상황을 분명하게 기억할 수 있는 분노 분석지의 왼쪽을 완성하는 것이 가장 좋다. 그다음 시간이 날 때마다 오른쪽을 채우는 연습을 할 수 있다. 5~10개 정도를 완성하고 나면 도움이 되지 않는 혼잣말을 얼마나 많이 반복했는지 인식하게 될 것이며, 이러한 방식으로 수백 개의 비합리적인 사고를 하지 않게 될 것이다. 글쓰기를 반복적으로 연습하면 당신은 많은 괴로움으로부터 벗어나게 될 것이고, STOP 방법을 활용하여 그 자리에서 곧바로 사고의 '함정'을 반증하게 될 것이다.

새로운 사고를 연습할수록 새로 연습한 혼잣말이 자동적으로 작동될 것이고 그만큼 이전의 비합리적인 사고는 떠오르지 않게 된다는 것을 알아차리는 것이 가장 중요하다.

분노 분석지는 부록 4에 있다. 언제든 분노 일화를 기록할 수 있도록 미리 몇 장을 복사해두자.

스트레스 예방접종 : 혼잣말을 활용하여 분노를 다스릴 수 있는 또 다른 방법

분노를 다스리기 위해 혼잣말을 활용할 수 있는 다른 방법으로는 '스트레스 예방접종'이 있다. 인지행동치료 연구자이자 상담가인 도널드 마이켄바움 박사는 우리의 행동을 이끄는 긍정적인 혼잣말을 사용할 때 스트레스 상황을 더 잘 다룰 수 있음을 보여주었다. 레이먼드 노바코 박사는 다음과 같이 네 단계로 분노 사건을 제시함으로써 '스트레스 예방접종'에 제시된 마이켄바움 박사의 아이디어를 분노 조절에 적용하였다.

1. 분노 도발에 대비하기
2. 영향을 다루고 직면하기
3. 치솟는 분노 폭발에 대처하기
4. 되돌아보기

다음의 도표와 같이 스트레스 예방접종을 적용시켜 분노에 대처하는 데 도움이 되는 자기 지시적 사고를 미리 만들어둘 수 있다.

준비

당신은 지난번에도 유사한 상황이나 동일한 사람에게 화를 냈기 때문에 또다시 분노할 가능성이 있음을 알고 있다. 그 상황에서 당신이 어떻게 행동해야 하는지에 대한 한두 가지의 아이디어를 미리 검토해둔다면 학습했던 과정을 성공적으로 밟아나갈 수 있다. 당신에게 좋은 느낌을 주는 혼잣말을 만드는 데 참고할 만한 아이디어를 다음의 표에 적어두었다. '분노 자극에 대비하기'에 해당하는 문장을 자세히 읽어보자.

닉은 앞으로 있을 수도 있는 젠의 늑장에 대비하기로 결심했다. 젠이 준비를 하는 동안 미리 준비한 자기 지시로 "어떠한 지각이든 나에게는 신문의 스포츠란을 훑어볼 수 있는 좋은 기회라고 생각하기로 결정했다. 그녀가 더 늦는다면 나는 더 많이 볼 수 있을 것이다."로 스스로에게 확신을 주는 한편 과거 경험을 바탕으로 15분 정도 늦을 것이라는 현실적인 기대를 반복적으로 생각하기로 했다.

영향과 직면

불행히도 당신은 언제 분노를 터뜨릴지 예측할 수 없다. 하지만 일단 분노를 감지했다면 나머지 세 단계를 적용할 수 있다. 두 번째 단계인 영향과 직면 단계는 제4장의 분노 척도에서 분노가 솟아오르는 것을 처음 인식했을 때(예 : 당신이 주먹을 꽉 쥐거나 얼굴이 뜨겁게 달아오르는 분노 '신호') 적용한다.

예를 들어, 닉은 가슴이 긴장되는 것을 알아차리면 심호흡을 하고 마음을 침착하게 유지하기 위해 차분하게 호흡하면서 천천히 자기 지시(가슴이 긴장되기 시작한다. 나의 계획에 집중할 시간이야. 앉아서 심호흡을 하고 나에게 '나는 조절하고 있고 마음을 침착하게 하기로 선택했어'라고 말할 거야.)를 하는 데 초점을 맞추었다.

치솟는 분노 폭발에 대처하기

당신의 분노 척도가 40 혹은 그 이상임을 알아차렸을 땐 이를 조절하기 위해 집중적으로 초점을 맞출 필요가 있다. 가능하다면 먼저 앉아서 심호흡을 하고 당신의 분노를 중지시키기 위해 주의를 환기시켜 외부에 초점을 맞추자(예 : 제4장에 기술된 '정지' 신호를 사용하여 다른 사람들이 말하는 동안 상황에서 벗어날 수 있다. 시간이 핵심이다). 다음과 같이 자기 지시는 분노에 반응할 수 있는 신체의 특정 부분에도 적용할 수 있다.

> "어깨가 긴장되고 있다. 나는 심호흡을 하면서 어깨의 긴장이 풀어지고 부드러워지는 느낌을 떠올리는 데 집중할 필요가 있다."
>
> "얼굴이 달아오르고 있다. 호흡할 때마다 나는 시원함을 느낄 수 있고 열을 내보낼 수 있다."
>
> "목소리가 커지고 턱이 굳어지고 있다. 등을 기대고 숨을 내쉬면서 긴장과 격렬함을 조금씩 내려놓을 것이다."

가슴이 긴장되고 호흡이 가빠지자 닉의 분노는 50 이상으로 치솟았다. 닉은 자신이 원하는 상태와 호흡의 느낌을 자기 지시로 이야기했다(호흡할 때마다 나는 무거움과 긴장을 조금씩 내려놓는다. 시원한 공기를 들이마실 때마다 나의 가슴은 점점 더 가벼워지고 편안해질 것이다).

실행 되돌아보기

유발요인에 반응한 후 그 상황을 어떻게 조절했는지 꼼꼼히 생각해보자. 과거의 습관대로 분노를 날려버렸다고 생각하기보다 앞으로를 위해 이번 일로부터 무엇을 배울 수 있는지 살펴보자. 만약 잘했다면 부끄러워하지 말자. 스스로에게 긍정적인 신뢰를 주어라.

다음번에 닉이 젠을 기다릴 때 그녀는 닉이 스스로를 잘 조절했고 이성적으로 행동한 것을 매우 칭찬했다. 닉은 분노를 중지시키고 이성적으로 생각하기 위해 단계를 충실히 밟았을 때 그들의 저녁이 어떻게 달라졌는지를 보게 되었다. 그의 반영은 긍정적이었고 건설적으로 판단되었다.

분노를 다스리기 위한 자기 지시

분노 도발에 대비하기

- 이것이 나를 화나게 할지라도, 나는 그것을 다룰 수 있음을 안다.
- 나는 이것을 조절하기 위해 계획을 세울 수 있다. 나의 계획은 "_____"이다.
- 기억하라. 주제에 집중하고 개인화하지 말자.
- 긴장을 이완시키기 위해 깊이 호흡할 수 있으며 분명하게 생각할 수 있다.
- 침착하자. 나는 조절할 수 있다.

영향과 직면

- 마음을 진정시켜라. 계속해서 긴장을 풀어라.
- 침착함을 유지할 수 있는 한 *나는* 상황을 조절할 수 있다.
- 화를 낸다고 해서 얻을 수 있는 것은 아무것도 없다.
- 일주일 혹은 한 달 후에는 어떻게 달라질 것인가?
- 만약 침착하다면 나는 명확하게 생각할 수 있다.

분노 폭발에 대처하기

- 근육이 굳어지고 있다. 이건 긴장을 이완시키는 호흡을 하라는 신호이다.
- 그렇게 화낼 만큼 가치 있지 않다.
- 깊이 호흡하고 천천히 _____(예 : 파란색)을 상상할 시간을 갖자.
- 나의 분노는 문제 해결 기술을 사용해야 한다는 신호이다.
- 논리적으로 생각할 수 있도록 노력하자. 행동(예: 내가/그가/그녀가 원하는 것)에 초점을 두자.

직면 후

- 나는 마음을 침착하게 하는 문장을 사용할 수 있다. 내가 어떻게 하면 더 잘 조절할 수 있는지를 다시 생각하자.
- 나는 이성을 잃기 시작하였다. 심호흡이 나를 조절하게 해주었다. 잘했어.
- 화나고 목소리가 커질 때 논점을 좀 더 이해하려고 노력한다. 앉아서 호흡하고 생각하자.
- 좋아, 이번에는 날려버렸지만 다음번에는 똑같은 실수를 반복하지 않도록 어떻게 화를 표현하고 언제 화를 내야 하는지에 초점을 맞추자.
- 끝났다. 다음번을 위해 이번 상황에서 나는 무엇을 배울 수 있는가?

"나는 뭔가를 말하기 전에 먼저 생각을 했어. 심호흡과 자기 지시 문장들이 정말 도움이 된 것 같아. 서성거리고 있었는데 그때 분노가 50 이상으로 올라갔고 긴장하기 시작했지. 다음엔 젠이 내려올 때까지 앉아서 근육의 긴장을 풀어야겠어."

일단 각 단계마다 적절한 혼잣말을 만들었다면 3×5인치 크기의 카드에 적어 서류철이나 지갑에 끼워두고 자동적으로 될 만큼 정기적으로 읽어보자. 이것은 분노를 터뜨리게 하는 상황을 좀 더 조절 가능한 것으로 인식하게 해주며 "난 이걸 조절할 수 있어. 나는 준비됐어."의 신념을 강화시킨다.

나의 많은 내담자들은 하나의 자기 지시 문장만으로도 효과를 보았다고 이야기했다. 자신의 성질 때문에 비행 훈련에서 제외된 젊은 해군 중위는 '나는 침착하다', '나는 학교에 있다'는 문장을 반복했다. 힘든 순간에 문장을 반복함으로써 자동화된 부정적인 혼잣말 대신 당신이 준비한 계획에 초점을 맞출 수 있게 된다.

새로운 심상 : 새로운 현실을 창조하기

심상이 분노를 터뜨리고 유쾌하지 않은 행동을 부추기더라도 도움이 되는 심상이라면 덜 위협적이면서도 도움이 되는 렌즈를 통해 과거, 현재 혹은 다가올 상황을 살펴보자. 심상은 당신에게 바른 목적지를 시각적으로 안내해주는 지도처럼 실제 그 상황을 경험하지 않고도 새로운 사고와 행동 방식을 연습하는 데 도움이 된다. 심상은 '무임승차'와 같다. 당신은 새로운 행동을 시도해보고 '진짜' 실패의 위험 없이 그들이 어떻게 느끼고 행동할지를 볼 수 있다. 또한 많은 연구 자료들은 심상 연습이 '실제' 상황에 대비하게 하며 연습과 거의 똑같은 효과를 준다고 보고했다.

분노를 일으키는 심상 재구성하기

당신의 심상이 분노에 불을 붙일 땐 아마도 좀 더 중립적이거나 긍정적인 상세한 부분을 포함시키지 않고 과거, 현재, 가능한 미래 중 가장 화나는 양상에 초점을 둘 것이다. 상황 중에서 화가 덜 나는 사실에 초점을 둠으로써 분노를 중단시킬 수 있다.

사람, 사물, 상황이 좀 더 좋았던 다른 경우를 떠올려보자. 이것은 부정적인 경험을 정반대의 맥락에 둠으로써 다른 관점을 얻는 데 도움을 줄 것이다. 예를 들어, 닉은 레스토랑으로 걸어 들어오는 황홀한 젠의 모습을 떠올렸고, 그의 발목이 부러져 누워있었을 때 그녀가 자신에게 베푼 정성을 떠올리는 데 집중하였다.

정말로 중요한 것에 집중하고 **분노의 상황을 당신의 바쁜 삶의 작은 부분으로** 재구성하라. 예를 들면, 닉은 그들이 모두 걱정했던 조직검사 후에 젠이 아무 이상 없다는 진단서를 받는 이미지에 집중할 때 매우 다른 기분을 느꼈다. 이것은 "젠의 늑장에 대한 분노는 젠이나 우리 아이들이 아픈 것과 비교하면 아주 작은 문제지."라는 혼잣말을 이끌어냈다.

분노 상황이 지금으로부터 **한 달 혹은 일 년** 뒤에 얼마나 중요할지를 미래에서 재구성해보자. 그 일이 지금부터 한 달 혹은 일 년, 심지어 일주일 후에도 당신의 삶에 영향을 미칠지 상상해볼 수 있는가? 만약 분노를 터뜨리는 상황이 미래에도 영향을 미친다면 제8장의 아이디어를 활용하여 문제를 해결해야만 한다. 당신이 오늘 분노를 터뜨린 계기는 당신의 미래를 예측하는 데 아무런 의미가 없으며 이러한 '재구성'은 당신이 그것을 보도록 도와줄 것이다. 예를 들어, 닉은 젠으로 인해 15분 늦게 저녁 먹는 것을 상상했고 이것이 그들의 미래에 어떠한 부정적인 결과도 가져오지 않는다는 것을 알았다. 그것은 그들이 함께하는 인생에서 아주 사소한 것이었다.

심상으로 행동 바꾸기

사실 이전에 어떤 상황에서 어떻게 행동해야 할지를 생생하게 떠올려볼 때 장면이 '현실로 나타날' 가능성은 증가한다. 예를 들어, 대화하거나 기계를 수리하거나 방을 꾸미는 것을 심상을 통해 성공적으로 준비할 수 있었던 순간을 생각해보자.

눈을 감고 다음번에 분노를 터뜨리게 하는 상황에 직면했을 때 심상의 힘으로 어떻게 다르게 반응할지 상상해보자.

1. 다른 사람이 함께 있는 상황과 관련 있는 모든 것을 상세히 그려보고 다른 사람이나 사물이 어떻게 할지를 그려보자.
2. 분노를 터뜨리게 하는 상황과 직면할 때 자신의 창의성을 발휘시키고 이 책에서 배웠던 아이디어를 활용해 이전과는 다르게 말하고 행동하는 모습을 떠올려보자. 그리고 당신이 알고 있는 것을 바탕으로 다른 사람이나 상황에 대한 가능한 결과를 상상해보자.
3. 새로운 행동을 시도할 때 어떻게 느끼는지에 주목하자. 당신을 가장 침착하게 하는 데 많은 도움이 되며 가장 편안하고 과거보다 좀 더 효과적인 행동을 골라내자. 긍정적인 결과를 상상하자.

닉은 젠을 기다리는 상황을 어떻게 다르게 조절할 수 있을지 상상해보았다. 그는 젠을 기다릴 때 자신이 좋아하는 시나트라의 CD를 들으면서 신문의 스포츠란을 읽고 편안하게 앉아있는 자신을 그려보았다. 그녀가 15분 정도 늦게 내려오는 것을 상상하면서, 그녀에게 멋지다고 말해주고 침착하게 출발하자고 제안하는 것을 떠올렸다.

이번 장과 제5~6장에서 논의한 것을 바탕으로 제10장은 새로운 분노 행동을 확고하게 형성하는 데 심상을 활용하는 추가적인 아이디어를 제공한다. 새로운 분노 행동이 습관화되면 더 이상 무엇을 생각할지 기억해내려고 집중하지 않아도 된다. 새로운 적응 행동이 자연스럽게 일어나기 시작할 것이다. 화를 돋우는 상황을 다루는 이미지 연습의 또 다른 이점은 당신이 그것을 연습할수록 분노가 일어나는 힘이 줄어든다는 것이다. 당신이 두려워하는 것을 반복적으로 '드러냄'으로써 분노는 해결되고, 분노를 유발시키는 분노 자극은 당신이 대처를 연습할수록 줄어들 것이다.

사고에서 행동까지

부정적인 형태로 분노를 터뜨리고 불을 붙이는 비합리적인 사고를 확인하고 대체하는 것을 학습한 지금, 분노에 관한 자신의 목표를 기억하면서 갈등 속에서 자신만의 방식으로 의사소통해야 한다. 제8장과 제9장은 제2장에서 처음 소개된 적극적 문제 해결을 습득하는 데 초점을 두고 있다. 이러한 분노의 이상적인 측면은 화가 나고 곤란한 상황에 처했을 때 위협적이지 않은 방식으로 의사소통할 수 있게 해준다.

연습

새로운 사고를 연습하지 않고는 분노 상황에서 자동적 반응으로 바꿀 수 없다. 그렇다면 어떻게 시작할 수 있을까? 분노를 터뜨리고 불을 붙이는 사고의 역할에 대한 두 장은 당신의 사고를 확인하고 바꿀 수 있는 여러 가지 아이디어를 제공하였다. 당신은 이러한 아이디어를 연습하는 데 도움이 되도록 다음을 계획해보자.

1. 분노 일지를 사용하여 다음 몇 주 동안 당신의 분노에 집중해보자. 분노가 상승했거나 당신 혹은 다른 사람이 바람직하지 않은 분노 양상에 주목하는 신체적 신호를 알아차렸을 때 분노 분석지 왼쪽 란에 '일어난 일'을 채워라. 이 종이를 눈에 띄는 곳에 두고(예 : 사무실의 책상 서랍, 냉장고 문) 분노 상황 직후에 기록해보자.

2. 두 장에 걸쳐 소개된 비합리적인 사고를 확인하고 반증하는 방법을 활용하여 편안한 시간에 분노 분석지의 오른쪽을 채워라. 왼쪽에 기록된 사고에 대해 정교하게 반증할 때는 STOP 방법을 활용하라. 반증을 통해 왜곡된 사고를 분별해야 하며 그다음 객관적인 사실을 검토하고 이를 토대로 계획을 세우자.

3. 분노와 관련된 심상을 인식했다면 당신의 정서를 침착하게 하고 직면한 도전을 해결하도록 방향을 돌릴 수 있는가? 만약 그렇지 않다면 상황에 직면하고 문제를 해결하기 위해 개발한 새로운 분노 행동(예 : 침착하게 반응하는 자신의 모습)을 떠올려보자. 모든 감각을 사용하여 생생하게 떠올려보자. 심상을 통해 미리 연습할수록 유사한 상황에 실제로 부딪혔을 때 심상에서 본 결과가 현실이 될 가능

성은 더 커질 것이다.

4. 분노 분석지에 기록한 상황에 다시 직면했을 때 사용할 수 있는 한 가지 혹은 그 이상의 자기 지시 문장을 준비하면서 스트레스 예방접종을 사용하자. 당신의 지갑에 들고 다닐 수 있는 3×5인치의 종이에 기록해두자.

5. 완벽하게 연습해서 기억하자. 포기하지 말자. 분노 분석을 더 많이 할수록 가장 필요한 순간에 바로 STOP 방법을 사용할 수 있다. 사실상 새로운 사고가 점차 과거의 사고를 대체하고 있기 때문에 이제는 STOP 방법을 더 적게 사용할 것이다.

5단계

쿨하게 화내기

 합리적인 사고와 현실적인 기대는 장기적으로 분노를 다스리는 데 도움이
되지만, 현실에서 부딪히는 갈등과 차이를 해소할 수는 없다. 제8장에서
는 갈등 상황에서의 분노를 다루기 위해 제2장에서 다루었던 적극적 문제
해결을 어떻게 적용하는지 소개할 것이며, 제9장에서는 상대방이 나에게
화를 낼 때 동일한 방식을 어떻게 적용하는지를 설명할 것이다.

적극적 문제 해결

갈등 상황에서 건설적으로 분노를 표현하기

벤 : 제가 지적하기 시작하자 아내는 언성을 높이며 제가 분노를 조절하지 못한다

고 말했죠. 제가 뭔가를 말하려 할 때마다 아내가 끼어들어서 더 화가 났어요.

그런 식으로 끼어드는 걸 저는 도무지 참을 수가 없어요. 그러면 아내는 어떤

말도 듣지 않지만 저는 침착해지려고 노력해요.

관계는 상대적이다. 대화는 예측할 수 없다. 그리고 인생은 복잡하다.
이러한 것들은 분노 조절이라는 삶의 도전에서 우리가 직면하고 있는
사실이다. 우리는 분노를 일으키는 사고를 찾아낼 수 있다. 우리는 우리
에게 수년간 부정적으로 주어진 기대들을 뿌리째 뽑아낼 수 있으며, 연
습을 통해 분노가 폭발하기 전에 분노를 확인하고 열기를 식힐 수 있다.
이러한 기술은 분노 상황으로 인한 피해를 감소시키는 데 도움이 되며
분노가 치밀어오르는 것도 줄어들게 한다. 지금까지 당신은 긴 여정을
걸어왔다.

그러나 분노를 일으키는 문제는 어떤가? 어떤 문제들은 비현실적인 기
대에 바탕을 두고 있지만 결코 등한시할 수 없는 것들이다. 삶에서의 가

르침과 축적된 경험은 의지만으로는 바꿀 수 없다. 비록 당신이 어렸을 때보다 세상이 더 거칠고 정신없다는 것을 안다고 할지라도 일상에서 마주하는 무례함으로 인해 여전히 짜증이 날 수도 있다. 더 이상 식료품점이나 '고객 서비스 센터'와의 전화통화로 '미쳐버리는' 일은 없지만 종종 현대 문명의 미개한 행동으로 절망감을 느끼며 집으로 돌아온 적이 있을 것이다. 당신은 이러한 문제를 어떻게 하겠는가?

때때로 분노는 상황이나 사고에 따라 충분히 정당화될 수 있다. 가령 왕따를 주도하는 사람, 학생을 편애하는 선생님, 이웃을 괴롭히는 불량배와 같은 사람들에게는 어떤 사람이든 분노할 수 있다. 그러나 이러한 부당함에 이성을 잃는 반응은 잘못을 바로잡지도 못할 뿐 아니라 대개는 당신이 손해 보는 것으로 끝이 나고 만다. 그렇게 하는 대신 우리는 무엇을 할 수 있을까?

적극적 문제 해결을 적용하자. 이것은 모든 상황에서 건설적으로 분노를 표현하는 동시에 당신을 멋있어 보이게 한다. 이 기법은 이미 제2장에서 제시되었으며, 제7장에서는 분노를 조절하기 시작해서 평가와 조정을 통해 행동에 대한 계획으로 이어지는 과정을 STOP 방법으로 보여주었다.

적극적 문제 해결 방식 안에서의 적절한 분노는 당신의 욕구와 기대를 충족시켜 준다. 누군가를 따돌리는 사람을 회사에서 쫓아내기보다는 공동작업 외에 그의 재능을 살릴 수 있는 개별 프로젝트를 하게끔 할 수도 있다. 또 교장에게 위협적인 협박 편지를 쓰는 대신 교사가 편애하는 것을 알 수 있도록 대화하기로 결정할 수도 있다. 이웃을 괴롭히는 사람들 때문에 주민자치단을 편성하거나 현관 앞에 총을 들고 지키기보다는 주민들이나 경찰과 어떻게 연합할 수 있을지를 논의할 수 있다.

적극적 문제 해결은 이 장의 초반부에 설명된 것처럼 굉장한 것은 아니지만 결코 간과할 수 없는 일상적인 갈등을 해결하는 데 유용하다. 분노를 조절하는 것이 모든 갈등으로부터 벗어나게 하는 것을 의미하지는 않는다. 분노를 일으키는 문제는 당신의 주변에 어두운 구름처럼 늘 존재한다. 비록 화가 났더라도 들을 수 있으므로 갈등 상황에서 분노를 일으키지 않고 대화할 수 있는 방법을 확실히 익혀두어야만 한다.

대화 속의 분노 : 피해야 할 것

지금까지의 작업은 당신의 신체적, 정신적, 정서적 단서를 인식하는 것을 배움으로써 내면을 돌아보는 데 중점을 두었고, 이를 통해 당신은 분노가 당신의 행동을 통제하기 전에 분노로부터 벗어날 수 있게 되었다. 이 기술은 실제 분노 상황에 자주 적용될 것이다. 당신 주변의 다른 사람들과 사건은 당신의 이목을 끌기에 충분하다. 당신이 의사소통하려는 사람은 자신만의 의견을 가지고 있을 뿐 아니라 화가 나 있을 수도 있는데 이러한 것들은 당신이 기지를 발휘하기 어렵게 한다.

대개 분노가 한계치를 넘으면 분노 양상은 확대된다. 화가 날 때 수동적인 경향이 있다면 스스로를 완전히 차단하여 서로에 대한 차이를 해결하지 못할 수도 있다. 혹은 표정, 단어, 제스처, 목소리 크기나 음색은 적대적이거나 공격적인 모습으로 비약될 수도 있다. 당신이 생각한 것보다 더 비논리적이거나 성격이 급하다면 상대방의 말에 전적으로 귀를 기울이지 못하거나 방어하면서 부정적인 분노의 양상을 일으킬 수도 있다.

어떤 경우에서든 당신의 메시지는 길을 잃고 두 사람의 관계는 스트레스를 받거나 깨질 수도 있다. 두 사람 모두 다 화가 났을 땐 당신의 메시지를 어떻게 전달해야 분노를 조절하고 해결책에 초점을 맞출 수 있을까?

이 장에서는 적극적 문제 해결이 극도로 흥분된 상황에서도 인지, 감정, 욕구를 성공적으로 전달할 수 있는 전략임을 보여줄 것이다. 물론 때로는 효과적으로 의사소통하려고 하더라도 상대방이 너무 화를 돋우거나 터무니없는 위협으로 분노를 표현해서 상황을 먼저 진정시키는 과정을 거쳐야 할 때도 있다. 제9장은 이러한 분노 상황에 직면했을 때 침착하게 다룰 수 있는 아이디어를 제공할 것이다.

적극적 문제 해결을 학습하기 위해서는 먼저 당신이 일상에서 얼마나 자주 비건설적인 방식으로 분노하는지를 인식해야만 한다. 만약 기억나지 않는다면 제2장으로 돌아가 복습하기를 바란다. 일반적으로 당신은 어떻게 분노를 표현하는가? 적극적으로? 직접적으로? 소극적으로? 간접적으로? 소리를 지르는가? 마음의 문을 닫는가? 다른 사람에게 공격을 가하는가? 곰곰이 생각하는가? 자신을 이렇게 '유형화' 하지 않으면 당신의 행동 유형은 훨씬 복잡하게 보일 수 있다. 중요한 것은 자신의 분노 유형을 객관적으로 볼 수 있을 때 적극적 문제 해결에서 무엇이 필요한지를 알게 된다는 점이다.

당신은 다음의 분노 유형 중 어디에 해당되는지를 점검해보라. 우선 적극적이고 직접적인 분노 형태인 적대감과 공격성을 살펴보자. 이것은 매우 위압적이고 강압적이기 때문에 다른 양상에 비해 좀 더 즉각적으로 문제를 일으킨다. 분노의 수동적인 양상은 (때로는 더 자주) 화가 나게 할 수도 있지만, 대개 행동의 결과로 인해 고통 없이 분노를 표현하는 경향이 있기 때문에 화가 난 사람이 얼마간은 그로 인한 결과로부터 피할 수 있게끔 한다.

적대감과 공격성 : 언제든 환영받지 못하는 모습

적대감과 공격성은 강한 단어처럼 보이기 때문에 대부분은 이 단어를 좋아하지 않는다. 그러나 당신이 이렇게 강렬한 방식으로 분노를 표현한다면 상대방도 당신이 분노를 그대로 표현하게 내버려두진 않을 것이다. 당신이 누군가의 적대감이나 공격성의 대상이 된 적이 있다면 이러한 방식으로 분노를 표출하는 사람은 상대방에게도 그들의 분노를 요구하기 때문에 무시해버리기가 쉽지 않다.

최근에 당신에게 적대적이거나 공격적이었던 사람을 떠올려보자. 그 사람의 목소리는 아마 크고 어떤 식으로는 강렬했을 것이다. 만약 적대적이거나 공격적인 친구와 대화했다면 목소리가 퉁명스럽거나 거들먹거리거나 무례했을 수도 있다. 그때 당신은 어떻게 반응했는가? 이럴 때 대부분의 사람들은 모욕적이거나 위협적이라고 느끼며 방어해야겠다는 생각을 한다. 방어하게 되면 상대방의 관점을 열린 마음으로 볼 수 없다. 그렇지 않은가? 때때로 언성이 높아지는 것을 알았는가?

적대감과 공격성은 얼굴을 찌푸리거나 쏘아보거나 인상을 쓰는 것과 같은 신체 언어로도 알 수 있다. 손가락으로 삿대질하고 손이나 머리를 흔들며 산만하게 움직이는 태도는 당신의 의견에 동의하지 않는다는 것을 표현하는 것이며 당신의 냉철함을 유지하기 어렵게 할지도 모른다. 당신은 이러한 신체적 의사소통이 거친 말만큼이나 위협적일 수 있다는 것을 아는가?

직장동료가 당신의 면전에 대고 퍼부을 때 당신에게 거리를 두는가 아니면 더 가까이 들이대는가? 문화마다 다르겠지만 연구에 의하면 우리는 편안한 의사소통을 위해 일정한 거리를 유지한다. 당신의 편안한 공간이나 '사생활'이 침범당하면 당신은 어떻게 느끼는가? 주먹을 꽉 쥐거나 가로막거나 저지하거나 때리는 것과 같은 신체적 접촉은 '투쟁 혹은 도피' 반응을 불러일으키며(제4장 참조) 악순환의 상호작용을 가져오게 한다.

요약하자면 적대적이거나 공격적인 사람들이 말하고 행동하는 방식은 분노로 인해 당신이 경청하지 못하게 하고 당신을 두렵게 하거나 화나게 한다. 우리는 공격받았다고 느낄 때 모두 이렇게 행동한다.

이것은 의사소통의 단면에 불과하다. 이것은 무슨 말인가? 적대적이거나 공격적인 사람들은 화가 날 때 그들이 인지한 행동을 강조하기 위해 사실을 왜곡하는 경향이 있다. "전화비를 잊은지 벌써 열 번째에요.", "당신은 내가 만난 사람들 중 이 과정을 끝내지 못한 유일한 직원이에요." 그들은 마음껏 욕하거나 저주를 퍼붓는다. 심지어 당신을 위협하기도 한다 (만약 30분 안에 이 일을 끝내지 못하면 당신은 해고야!). 언성이 높아지고 강압적으로 변하고 위협적인 신체 언어까지 더해진 언어적 메시지는 누구든 화나게 한다. 그러면 불쾌한 악담들이 우리 주변에 머물게 되고, 그로 인해 오랫동안 원한이 지속되거나 관계에 균열이 생기기도 하는 것을 보았다. 만약 당신이 '의견을 제시' 했을 때 아내가 과잉반응하는 것처럼 보인다면 아내는 당신이 과거에 했던 방식 그대로 복수하는 것일 수도 있다.

상대방의 적대감과 공격성으로 인해 당신이 어떻게 느꼈는지를 떠올려 본다면 다른 사람의 감정을 보다 쉽게 이해할 수 있을 것이다. 이러한 분노의 형태는 누구나 피하고 싶어 한다. 당신만의 전략을 찾기 위해 제2장에서 제시한 분노 일지를 사용하거나 제7장의 분노 분석의 수정된 버전을 사용하여 화가 날 때 당신이 어떻게 의사소통하는지를 주목하라.

마샬은 휴가기간에 발생한 어떤 일에 대해 몹시 화를 냈고 아내가 이것을 불평하자 다이어리나 달력에 분노 상황을 기록하기로 결심했다. 호텔 직원이 자신의 예약을 '망쳤을 때' 그는 "큰 소리로 직원의 말을 자르며 그를 쏘아보았고, 역겨움으로 머리를 저으며 거칠게 숨 쉬고는 '이건 말도 안 돼. 정말 형편없군' 이라고 욕하는 나를 발견했다. 아내는 몹시 당황하면서 사람들이 쳐다보고 있다고 말했다. 우리는 나중에 이 상황에 대해 말다툼을 했고 그날은 엉망이 되었다."라고 적었다.

화가 날 때 사용한 말과 행동을 기록하면서 그는 아내의 말이 옳았다는 것을 깨달았고 분노가 더 치솟기 전에 분노 행동을 인식하고 수정하게 되었다.

간접적이고 소극적인 분노

당신의 삶에서 중요한 사람이 분노를 드러내진 않지만 간접적으로 당신을 괴롭히거나 벌주려 할 때 그것은 어떻게 느껴질까?

당신은 배우자의 음색에 빈정거리는 기미가 보이거나 '날이 선' 것을 알아차릴 것이다. 혹은 친한 친구와 터놓고 의논하려는 당신의 노력을 좌절시키면서 말을 하지 않거나 한숨과 침묵으로 당신을 얼어붙게 할 수도 있다.

신체 언어는 말을 하지 않고도 화가 났음을 알리는 신호가 될 수 있다. 눈동자를 굴리거나 땅이 꺼질 듯 한숨을 내쉬는 것 같은 짜증의 표현이나 시선을 마주치지 않는 것은 당신이 했던 무엇인가와 관련이 있겠지만, 배우자가 문제를 부인하거나 당신을 무시한다면 무엇이 잘못되었는지를 이해해야만 한다.

소극적이고 간접적인 행동은 당신이 바라는 어떤 것을 거부하거나 애정을 철회하는 것과 같다. 합당한 요청이 제외되거나 거부당할 때 당신은 어떻게 반응하는가? 혹은 중요한 타인이 분노로 빈정거림, 신랄한 '농담', 비꼬는 말투로 대화할 때 당신이 여기에 이의를 제기한다면 '상처를 잘 받는다'고 비난할 것인가?

쟌느는 남편의 '일 중독'에 화가 나 있는데도 솔직하게 이야기하기보다는 남편의 정서적, 성적 요구를 거부해왔다. 그녀는 남편이 이야기할 때마다 시선을 돌리거나 한숨을 내쉬거나 피했다. 나는 그녀의 남편이 하루에 10~12시간 일하는 젊은 변호사라는 직업적 환경을 바탕으로 남편에 대해 현실적인 기대를 할 것과 두 사람이 동의할 수 있는 해결점을 찾도록 문제 해결을 위해 노력하기를 권유했다. 남편은 두 시간 일찍 출근해 저녁시간에 맞춰 퇴근하기로 했고 이것은 두 사람 모두에게 좋은 해결책을 안겨주었다.

소극적 분노의 가장 큰 문제는 화가 나서 행동한 것에 대한 책임을 회피하는 데 있다. 그래서 오랫동안 습관화된 방식으로 행동하거나 화난 것을 부인하는 데 익숙해진다. 분노한 상황을 떠올려볼 때 "내가 평소에 이렇게 행동하나?" 혹은 "내가 이 사람과 정말로 행복하다면 이런 식으로 행동할 수 있을까?"라고 스스로에게 질문해보자. 당신이 분노하는 갈등이 특정 사람에 대한 것이라면 "평소에 이런 방식으로 짐을 대하나?" 또는 "직장에서 하루 종일 일하고 돌아온 뒤 행복하게 짐을 만났을 때도 이렇게 행동하나?"로 바꾸어보자. 당신의 소극적인 분노가 얼마나 오랫동안 계속되어 왔는지를 살펴보자. 결혼 초기에는 한두 시간도 당신만의 '감성'에 잠길 수 없었는데 지금은 남편과 며칠씩 '말하고 싶은 기분이 아닌' 적이 있는가? 당신이 소극적으로나 간접적으로 화가 나 있는 동안 머릿속에 떠오르는 생각들도 점검해보자. 때때로 우리는 계속해서 화를 내고 그러한 행동을 정당화할 수 있는 나름대로의 각본을 계속 만들어가고 있다. 또 우리는 행동뿐만 아니라 감정까지도 책임지지 않기 위해 분노를 완곡하게 표현하기 시작한다. 무슨 일이 일어나든 간에 '실망' 하거나 '우울' 하다고 생각하는가? 때때로 이것은 분노에 대한 연막작전에 불과하다. 즉 분노를 인정하지 않고 상대방으로 하여금 당신에게 준 상처를 불쾌해하도록 만드는 방법이다. 소극적 분노는 분노 자체를 인정하지 않지만 나중에는 좀 더 정직하게 당신의 감정과 행동을 들여다보게 하며 그것이 얼마나 역효과를 초래하는지도 볼 수 있게 한다.

다행히 화가 난 상대에게 당신이 그 상황에 대해 어떻게 느끼며 무엇이 달라지기를 바라는지 듣고 이해시킴으로써 당신의 메시지를 전하는 또 다른 방법이 있다. 이견이 발생했을 때 무엇을 말하고 행동할지를 조절할 수는 없지만 당신은 합리적 의사소통 전략을 적용하여 대화를 이끄는 방식에 영향을 줄 수는 있다. 이 전략이 바로 적극적 문제 해결이다.

생산적 분노 : 적극적 문제 해결

적극적 문제 해결은 공격적인 것이 아니라 적극적으로 대화하는 방식으로서, 위협하지 않으면서도 메시지를 명료하게 직접적으로 전달하는 것이다. 당신은 이야기하고 경청할 때 당신의 친구나 배우자를 바라보고, 보살핌과 책임감 있는 태도로 관심을 전달한다. 당신의 제스처와 몸의 움직임은 무뚝뚝하거나 산만하지 않고 부드러우며 당신이 전하고자 하는 핵심을 조용히 강조한다. 당신의 목소리 강도는 적정하며 음색은 흥미와 관심을 전달한다. 배우자의 목소리가 커지고 강렬해진다면 침착하게 대화하고 상황이 더 악화된다면 '정지' 신호를 사용하여 대화를 마무리할 수 있다.

의견 차이를 다룰 때의 문제 해결은 두 사람 모두가 이기는 해결책을 의미한다.

그러나 성공적으로 의사소통하기 전에 당신은 상대방이 무엇을 원하는지를 명확히 해야만 한다. 몇 분간 주제에 대한 서로의 자각을 평가하고 당신의 입장을 충분히 전달할 수 있도록 준비하자.

1단계. 인식하기 : 무엇을 생각하고 느끼고 필요로 하는지 알기

화난 상태에서 의사소통하는 것은 당신이 어떻게 느끼는지를 다른 사람에게 알려주지만 문제를 해결하는 데 필요한 정보를 제공해주지는 않는다. 분노를 터뜨리는 것은 그저 상황만 악화시킬 뿐이다. 우선 분노를 줄이기 위해 몇 분간 분노를 일으키는 상황을 사실적 사건, 감정, 사고, 욕구의 네 부분으로 나누어 생각해보자. 다른 사람에게 당신이 원하는 것을 이야기할 땐 각 부분을 염두에 두어야만 한다.

서지는 친구들과 레스토랑에서 유럽 여행 이야기를 하고 있는데 갑자기 소피아가 끼어들어서 그가 얼마나 정신이 없었는지 비행기 티켓까지 잊어버렸다고 이야기하자 화가 났다. 서지는 아내가 자신을 공개적으로 '망신시킨다' 고 생각했지만 이런 '놀림' 은 '계속' 되었다. 상기된 얼굴로 볼 때 그의 분노는 거의 50 이상이었다. 그는 분노 수준이 더 높아지지 않도록 해야 한다는 것을 알고 있었다. 서지는 STOP 방법(제7장)을 사용했다. 의자에 등을 기대고 앉아 심호흡을 하면서 의식적으로 일련의 사고를 멈추도록 혼잣말을 했다(S). 소피아가 의도적으로 자신을 망신시켰다는 그의 혼잣말은 '마음짐작' 과 '개인화' 처럼 왜곡된 것이라고 판단했다 (T). 소피아는 에너지가 넘치고 활달한 성격이라 종종 다른 사람의 말에 의견을 내세우거나 자신의 생각을 덧붙이곤 한다는 객관적인 **사실**을 알아차렸다(O). 그는 집으로 돌아가 아내에게 자신의 생각을 적극적으로 이야기하고 몇 가지 부분은 그녀가 시정해줄 것을 요청하는 것이 좋겠다고 결정했다(P).

이 계획을 실천하기 위해 그는 무슨 일이 일어났으며 소피아의 행동에 자신이 어떻게 느꼈는지를 인식하면서 사실을 바탕으로 자신의 생각을 점검했다. 그리고 자신의 생각과 의견을 반영하면서 소피아에게 무엇을 요청할지 결정했다.

서지는 제7장에 제시된 카메라 점검을 사용해 **사실적 사건**을 회상해보았다. 소피아가 이야기 도중 끼어들었지만 비하하는 발언은 아니었으며, 아내의 마음을 꿰뚫어볼 수는 없지만 의도적으로 망신을 주려 한 것은 아니었다고 결론지었다. 사실 아내는 평소에 그를 자주 지지해주며 칭찬하는 편이다.

그는 소피아의 말에 분노뿐 아니라 굴욕감을 **느꼈다는** 것을 깨닫게 되었다.

이 상황에 대한 서지의 주된 **생각/의견**은 방해받지 않고 말할 수 있는 권리를 갖고 싶으며, 그들의 결혼생활에 대한 사적인 내용을 상의 없이 다른 사람들에게 이야기하지 않았으면 하는 것이었다.

마지막으로 서지는 소피아에게 자신이 이야기할 때 완전히 집중해달라고 **말해야겠다고** 결정했다. 또한 그의 동의 없이 다른 사람들에게 개인적이거나 난처한 문제를 공개하여 자신을 당황스럽게 만들지 않았으면 한다고 생각했다. 그는 자신의 바람을 명확한 행동적 언어로 요구하기로 했다(예 : 나는 당신이 우리가 함께 동의한 것 이외의 사적인 이야기를 다른 사람들에게 하지 않았으면 좋겠어). 그는 하루 만에 달라질 거라고 기대하기보다는 달라지는 데 시간이 필요하다고 생각했고, 이러한 새롭고 현실적인 기대 덕분에 자신이 거의 분노하지 않게 되었음을 알았다.

2단계. 계획하기 : 최대의 효과를 위해 적절한 때 의사소통하기

의사소통은 상대방이 기꺼이 들을 준비가 되고 (방해받지 않고) 들을 수 있을 때 말하고자 하는 방식대로 지속된다. 이것은 적절한 환경을 의미한다. 산만하거나 불편한 시간과 장소는 당신이 듣는 것을 방해한다. 흥분이 가라앉도록 자리에 앉아서 다른 사람을 초대하라. 운전을 하거나 식당에서 밥을 먹거나 쇼핑을 하는 등의 상황에서 다른 사람과 의사소통하지 마라. 이러한 활동은 상대방이 집중할 수 없게 하며 당신과 상대방 모두에게 스트레스가 될 것이다. 또한 가족 모임, 파티, 다른 모임 자리를 중요한 이야기를 꺼내는 시간으로 선택하지 마라. 이때 당신의 이야기는 상대방으로 하여금 방어적인 태도를 부추기고 당신에게 귀 기울이는 것을 가로막으며 논쟁하게끔 부채질할 것이다.

적절한 상황을 골라내는 것만큼 중요한 것은 상대방의 신체적, 심리적, 감정적 상태를 파악하는 것이다. 당신은 비생산적으로 분노 표현을 하는 당신의 분노 자극 수준을 알아차리기 위해 공부하고 있으며, 감정의 내적 체계에 강력한 영향을 주는 외적 신호를 알아차리고 스스로 조율할 수 있다. 친구나 배우자의 분노 수준(제2장에서 설명한 '투쟁 혹은 도피'의 자동적 반응을 할 생리적 준비가 되었는지에 대한 척도)은 사람들이 당신의 사고, 감정, 필요에 대한 진술을 어떻게 받아들이고 반응하는지에 엄청난 역할을 한다. 최근에 당신이 의사소통하길 원했던 사람이 화를 내고 흥분했던 순간을 회상해보자. 분노 상황이 발생하기 전이나 발생하는 동안 상대방의 의사소통 내용과 표정, 목소리 톤, 자세, 동작을 통해 알아차린 것은 무엇인가? 상대방의 얼굴이 상기되었는가? 당신을 노려보았는가? 눈 맞춤을 피하기 위해 눈에 띄게 시선을 돌렸는가? 당신의 말에 동의하지 않으며 머리를 흔들었는가? 이러한 표현들은 모두 분노가 만들어질 수도 있다는 것을 언급한다. 이것은 신체적 동작과 신체 언어에서도 드러날 수 있다. 사람들은 화가 나면 상대방의 얼굴을 똑바로 쳐다보거나 손가락질하거나 거칠고 강압적인 자세를 취하거나 밀치기도 한다. 혹은 이와 반대로 당신을 떠나거나 내버려두기도 한다. 분노의 언어적 신호는 소리를 지르거나 중단하는 식으로 분명한 것뿐 아니라 과장되게 낮은 어조, 비꼬는 식으로 조소하거나 '그러거나 말거나'처럼 퉁명스럽게 반응하거나 모든 말을 거절하는 것도 포함된다. 말하는 방식 외에도 저주, 극심한 비판, 욕하기, 비난하기, 방어적 태도, 주제 바꾸기와 같은 것도 분노 형성의 신호가 될 수 있다. 만약 당신이 이야기하려고 할 때마다 상대방이 항상 이렇게 행동한다면 제9장에서처럼 하나 혹은 그 이상의 거절 전략을 쓸 필요가 있다.

　당신을 좌절시킬지도 모르는 주제라고 느낄 땐, 말하기 위한 다음 기회를 찾아라. 그러나 생리적으로 분노가 유발되는 사람과 이야기하는 것은 대개 성과가 없으며 논쟁하거나 더 나쁜 상황으로 몰고 간다. 크게 흥분했을 때는 당신의 친구나 친척들도 당신의 말에 집중하거나 귀 기울이기가 어려워진다. 심지어는 분노를 멈추지 못하고 분노 표현도 자제하지 못할 수도 있다.

3단계. 적극적 의사소통

서지는 소피아의 기분을 생각해서 꾹 참았지만 집으로 돌아오는 길에 큰소리로 "좋아. 친구들 앞에서 나를 바보로 만드는 데 성공했군. 또 한 번 나를 당황스럽게 만든다면 가만있지 않을 거야. 똑같이 복수하겠어."라고 퍼붓는다면 소피아가 어떻게 느낄지 상상해보자.

이러한 방식의 의사소통은 무엇이 잘못되었는가? 서지의 메시지는 소위 '너 전달법'으로 소피아에게만 초점을 두고 그녀가 잘못한 것을 비난하며 위협하는 형태로 지적함으로써 상대방의 동기만 부각시키고 상호 간의 대화를 단절시킨다.

더욱 나쁜 것은 밤에 차 안에서 대화를 나누기 때문에 소피아가 남편의 얼굴이나 신체 언어를 볼 수 없다는 점이다. 알 수 있는 것은 단지 남편의 큰 목소리와 빈정거리는 뉘앙스의 단어뿐이므로 그녀는 자연스럽게 공격받았다고 느낀다. 결과적으로 소피아는 제한적이고 부정적인 대응만 하게 될 것이다.

최근 누군가에게 화가 났던 상황을 생각해보자. '너 전달법'을 사용하지는 않았는가? 우리는 다음과 같은 식으로 말하는 것을 피해야 한다.

1. 자신이 알게 된 것을 이야기하는 것이 아니라 잘못된 점의 모든 책임을 상대방에게 두기
2. 상대방의 생각이나 감정을 특징짓거나(마음짐작) 아무런 근거 없이 부정적인 의도로 몰고 가는 것(개인화)
3. 제시된 '효과적 의사소통의 장애물' 표에서와 같이 상호 간 대화에서 벗어나거나 다른 사람을 위협할 수도 있는 대화의 장애물을 사용하는 것. 이 목록을 살펴보고 자신이 사용하는 장애물은 무엇인지 고려해보자.

서지는 소피아를 비난하거나 위협하지 않고 자기 인식의 네 가지 축에 온전히 초점을 둔 '나 전달법'을 사용했기 때문에 아내와 잘 이야기할 수

있었다. '나 전달법'은 적극적 의사소통의 핵심으로 어떠한 문제든지 경청하게 하고 문제 해결을 할 수 있게 하는 방식이다.

효과적 의사소통의 장애물

장애물	예시
'이것저것 열거하기'	• (새로운 이슈를 더하면서) "크리스마스 때도 그랬고, 지금도 그렇고 당신은 나한테 어떻게 하고 있지?"
'너도 마찬가지야'	• "내가 당신을 괴롭혔는지는 모르지만 당신도 항상 나를 괴롭혔잖아." • "당신도 나만큼이나 성질이 더럽군. 인정하지?"
'과거를 들추기'	• "작년에 당신이 ~할 때 어땠지?" • "2년 전 당신이 시장에서 돈을 잃어버린 거 기억 안나?"
과장하기	• "당신은 항상 잊어버리지." • "당신은 필요한 건 절대 가져오지 않는군."
낙인붙이기	• "당신은 비합리적이야." • "당신은 멍청이야. 완전히 잘못됐어."
마음짐작	• "당신이 나한테 화났다는 거 다 알아." • "당신은 내 기분을 망치기 위해서 논쟁하는 것을 좋아하지?"
추측하기	• "이건 먹히지 않을 걸. 당신은 다시 화가 날 거야." • "우리는 제대로 해낼 수 없을 거야."
흑백논리	• "이 토론은 완전 쓰레기군." • "당신의 주장은 완전히 말도 안 돼. 정말 쓸모없군."
'짜증 내기'	• (한숨을 쉬고 눈동자를 굴리며) "당신과 얘기하는 것은 희망도 없고 에너지 낭비야." • "제발 요점만 말할래?"

목소리, 표정, 신체 언어의 영향을 염두에 두면서 다음과 같이 '나 전
달법' 의 형태로 이야기해보자.

"[그것이 발생했을 때(예 : 지난밤 저녁식사에서, 일요일 저녁 친구네
집에서)]~에 [당신이 관찰한 사실적 사건]~했을 때,"

"나는 [당신의 감정(분노, 슬픔, 당황, 두려움 등)]~을 느꼈고,"

"내 생각은 [당신의 의견, 아이디어, 반응, 설명]~이며,"

"나는 당신이 [상대방에게 바라는 것을 분명하고 구체적인 (행동적) 언
어로 '정중하게 요청']~하기를 바라."

서지는 소피아에게 위에 언급된 것처럼 대명사 '나' 를 사용하여 그가
인식한 것들에 대해 침착하게 말했다. 그리고 다음과 같이 제안하였다.

"소피아, 오늘 모임에서 있었던 일을 당신과 이야기하고 싶어. 당신이
내 이야기를 가로막고 남들에게 내가 정신없었다고 말했을 때(사실) 정
말 창피하고 수치스러웠어(감정). 나는 당신이 치사하다고 생각하지 않
을 거라는 건 알지만 우리 둘 다 서로를 방해하지 않고 이야기를 마칠
권리가 있다고 생각해(사고). 나는 당신이 사생활을 존중해주었으면 좋
겠고, 나에게 물어보지 않고 다른 사람에게 사적인 이야기를 하지 않았
으면 해(정중한 요구). 당신은 어떻게 생각해?"

서지는 있는 그대로의 상황을 이야기하고 자신이 인식한 각 부분을 나
누어 원하는 바를 이야기했다(예 : 먼저 생각을 나눈 후 감정을, 그리고
요구를). 그의 목소리는 침착했고 의자에 기댄 채 부드러운 태도로 진지
하지만 위협적이지 않은 표정으로 소피아를 바라봤다. 소피아는 주의를

기울이며 그의 말에 반응하는 '적극적 경청'을 했다. 그녀는 서지의 말을
공격으로 느끼지 않았기 때문에 방어하거나 되받아칠 필요가 없었다.

적극적 경청 : 최대로 귀 기울이기

의사소통 양식	초점을 두어야 하는 부분
목소리	• 침착한 토론을 가능하게 하는 것은 무엇을 말하는가에 달려있다. 그러나 어떻게 말하는가도 중요하다.
말	• 끼어들지 말자. 초점은 상대방을 이해하는 데 있다. • 분명하지 않다면 상대방의 감정과 입장을 명료하게 해달라고 요구하라. • 적절한 시점에서 상대방의 감정, 사고, 욕구를 다시 표현해보자. 이것은 언제나 당신의 입장을 말하기 전에 이루어져야 한다.
목소리 톤과 크기	• 목소리를 평이하게 유지하되 관심을 보여라. • '점점 더…'를 피하라. 상대방의 언성이 높아지더라도 당신의 목소리를 높이지 마라.
신체 언어	• 신체 언어는 상대방에게 당신의 의사를 전달하는 중요한 의사소통임을 기억하라.
얼굴 표정	• 상대방을 바라보고 관심을 보여라. 눈동자를 굴리거나 눈살을 찌푸리는 등의 부정적 표정을 피하라.
자세	• 상대를 정면으로 바라보고 편안히 앉아서 앞으로 약간 몸을 기울이고 관심을 보여라.
동작과 제스처	• 부드럽게 움직이며 제스처를 취하라. 팔짱을 끼지 말고 '수용적'인 자세로 앉아라. • 상대방이 말할 때 '아니'라는 의미로 머리를 가로젓는 등의 부정적인 비언어적 행동을 하지 마라. • 고개를 끄덕이면서 듣고 있거나 동의한다는 것을 적절하게 표현하라.

소피아가 서지에게 했던 것처럼 파트너를 정면으로 바라보면서 침착하고 반영적인 대화를 해보자. 앞의 표 '적극적 경청 : 최대로 귀 기울이기'는 적극적 경청의 중요한 요소를 보여준다. 누군가 화가 나서 당신에게 덤벼들 때 '적극적 경청'을 해보자. 상대방은 위협받지 않으면서도 자신의 생각을 충분히 표현할 수 있는 기회를 얻어 당신의 말에 진심으로 귀를 기울이게 될 것이다.

반대로 상대방이 말을 끝내기 전에 당신이 끼어들거나 참을성 없이 행동하거나 도전한다면 무슨 일이 일어나는지도 주의 깊게 살펴보자.

차이가 발생했을 때 : 갈등 해결을 위한 적극적 의사소통

적극적 의사소통을 통해 서로를 이해하고 문제를 해결할 때 누가 그 일을 책임질지 결정해야 한다. 예를 들어, 당신과 배우자는 충분히 대화한 후 당신의 자녀가 적어도 8시 반까지는 잠자리에 들어야 한다고 함께 결정할 수 있지만 어떻게 잠자리에 들게 할 것이며 누가 그 일을 책임질지에 대해서도 결정해야만 한다.

그러나 중요한 문제를 해결하는 방법은 서로 다를 수 있다. 알다시피 분노는 기대에 미치지 못할 때 끓어오른다. 차이로 인한 결과를 수용하지 못하고 문제를 미해결된 상태로 둔다면 분노는 분개하는 단계로 넘어가게 된다.

분개함은 만성적인 분노 형태로 해결되지 않은 상황이 자극될 때마다 나타난다. 문제가 계속해서 지속되고 미해결 상태로 남아있다면 더욱 심각해진다. 예를 들어, 당신과 형제들이 부모님 용돈으로 각자 얼마를 부담할지 합의를 보지 못하는 경우를 생각해보자. 당신은 '불공평'하다고 느낄 때마다 이를 기억할 것이고 분노는 수면 아래에 있던 분개함으로부터 다시 튀어나올 것이다. 이것을 해결하지 않는다면 분개함은 지속될 것이다. 분개함을 예방하는 내용은 제11장에서 다룰 것이다.

두 사람 간에 어떤 의견 차가 있다 하더라도 서로 연합하여 모두에게 좋은 결과를 안겨주는 전략이 바로 적극적 문제 해결이다. 지오와 엘레나는 여름휴가 장소를 정하다가 의견 차이가 생기자 적극적으로 대화하기에 앞서 거리를 두었다.

엘레나는 가까운 곳으로 짧게 휴가를 갈 수밖에 없다는 지오의 말에 화가 났고 실망했다. 또 지오는 은퇴하고 유럽여행을 가기 위해 모은 돈을 엘레나가 '흥청망청' 쓰려는 것 같아 화가 났다.

꼬박 이틀 동안 냉전 상태를 보내고 난 뒤 두 사람은 어떻게 서로의 생각을 편안한 방식으로 나눌 수 있을지를 이야기하기로 했다. 적극적 의사소통과 적극적 경청을 통해 서로의 입장을 이해할 수 있었고 그들은 언성을 높이지 않고도 대화할 수 있다는 데 놀랐다. 그건 생전 처음 있는 일이었다!

다음은 서로의 차이를 해결하기 위한 문제 해결 단계이다. 문제를 해결해야 이 문제에 대한 앞으로의 분노의 불씨를 없앨 수 있다. 최근에 있었던 의견 차이를 각각의 문제 해결 단계에 어떻게 적용할 수 있었는지 생각해보자. 그저 차이에 대해 논쟁하는 것은 분노만 북돋을 뿐이라는 것을 염두에 두자. 당신의 분노 자극 수준을 항상 인식하면서 분노가 40에 도달할 때 STOP 방법을 사용할 수 있도록 준비하라. 50 이상으로 치솟는다면 '정지' 신호를 사용해 타임아웃하는 것을 기억하자. 화나게 하는 단어나 행동만큼 문제 해결을 빠르게 방해하는 것은 없다.

입장 요약하기 : 문제 해결을 위한 예고편

엘레나와 지오가 서로의 입장을 충분히 이해하자 나는 첫 번째 사람(맨 처음 이 주제를 꺼낸 사람)에게 그들이 학습한 것을 요약하게끔 했다. 요약은 각자의 해석을 덧붙이지 않고 서로의 입장을 간략하면서도 균형 있고 객관적으로 표현하는 것이다.

차이에 대한 입장을 요약하는 시작점에서는 당신이 동의하는 것이 무엇인지에 초점을 맞추고 그다음 해결해야 하는 중요한 차이가 무엇인지를 언급하는 것이 중요하다.

> 엘레나 : 우리 둘 다 8월에 휴가를 가는 데는 동의해요. 많은 돈을 쓸 형편이 아니니 일주일이 넘지 않는 범위의 국내 여행을 제안했어요. 저는 아이가 생긴다면 여행이 어렵기 때문에 지금 2주 정도 유럽 여행을 갔으면 하구요. 제 말이 맞죠?

지오는 곧바로 아내가 '오해'하고 있다고 지적했고 엘레나는 분노가 올라오는 것을 느꼈다(턱이 긴장됨). "또 시작이군. 지오는 나를 계속 비난해."라고 생각했다. 그녀는 자신의 생각이 분노를 부채질한다는 것을 알아차렸고 "나는 벗어날 수 있어. 나는 경청하고 다시 요약할 때 그의 입장을 포함하려고 노력할거야."의 생각으로 대응했다. 지오의 요점을 포함하여 다시 요약하자 그는 만족스러워 보였고 두 사람은 다음 단계로 넘어가게 되었다.

우선순위 정하기

다음은 두 사람이 핵심 욕구를 최종적으로 합의하는 단계이다. 두 사람은 무엇을 가장 중요하게 생각하는지를 우선순위별로 이야기했다.

엘레나가 가장 중요하게 여기는 것은 일상에서 벗어나 남편과 친밀한 시간을 보내는 것이었다. 두 번째는 날씨가 좋은 8월에 여행을 가는 것이고, 마지막으로는 해외로 여행을 가고 싶었다. 은퇴를 준비하는 것은 아직 이르다고 생각했다. 반면 지오는 은퇴자금을 모으는 것이 절대적이지만 매달 500달러를 저축할 수 있다면 휴가를 갈 만한 여유가 있다고 생각했다. 두 번째는 어디든 상관없이 아내와 함께 시간을 보내는 것이었고 그들은 합의점을 찾을 수 있었다.

그들은 많은 아이디어를 생각했고 이제 한두 가지 대안으로 정리하는 다음 단계로 넘어갈 준비가 되었다.

절충안 찾기

서로의 의견 차와 우선순위를 분명히 한 다음에는 두 사람의 분노를 감소시킬 수 있는 만족스러운 해결책을 찾아야 한다. 어느 쪽이든 마지못해하는 불만족스러운 해결로 반감을 사지 않게 해야 한다(그렇지 않으면 오히려 분노가 축적되어 더 많은 문제가 발생하게 된다). 양쪽 모두가 다 만족하기 위해서는 **조정**과 **타협**이 필요하다.

조정은 차후에 성취될 다른 안건에 대한 이해와 함께 서로의 입장을 지지하는 것이다(예 : 좋아요. 당신이 내년 여름에 일주일 정도 해외 여행을 가겠다면 이번 휴가는 미룰게요). 조정은 두 사람이 대립하여 타협이 불가능할 때 쓸 수 있는 유일한 전략일 수 있다(예 : 유럽에 가고 공휴일엔 집에서 보내기).

만약 한쪽이 성격, 가치관, 신념에 어긋나 불편하다면 조정은 피해야 한다(예 : 배우자와 조정하기 위해 당신의 종교적 신념을 저버리고 교회에 가기로 동의함). 이로 인한 불행한 결과는 미래에 더 많은 분노만 쌓을 뿐이다.

타협은 기본적으로 두 사람의 우선순위와 욕구를 충족시킬 수 있는 대안을 만들어내는 것이다. 예를 들어, 휴일 아침을 친정에서 보내고 오후에는 시댁에서 보내는 것과 같다. 이러한 경우 양쪽 모두의 욕구를 만족시킬 수 있다. 타협은 우선순위를 지혜롭게 다루는 것이지 가치를 다루는 것이 아님을 명심하자. 때로는 아무도 생각하지 못했던 새로운 대안을 찾을 수도 있다.

대안 만들기 : 브레인스토밍

분개할 땐 타협점을 찾기 어려울 수 있다. 이럴 땐 경직된 입장을 고수하기보다는 구조화된 문제 해결 접근인 '브레인스토밍'을 사용해보자. 브레인스토밍을 통해 두 사람은 해결을 위한 가능한 많은 아이디어를 낸다. 그중에는 허황되거나 수용할 수 없거나 한심한 것도 있을 수 있다. 그러나 좋은 아이디어는 함께 창의력을 발휘하는 가운데 창출된다. 다음은 효과적인 브레인스토밍을 위한 몇 가지 아이디어다.

- **판단 보류하기.** 한심한 아이디어라도 좋은 역암시countersuggestion를 자극할 수 있다. 경청하면서 분노를 참으려 하지 마라. 만약 당신이 "네, 하지만"을 반복적으로 말하는 것을 알아차렸다면 이것은 문제 해결에서 벗어나 이의를 제기하는 것이므로 해결책에 초점을 두도록 노력하자.
- **첫째는 양, 그다음이 질이다.** 가급적 새롭고 기발한 아이디어를 많이 만들어보자. 그중에서 전부 혹은 일부의 아이디어를 하나씩 꺼내어

쌓다보면 궁극적으로 해결책에 도달하게 된다.

- **과거를 들추지 말고 현재를 보기.** 이전에 무엇을 했고 무엇을 하지 않았는지에 집중하지 말자. 새로운 생각을 만들어내고 싶다면 모든 아이디어를 가치 있는 쪽으로 보자.

- **다른 사람들과 공유하기.** 특정 지식이나 인지한 것을 다른 사람과 나눔으로써 새로운 아이디어를 만들어낼 수 있다. 의견을 교환하다 보면 누군가는 다차원적인 시각으로 상황을 볼 수 있기 때문이다.

나는 이러한 아이디어를 적어보라고 권했는데 왜냐하면 이것은 나중에 검토하면서 가장 좋은 것을 뽑아내거나 두어 개를 비교하여 새롭고 훨씬 더 좋은 아이디어를 만들어낼 수 있게 하기 때문이다.

엘레나는 "각자의 우선순위를 충족시킬 수 있는 아이디어가 얼마나 많은지 봐요. 난 크루즈 여행을 해보고 싶었는데 저렴한 비용으로 갈 수 있는 방법이 있을 거예요. 비용이 얼마나 드는지, 우리에게 가능한지를 알아보면 어떨까요?"라고 제안했다.

지오는 "잠깐만, 내가 멀미하는 걸 알잖아. 이건 너무 이기적인 것 아냐?"라며 언성을 높였다. 엘레나는 또다시 분노가 올라오는 것을 알아차렸지만 깊게 심호흡을 하며 분노를 '정지' 시킬 수 있는 시간을 벌기 위해 다른 제안을 질문했다. 그녀는 의자에 기대어 앉아 조용한 목소리로 지오의 멀미를 인식하면서 비난으로 이야기의 초점이 흐려지지 않게 했다.

지오는 비행기를 타고 '어디든 너무 비싸지 않은 곳'으로 가자고 제안했다. 엘레나는 "지오, 당신이 멀미한다는 걸 깜박해서 미안해요. 비행기를 타는 게 좋겠어요. 그런데 난 해외 패키지 여행을 하면 어떨까 싶어요. 패키지가 좀 더 저렴하잖아요. 가고 싶은 곳이 있어요?"라고 말했다.

지오는 예산을 검토해본 후 "좀 더 돈을 쓸 수 있는지 알아보겠지만 4,000달러 안에서 가야 할 것 같아."라고 했다. 엘레나는 여행상품을 알아보았고 부부는 성취감을 느끼며 대화를 마무리했다.

엘레나와 지오는 우선순위를 고려하여 새로운 아이디어를 제안했고 마침내 타협점을 찾게 되었다. 그들은 경비를 줄일 수 있는 바하마로 패키지 여행을 가게 되었다. 두 사람은 결과에 만족했으며 가장 중요한 것은 논쟁으로 얼굴을 붉히기 전에 서로의 차이를 해결할 수 있는 능력을 확신하게 된 점이었다.

과정에 머무르기

이 장에서는 일단 분노가 유발되었을 때 성공적으로 대화할 수 있는 방법을 제안하였다. 당신의 가장 가깝고 친밀한 파트너나 직장 동료 등 대상이 누구든 간에 이 방법은 문제를 보다 쉽게 다루게 하고 서로의 차이를 빠르게 해결하게끔 한다.

그러나 분노를 다루는 과정에서 상대방이 협조하지 않을 땐 효과적으로 의사소통하려고 노력하는 것이 쉽지 않다. 상대방이 당신에게 위협적으로 분노하더라도 이 과정을 유지해야 한다. 제9장에서는 당신의 주변 상황이 격렬할 때 침착하게 대응할 수 있는 속성 과정을 소개할 것이다.

09

분노의 대상이 될 때

제 8장에서는 분노를 다루는 과정에서 가장 중요한 '적극적 문제 해결'에 대해 배웠다. 분노를 다스리면서 분노를 적절하게 표현하지 못한다면 이것은 반쪽짜리 갈등 해결에 불과하다. 고쳐야 하거나, 오래되었거나, 비현실적이거나, 완전히 잘못되었거나 분노를 일으키는 것은 어떤 것이건 다루어져야만 한다. 적극적 문제 해결이 이를 위한 방법이다. 이것은 파괴적인 분노로 옴짝달싹 못하는 것 대신에 일상의 갈등을 해결하도록 무엇인가를 할 수 있게 한다.

제8장에서는 감정을 표현하는 일이 전쟁을 선포하는 것이 아니라 문제를 해결하기 위한 의도로서 어떻게 분노의 감정을 표현하는지를 보여주었다. 그리고 가능한 해결책을 살펴보고 실천하는 방법에 대해 다루었다. 이러한 기법은 여러 상황에서 갈등의 긴장을 이완하고 모두가 함께 더불어 살 수 있는 실질적인 해결책을 제시한다. 그러나 상대방이 너무 화가 나서 당신이 감당하기 어려울 때는 어떻게 해야 할까?

제8장으로 돌아가 맨 앞의 인용문을 다시 읽어보자. 만약 마리아의 남편 벤이 적절하게 대화했고 적극적 문제 해결 기법을 사용했다면 마리아

는 남편의 말을 경청하고 두 사람 모두에게 만족스러운 해결책을 만들어 낼 수도 있었을 것이다. 그러나 그가 분노 조절 전문가인 양 행동했기 때문에 마리아도 바람직하게 대응하지 못했고 결국 서로에게 아무런 영향도 주지 못했다. 당신은 상대방이 벤처럼 화가 나서 당신을 몰아세우는 상황에서도 이에 휩쓸리지 않고 침착하게 대처한 적이 있을지도 모른다. 어떻게 하면 상대방이 크게 화를 낼 때도 흔들리지 않고 지금까지 학습한 분노 조절 아이디어를 성공적으로 적용할 수 있을까?

갈등을 해결하는 과정에서 상대방을 짜증 나지 않게 하면서도 말할 수 있는 방법이 있다. 존 가트맨 박사는 수많은 친밀한 사람들의 관계 평가에서 당신이 무엇을 하는가는 상대방이 다음에 무엇을 할지에 직접적으로 영향을 준다고 밝혔다. 당신이 상대방의 분노 행동을 감소시킬 수는 없더라도 상황이 불편하거나 위협적이라면 자리에서 벗어날 때라는 것을 알아차릴 수 있다.

상대방이 극도로 화가 나서 적극적 문제 해결로는 부족하고 당신도 분노를 주체하기 어렵다면 다음과 같이 두 가지 목표를 세워보자.

1. 우선 당신이 분노하기 시작한다는 데 주의를 기울여 상황을 진정시켜보자.
2. 당신을 향한 분노에 아무런 이득도 주지 말자.

단계 1. 다른 사람의 분노에 같이 반응하지 않기

최근 누군가로부터 억울하게 언어적 '공격'을 받은 적이 있었는가? 본능적으로 자신을 방어하거나 복수하려고 하지 않았는가? 사회심리학자는 이것이 부정적인 '균형'으로 상호작용하는 인간의 본성이라고 말한다. 가령 재활용 쓰레기를 수거하는 날 신문지를 내놓는 것을 깜박한 당신에게 아내가 "또!"라며 언성을 높이면 "시간이 없었다구!"로 되받아치게 된다. 열다섯 살짜리 자녀가 당신을 비웃으며 "구제불능"이라고 하면 당신은 스스로 제지하기도 전에 "꼴보기 싫은 멍청이"라고 해버린다. 누군가 고속도로에서 끼어들며 욕을 해대면 당신은 창문을 내리고 저속한 제스처를 한다. 상대방의 차는 벌써 멀리 가버렸겠지만.

물론 항상 친절하게 반응해야만 하는 것은 아니다. 지금은 분노가 일어나는 것을 알아차릴 수 있는 많은 경험을 했으므로, 다른 사람의 분노에 덩달아 화가 치밀어오를 때의 신체적 신호를 알아차리면 스스로를 침착하게 진정시킬 수 있다. 심호흡을 하고 자신이 선호하는 긴장이완기법을 시작하면서 당신의 생각을 빠르게 제압한다. 당신은 분노의 빈도와 강도를 조절함으로써 상대방과 분노 조절에 대해 이야기할 수 있으며 상대방 역시 당신과 동일한 균형을 이루게 된다.

제임스는 아들의 나쁜 학업성적을 어떻게 할지 아내와 의논할 때 가슴이 조이고 언성이 높아지는 것을 빠르게 알아차렸다. 그들의 의견에 차이가 있자 제임스는 STOP 방법을 사용하여 화를 다루고 자리에 앉아 심호흡을 하며 아내도 자리에 앉게끔 했다. 아내가 제임스에게 큰소리로 '무책임'하다고 비난하며 갈등이 고조되자 그는 아내에게 '정지' 신호를 사용하여 타임아웃을 했고, 그들이 차분하게 앉아 적극적 문제 해결 방법을 함께 사용할 때까지 논쟁을 중단하자고 했다. 그는 방에서 나와 이완기법을 사용해 자신을 진정시켰고 다시 돌아와 논의를 이어나갔다.

당신은 분노를 진정시켜 상호작용하려고 하지만 상대방이 침착하게 반응하지 못할 땐 '정지' 신호로 대화를 잠시 멈추어야 하며, 어떻게 반응할지를 조절해야 한다.

단계 2. 상대의 분노 보복에 대처하기

어떤 사람이 화가 나서 당신에게 공격적이거나 적대적으로 대하면 당신도 분노로 반응하거나 뭔가를 말하거나 감정적으로 속상하거나 더 나쁘게 느낄 만한 행동을 한다. 소극적 분노는 당신으로 하여금 거부나 죄의식을 느끼게끔 할 수도 있다('내가 뭘 잘못했지?' 혹은 '네가 말하려는 게 뭐야?'). 그러나 당신이 보복하지 않으면 상대방은 딜레마에 빠지게 된다. 당신의 의도를 어떻게 이해할까? 이러한 분노는 분명 효과가 없다. 상대방은 아마도 다른 시도를 할 것이다. 어떤 경우에는 더 강력한 '공격' 을 선택하는데, 만약 직면하는 것이 불편하다면 '정지' 를 외쳐야 한다. 최고의 각본은 상대방이 이러한 부정적 분노의 형태가 비효과적임을 깨닫고 보다 긍정적인 것을 시도하는 것이다. 그러나 그렇지 않더라도 당신이 스스로를 조절하고 불편함을 감소시켰다면 실패한 것이 아니다. 또한 당신과 가장 가까운 관계에 있는 친구나 가족들은 당신이 분노를 돋우는 방식을 사용하지 않는다는 것을 배울 것이고 이것은 그들이 미래에 당신을 대하는 방식에 영향을 줄 것이다. 갈등을 줄이지 못한다고 하더라도 침착하게 당신과 당신의 분노를 다스리는 것이 중요하다.

이 장에서는 다른 사람과의 관계에서 분노가 발생했을 때 보복하지 않고 갈등을 줄이는 아이디어에 대해 다룰 것이다. 먼저 분노의 가장 위협적인 형태인 적대감과 공격성을 살펴보자.

적대감과 공격성을 직면하고 극복하기

당신과 직접적으로 관련이 있든 아니든 간에 강렬한 분노를 무시하는 것은 쉽지 않다. 레스토랑 밖에서 큰 소리로 다투는 부부가 있다면 다가가지 않더라도 힐끔거리며 쳐다보게 된다. 가게에서 부모가 자녀의 뺨을 거세게 때리는 것을 못 본 척하고 싶지만 우리는 그 장면을 그냥 지나치기 어렵다. 이러한 분노 양상은 대개 신경이 쓰이며 그래서 가능한 빨리 거기에서 벗어나고 싶다는 반응을 일으킨다. 그것이 당신과 관련이 있다면 그것은 더 불쾌하게 느껴지므로 반사적으로 투쟁 혹은 도피 반응으로 끝나기가 쉽다. 그러나 이보다는 좀 더 신중한 반응이 필요하다.

슬프게도 이러한 분노 양상은 단기간에 효과적일 수 있기 때문에 매우 흔하게 발생하지만 '삐걱거리는 바퀴'에는 더 자주 기름칠을 해주어야 한다. 당신에게 강하게 분노를 표출하는 사람은 소리 지르기, 노려보기, 강력한 제스처 사용하기를 배워왔을지도 모른다.

당신은 이러한 분노 양상에 위협하거나 방어하거나 공공연하게 화내는 것으로 보복하지 않고 어떻게 대처할 수 있을까?

무엇을 말하는가가 아니라 어떻게 말하느냐가 관건이다

화를 다스릴 땐 의식적으로 상대방의 목소리만큼 혹은 그보다 더 크게 당신의 목소리를 '점점 더' 높이는 것을 피하는 데 집중해야 한다. 점점 더 하는 것은 상대방을 넘어서 두 사람 모두 서로의 이야기에 귀 기울이기보다 소리 지르는 것으로 끝나게 한다. 목소리를 차분하게 한다고 해서 상대방에게 어떤 영향력을 준다고 보장할 수 있는 것은 아니지만 언성을 높이지 않는 것은 분명 상황을 진정시킬 수 있다. 임상 경험을 통해 볼 때 상대방은 당신의 목소리 톤에 따라 맞춰지거나 오히려 실망하고 단념하기도 한다. 그렇지 않다면 기꺼이 견딜 수 있는 언어적 경계를 설정하는 것이 좋다. "당신은 정말 화가 난 것 같네요. 하지만 저는 우리가 차분하게 이야기하지 않는다면 당신의 말에 귀 기울이기가 어려워요. 그게 어렵다면 우리 둘 다 이 문제에 대해 경청할 수 있을 때 나중에 이야기하는 게 좋겠어요."

대화의 긴장을 줄이기 위해 가능하다면 자리에 앉아 긴장이 풀어지도록 자세를 취하자. 자세는 당신의 감정을 반영할 뿐 아니라 감정에 영향을 미친다.

목소리를 차분하게 유지하면서 이야기하면 몇몇 사람들은 당신이 우월하게 보이거나 거만하게 행동하려 한다고 할지도 모른다(예 : 당신이 뭔데 나보고 진정하라는 거야!). 당신이 군림하거나 따지는 듯한 말투로 거만하게 지시한 것은 아닌지 살펴보자. 그렇게 하기보다는 두 사람 모두를 위해 상대방과 **함께** 다른 접근을 제안하는 것처럼 이야기해보자. "전 정말로 긴장감이 느껴졌어요. 둘 다 자리에 앉아서 흥분을 가라앉히고 찬찬히 이야기해봅시다. 전 당신의 생각을 들어보고 싶은데 어떻게 생각하세요?"

일단 자리에 앉아 제8장에서 제시한 목소리, 표정, 신체 언어로 적극적 경청 기법을 사용해보자. 적극적 경청은 당신이 사용할 수 있는 최고의 이완기법이다. 만약 상대방이 자신의 상황을 충분히 말할 만큼 진정이 되었다면 이해받았다고 느낄 것이며 당신이 말할 차례가 되어 이야기할 땐 당신의 말에 더욱 주의를 기울일 것이다.

만약 상대방이 너무 가까이 앉아 개인적인 공간이 좁아졌다면 약간 물러 앉아 적절한 거리를 유지해달라고 요청한다. 반응할 때는 상대방에게 퍼붓지 말아야 한다. 이것은 위협적이기 때문에 갈등을 고조시키거나 신체적 공격을 유발할 수도 있기 때문이다.

신체적 접촉 금지

신체적 접촉은 종종 신체적 폭력을 야기하곤 한다. 따라서 상대방이 당신에게 화가 났다면 신체적 접촉은 피하는 것이 바람직하다. 다음을 고려해보자.

- 자리를 뜨려는 사람을 붙들지 마라. 당신의 의도가 얼마나 '선한지'와는 관계가 없다.
- 핵심을 강조하거나 상대방의 주의를 집중시키기 위해 어깨를 감싸거나 상대방의 가슴을 쿡 찌르는 등의 신체적 접촉은 절대로 하지 마라.
- 분노가 치솟을 땐 상대방을 향하여 애꿎은 물건(예: 신문이나 수건)을 던지지 마라.
- 상대방을 때리거나 잡는 행동은 분명히 폭력적이므로 두말할 것도 없이 피해야 한다. 만약 상대방이 화를 내며 당신에게 신체적으로 위협하거나 접촉한다면 당신은 안전을 위해 그 상황으로부터 벗어나거나 다른 사람에게 도움을 청할지를 고려해야 한다.

공격성과 적대감을 줄이기 위한 전략

때로는 주의 깊게 경청하는 것만으로는 분노의 강도를 줄이는 것이 충분하지 않다. 다음의 이완 전략은 고려해볼 만한 가치가 있다. 다음의 예문을 통해 사람들이 어떻게 분노 자극을 점검하면서 가능한 침착하게 분노관리 과정을 사용하는지 살펴보자.

침착하게 명료화하기

상대방의 사고, 감정, 욕구를 명확하게 하기 위한 질문은 언급된 것을 반영하고 재진술하게 한다. 재고하는 것은 상대방으로 하여금 그들의 말이 과했는지 비현실적인 요구였는지를 알아차릴 수 있게 한다. 또한 질문에 대답하는 것은 잠시 멈추고 생각할 수 있게 하며 분노가 커지는 것을 막을 수 있다. 명료함을 위해 질문하는 것은 당신에게도 경청하면서 관심을 가지고 의사소통하게 한다. 또한 당신에게 STOP 방법을 시작할 수 있는 시간을 준다. 상대방이 명료화하는 동안 당신은 차분하게 호흡하자.

> 크리스토퍼 : 지금까지 당신은 회의를 장악하며 내가 말할 기회조차 주지 않았어
>
> 요. 멜린다(상사) 앞에서 나를 그렇게 만들다니, 어떻게 그럴 수 있죠?
>
> (크리스의 목소리는 점점 높아졌고 그는 방을 서성거리기 시작하였다.)

크리스의 화난 목소리와 서성거리는 행동에 위협을 느낀 리는 가슴이 긴장되고 호흡이 가빠지는 것이 분노의 초기 신호임을 알아차렸다. 그는 등을 기대고 자리에 앉아 심호흡을 한 뒤 "크리스, 일단 앉아서 이야기합시다. 당신의 말을 자세히 듣고 싶어요."라고 말했다.

> 언어적이든 신체적이든 학대를 참는 것은 사후에 얼마나 후회하든지 간에 앞으로의 행동들을 부추길 뿐이라고 가족폭력에 관한 문헌은 제안한다. 언어적으로나 신체적인 학대 관계에 있다면 자조 학습 서적만으로는 충분하지 않다. 정신건강 상담가나 보다 전문적인 프로그램의 도움을 받아야만 학대 문제를 해결할 수 있다.

크리스가 퉁명스러운 얼굴로 자리에 앉자 리는 "제가 회의를 장악했다는 것과 다르게 행동해달라는 것이 좀 혼란스럽네요. 예를 들어주시겠어요?"

사실 혹은 원칙에 동의하기

상대방은 당신을 포함해 비난을 하거나 어떤 말을 할 때, 상황에 대한 당신의 기억을 바탕으로 전부 맞는지, 부분적으로 맞는지, 완전히 맞지 않는지를 바꾸려고 한다. 곧바로 거기에 반기를 드는 것은 갈등만 고조시킨다. 그보다는 상황에 대한 사실을 잠시 고려해보자. 만약 그의 말이 옳다면 상대방에게 동의하고 그의 기분을 인정한다.

> "당신이 맞아요. 제가 당신이 이야기하는 도중에 끼어들었지요. 제가 잘못했네요.
> 당신이 상처받고 화났다는 것을 이해할 수 있어요."

만약 당신이 상대방의 말에 대체적으로 동의한다면 작은 불일치를 트집 잡기보다는 주로 동의하는 부분을 강조하도록 한다.

> 마야 : 당신이 부모님께 전화하지 않는 것을 이해할 수 없어. 점점 늙어 가시는 두
> 분은 우리 전화만 애타게 기다리시잖아. 당신이 너무 바빠 전화조차 받을 수 없
> 다는 건 이기적이라고 생각해.

처음에 나단은 마야의 단정적인 말(전화를 받을 수조차 없는)과 낙인 붙이기(이기적)를 듣자 이러한 인지왜곡에 분노가 올라오는 것을 느꼈다(얼굴이 붉어짐). 그는 STOP 방법을 사용하여 등을 기대고 앉아 근육을 이완시키면서 좀 더 경청하였다(S). 그는 그녀가 '얼마나 불공평한지'에 초점을 두었기 때문에 급격히 화가 났음을 깨달았다(T). 그리고 곧바로 자주 전화하지 않았다는 객관적 사실을 보았다(O). 나단은 마야의 공격적인 대화 방식을 지적하기보다 마야에게 "당신은 알고 있지? 당신이 맞

아. 내가 종종 전화 드렸어야 하는데. 좀 더 자주 전화해야지. 앞으로 노력해볼게."라고 말했다(P). 그는 마야가 좀 가라앉는 것을 보았고, 그녀는 목소리를 낮추며 침착하게 대화했다.

다른 경우에서도 상황에 대한 상대방의 기억이나 관점에는 동의하지 않지만 원칙을 세울 수는 있다.

> 리암 : 당신은 어떻게 애들 앞에서 내 편을 들지 않을 수 있지? 나는 애들 아빠야. 애들에게 존경받아야 한다구. 당신은 내가 앨리슨에게 자러가라고 할 때마다 내 말을 끊어먹고 내 권위를 떨어뜨리잖아.
>
> 낸시 : 내가 '항상' 당신의 말을 잘라먹는 것은 아니지만, 우리가 애들을 키우는 원칙에서 서로를 지지해야 한다는 당신의 말은 맞아. 노력해볼게. 만약 당신의 의견에 동의하지 않을 때는 당신에게 먼저 말할게. 괜찮겠어?

리암은 훨씬 더 진정된 목소리로 "난 당신이 나를 무시한다고 생각했었는데 그걸 알아주니 다행이네. 화가 날 때 서로에게 알려주는 게 어때?"라고 반응했다.

대화 과정에 다시 초점두기

중요한 문제에 갈등이 있을 때 두 사람이 이야기하는 과정은 어떠한 해결에도 이르지 못할 수 있다. 그런 경우에는 **어떻게 이야기할지**를 논의하고 초점을 맞춰 침착하게 대화하는 규칙을 만들기 위해 '정지' 신호를 사용하자.

사무엘은 아내 앤 옆에서 손가락질을 하며 "난 당신이 또 신용카드 한도를 넘겼다는 걸 정말 믿을 수가 없어. 도대체 살림에 관심이 있는 거야? 분명 당신이 동의한 거잖아!"라고 소리 질렀다.

앤은 사무엘이 자신의 약점을 가지고 군림하려는 데 화가 났다. 남편이 언성을 낮추고 대화에 다시 초점을 맞출 수 있도록 앤이 할 수 있는 것은 무엇일까? 사무엘이 계속 자신을 들볶도록 내버려둔다면 앞으로도 이러한 행동 패턴은 계속될 것이다. 앤은 논쟁의 흐름을 바꿀 수 있는 긍정적, 부정적 선택을 모두 가지고 있다.

"소리 지르고 화내는 것 좀 그만해요. 당신은 꼭 못되게 놀리는 어린애 같군요. 당신은 너무 자기 자신밖에 몰라요. 왜 신용카드를 썼는지는 들으려 하지도 않잖아요."처럼 앤의 분노가 끝까지 치솟는다면 대화는 제대로 기능하기 어렵다. 앤은 사무엘의 얼굴에 대고 "어린애처럼 굴지 말아요. 그러려면 당장 나가버려요."라고 소리쳤다.

사무엘은 아내에게 큰소리로 "소리지르는 게 아니야. 당신이 모든 걸 엉망으로 만들어놨기 때문에 난 화낼 권리가 있다구. 당신에게 이야기해 봤자 소용없지."라고 말했다. 그는 침실 문을 쾅 닫으며 방으로 들어갔고 부부는 남은 저녁을 냉전 상태로 보냈다.

우리는 앤이 왜 사무엘의 격양된 방식에 이렇게 대응했는지 이해할 수 있다. 그녀는 확고한 입장을 취해야 한다고 생각했다. 그녀의 분노는 더이상 회복할 수 없었고 반응을 통제할 수 없는 지점까지 치솟아 사무엘과 똑같이 행동한 것이다. 당신은 그녀가 '나 전달법' 대신 '너 전달법'을 사용하여 문제를 얼마나 악화시켰는지를 보았는가? 이에 대한 대안과 바람직한 예문으로서 내용 중심에서 과정 중심으로 대화를 전환하는 적극적 접근은 어떻게 해야 할까?

앤 : 사무엘, 일단 자리에 앉을게요. 당신도 앉아서 차분하게 얘기 좀 해요.

사무엘은 계속 서 있다. 앤은 다시 "사무엘 전 당신이 좀 앉았으면 좋겠어요. 그래야 당신의 이야기를 더 잘 들을 수 있을 것 같아요."라고 하자 사무엘은 머뭇거리며 중얼거리더니 자리에 앉았다(만약 사무엘이 거부한다면 앤은 '정지' 신호를 사용하고 상황에서 벗어나는 것이 좋다). 먼저 STOP 방법을 사용하여 분노를 조절하기 위해 등을 기대고 앉아 심호흡을 한 뒤 규칙을 정하기 위한 계획을 세웠다. 앤은 "고마워요, 사무엘. 우리 대화가 나를 순간적으로 긴장하게 했어요. 저는 당신의 이야기를 듣고 싶지만 당신이 소리를 지르고 비난하면 그렇게 하기가 어려워요. 신용카드와 소비에 대해서 이야기하려면 먼저 몇 가지 규칙을 생각해봐야 할 것 같아요."라고 말했다.

> **사무엘** : 규칙이 뭔데? 난 지금 화났어. 화낼 권리가 있다구.
>
> **앤** : 우리가 서로 의견이 다르더라도 공격하지 않는 것은 어때요? 저도 중간에 끼어들지 않고 당신의 말을 경청할게요. 당신이 이야기를 끝내면 저에게도 똑같이 집중해주었으면 좋겠어요. 만약 우리 중 누군가가 화가 난다면 10~15분 정도 잠깐 멈춰요. 커피를 마신다던가 하면서 진정될 때까지요. 어떻게 생각해요?

좀 더 이야기하고 나서 사무엘은 재정 문제를 해결하길 원했기 때문에 이 규칙을 지키기로 동의했다. 앤은 사무엘의 언성이 높아지는 지점에서 '정지' 신호를 사용했다. 나중에는 자신의 목소리가 커지는 것을 미처 알아차리지 못했는데 사무엘이 '정지'를 외쳐 놀랐다. 그녀는 어깨가 굳어지고 얼굴이 붉어지는 등 분노가 시작되는 초기 신체적 신호에 주의를 기울여야 한다는 것을 깨달았다. 두 사람은 결국 카드 사용에 대해 합의를 볼 수 있게 되었다.

같은 말 되풀이하기

다른 사람의 말에 휩쓸리지 않고 단순히 자신의 요점과 요청을 반복하는 것이 얼마나 영향력이 있는지 생각해보자. 노래에 빠져 계속 '같은 말을 되풀이' 하는 것처럼 들릴 때까지 혹은 논쟁이 끝날 때까지 당신의 입장을 침착하게 유지해보자.

> 크리슨 : 조셉, 우리는 제이든의 학교에서 행동에 대해 이야기하고 계획을 세워야
>   한다고 생각해.
> 조셉 : 당신이 제이든에게 좀 더 일관적으로 훈육한다면 이런 문제는 없을 거야.

크리슨은 이런 식으로 가다보면 머리가 돌아버릴지도 모르겠다는 것을 알아차렸다. 그는 분노가 치솟는 것을 '멈추게' 하기 위해서 자리에 앉아 심호흡을 한 뒤 "조셉, 나는 우리가 자리에 앉아서 제이든의 학교생활에 대해 이야기할 필요가 있다고 생각해. 언제가 좋을까?"라고 말했다.

조셉은 "당신이 애한테 빌빌댄다고 생각하진 않아? 당신은 뭐든 끝까지 마무리하는 법이 없어. 애가 나쁜 짓을 해도 대충 넘어가잖아!"라고 소리 질렀다.

크리슨은 계속 깊이 호흡하고 침착하게 들으면서 "침착해. 진정하자."라고 혼잣말을 했고 "조셉, 일단 자리에 앉아서 제이든의 행동을 어떻게 할지 생각을 좀 해보자."라고 부드럽게 말했다.

> 조셉 : 좋아. 우리는 앞으로 할 일을 정할 필요가 있어. 지금은 시간이 없으니 오늘
>   저녁 아이가 잠든 후에 이야기하는 게 어때?
> 크리슨 : 좋아. 그렇게 하자.

크리슨은 분노를 조절했기 때문에 조셉이 아들에 대한 실망감으로 공격하며 게임을 걸 때도 거기에 '낚이지' 않을 수 있었다. 그녀는 도움이 되지 않는 말은 무시하고 자신의 요구를 다시 말했으며 마침내 조셉도 누그러지며 시간을 갖기로 동의했다. 같은 말 되풀이하기 기법은 단순해보이지만 꽤 효과적이다.

온전함 유지하기 : 간접적이고 소극적인 분노에 대처하는 전략

누군가 공공연하게 화를 내고 무례하게 군다면 당신은 적어도 어떻게 대처해야 하는지는 알고 있다. 상황을 이완시키거나 사태가 진정될 때까지 그 자리를 벗어날 수도 있다. 반대로 너무 간접적으로 표현되어 인식조차 할 수 없는 분노를 다룰 때는 미칠 것 같은 느낌을 받을 수도 있다. 빈정대는 말이나 소극적 공격과 같은 표현은 어떻게 대처할 것인가? 누군가 당신을 냉담하게 외면한다면 어떻게 하는가?

사람을 위축시키는 분노 표현을 선택하는 사람들로 인해 자신이 무능력하게 느껴지더라도, 당신은 여기에 어떻게 반응할지를 조절할 수 있어야 한다. 적대감과 공격성에서처럼 목표는 갈등의 긴장을 줄이는 것이며 이러한 분노 표현이 지속되는 데 어떠한 보상도 주지 않는 것이다.

당당하게 자신의 감정을 드러내라

상대방이 자신의 분노와 욕구를 꺼내 이야기하고 싶어 하지 않더라도 당신은 반복되는 파괴적 행동을 간과해서는 안 된다. 상대방이 말하고자 하는 의도와 행동이 당신에게 어떤 영향을 미치는지 분명히 전달하면서

'나 전달법'으로 이야기하라. 상대방이 선한 의도로 농담했거나 당신에게 생각할 시간을 주었더라도 당신이 불쾌했거나 수용하기 어려울 수 있다는 것을 알아야 한다. 이러한 의사소통은 확고하며 적극적이다.

어떻게 다르게 반응할지 '예고하기'

소극적 분노를 표현하는 이유가 무엇이든 간에 당신이 상대방의 행동에 부정적 영향을 받는다면 당신이 어떻게 반응할지를 상대방에게 알리자. 이것은 상대방이 서서히 변화할 수 있게 한다. 만약 소극적 분노가 다시 표현된다면 당신이 예고한 대로 하자.

이제 각각의 소극적 분노 표현에 목표를 적용해보자.

빈정대기에 대처하기

사람들은 빈정대기를 하고는 흔히 '유머'나 '농담'이라며 변명하곤 한다. 조롱으로 당신의 기분이 상했는데 유머 감각이 없다거나 너무 '민감하다'는 식으로 비난받는다면 아마도 불공평하게 느껴질 것이다.

먼저 상대방의 행동이 '농담'으로 받아들이기에는 기분이 좋지 않다는 것을 '나 전달법'으로 분명하게 표현해야 한다.

"어젯밤 내가 얼마나 많이 먹는지를 당신이 계속해서 언급할 때 매우 당황스럽고 창피했어. 알다시피 나는 몸무게에 신경 쓰고 있잖아."라며 엔젤이 이자벨라에게 말했다.

이자벨라는 "난 그런 뜻이 아니었어. 왜 그렇게 예민해? 다들 내가 농담했다고 알고 있는데….'"라며 변명했다.

엔젤은 얼굴이 붉어짐을 느끼며 "이자벨라는 나에게 조금도 관심이 없군!"이라고 생각했다. 엔젤은 STOP 방법을 사용해서 의자에 기대고 앉아 심호흡하며 "그녀는 모든 사람을 빈정대지. 그러나 그녀가 날 사랑한다는 것을 알고 있어. 그녀는 그게 얼마나 상처가 되는지 모를 뿐이야."라는 객관적 사실에 집중했다. 그는 자신의 반응을 말하기로 결정했다(계획). "당신은 농담으로 말했겠지만 난 기분이 나빴어. 당신의 말에 내가 어떻게 느꼈는가가 중요하다고 생각해. 당신이 나를 불편하게 만들 의도가 아니었다면 다른 사람들 앞에서 내 몸무게에 대해 이야기하는 걸 피해줬음 좋겠어."

다음번에 또 이런 상황이 발생한다면 표면적인 조롱보다는 내면의 감정과 욕구에 초점을 두면서 "이자벨라, 재미있게 하려는 것보다 지금 당신이 나에게 요구하는 것이나 나에 대해 어떻게 느끼는지를 말해주는 게 어때?"라고 요청할 수도 있다.

만약 그 행동이 계속되고 당신이 또다시 다른 사람들 앞에서 조롱받는 것처럼 느낀다면 어떻게 대처할지를 상대방에게 알리자. 엔젤은 외출하기 전에 이자벨라와 예행연습을 했다. 한번은 "당신에게 날 조롱하지 말라고 조용히 따로 이야기할 거야. 그런데도 당신이 계속한다면 내가 그걸 어떻게 느끼는지 그 자리에서 다 얘기해버릴 거야."라고 예고했다.

이자벨라는 놀라서 "그 말은 사람들 앞에서 날 망신시키겠다는 거야?"라고 말했다.

엔젤은 "당신이 당황스럽다면 그건 당신이 만들어낸 결과지. 난 더 이상 웃음거리가 되고 싶지 않아. 당신 하기 나름이야."라고 대답했다.

물론 이자벨라가 말하기 전에 한 번 더 생각해보고 진짜 농담과 엔젤을 희생시키는 빈정대기의 차이를 구분해서 말한다면 더할 나위 없을 것이다. 어쨌든 엔젤은 이제 이 행동을 다룰 수 있는 힘이 있다고 느낀다.

소극적 공격에 대처하기

소극적 공격은 원하는 반응을 억제하고 의도적으로 잘못한 것이 없다고 부인하면서 간접적으로 분노를 표현하는 방식이다. 에덴의 회피에 대한 카일라의 반응은 간접적이고 긴장된 행동에 직면했을 때 스스로에게 힘을 주기 위해 대처하는 좋은 예이다.

에덴은 화가 나면 카일라가 편하게 해주려고 해도 거부하거나 최소한의 반응만 한다. 그는 종종 카일라가 부탁한 것을 '잊어버리고', 짜증이 나면 그녀가 원하는 것은 무엇이든 해주지 않는다. 상담에 왔을 때 에덴은 자신이 화가 난 것을 부인했으며 카일라는 어찌할 바를 몰라 당황스러워했다. 우리는 그녀가 자존감을 지키면서 에덴에게 영향을 주기 위해 무엇을 할 수 있는지에 초점을 맞추고 살펴보았다.

당신의 부탁에 상대방이 왜 반응하지 않는지를 따지거나 비난하지 않고 거부 반응에 대한 자신의 생각, 감정, 욕구를 침착하게 살펴보자. 상대방이 왜 그렇게 반응하는지 추측하기보다는 '나 전달법'으로 침착하게 이야기해보자.

카일라는 "에덴, 어제 저녁식사 때 당신은 날 쳐다보지도 않고 밥 먹는 내내 한마디도 하지 않았어요. 당신은 화나지 않았다고 했지만 그럴 때마다 내가 당신한테 얼마나 소외감을 느끼는지 알아요? 당신이 나랑 외출하고 싶다면 밥 먹을 때도 좀 참여하려고 애쓰고 당신이 어떻게 느끼는지에 대해 서로 분명하게 이야기해줬음 좋겠어요."라고 말했다.

에덴은 "카일라, 그건 모두 오해야. 그저 지난 밤 기분이 좋지 않았을 뿐인데 왜 그렇게 심각하게 생각하는 거야? 그렇게 나쁘진 않았잖아."라고 변명했다.

카일라는 목에 긴장감을 느꼈고 이것이 분노의 초기 신호라는 것을 알아차렸다. 그녀는 자리에 앉으며 남편도 앉게끔 했고 심호흡을 하면서 "그가 날 폭발하게끔 내버려 두지 않을 거야."라는 생각에 집중했다. 그녀는 자신의 분노를 점검하면서 "더 이상 당신에게 태클걸지 않을 거예요. 만약 당신이 언짢거나 혼자 있고 싶다면 그냥 그렇다고 말해줘요."라고 말했다.

에덴이 계속해서 자신의 행동을 부인하자 카일라는 다음에도 그런다면 어떻게 반응할지를 간단하게 예고했다. "만약 당신이 거부한다고 느끼면 당신에게 이야기할 거예요. 당신이 행동을 바꾸거나 내가 나가야겠죠. 나를 무시하는 사람과 함께 있느니 차라리 혼자 있는 게 나으니깐요."

여기에서는 카일라가 에덴의 감정을 '마음짐작' 하면서 그날 저녁을 망친 에덴을 비난하지 않았다는 점에 주목하자. 그녀는 명확하고 단순하게 앞으로 바라는 것을 밝혔고, 앞으로도 이 상황이 계속될 경우 자신의 바람을 충족시키고 조절하기 위한 계획을 제시했다.

또한 상대방의 소극적 공격 반응으로부터 당신의 행동을 분리하는 것이 중요하다. 하지 못하는 것보다는 당신의 바람을 만족시키는 공정하고 효과적인 방식으로 행동하자. 예를 들어, 카일라는 "에덴, 당신이 하겠다고 했던 페인트칠을 하지 않았기 때문에 5월 3일엔 페인트공을 고용할 생각이에요. 만약 그전에 당신이 한다면 페인트공을 부르지 않겠지만, 아니라면 그를 불러 페인트칠을 시킬 거예요. 당신이 어떻게 할지 결정해요."라고 말할 수도 있다. 경제적 부담은 있지만 카일라는 에덴의 소극적 공격 반응으로 허우적대지 않을 것이다.

냉담에 대처하기

다른 사람이 당신에게 신경 쓰지 않거나 대꾸도 하지 않는다면 당신은 이러한 냉담에 어떻게 반응하는가? 상대방의 기분을 풀어주려고 하는가 아니면 달래주려고 하는가? 그렇게 할 수도 있겠지만 이것은 상대방이 계속해서 냉담의 무기를 사용하게 할 것이다. 혹은 똑같은 행동으로 상대방을 '응징' 할 것인가?

이러한 비효율적인 반응으로 냉담을 다루기보다는 그러한 행동에 대한 혼란, 의문, 놀라움을 표현하면서 '나 전달법' 으로 당신이 본 상대방의 행동을 분명하게 다루자. 그리고 당신이 원하는 것을 상대방에게 알리자.

노아는 아내 멜라니가 며칠 동안 말하기를 거부해서 몹시 화가 났다. 그는 아내에게 대놓고 분노를 표현했는데 그것은 멜라니를 더욱 냉담하게 만들었다. 노아는 이 장에서 언급한 몇 가지 기법을 시도하면서 끝없는 악순환의 고리를 끊기로 결심했다. 나의 사무실에서 노아는 멜라니의 냉담에 직면했다.

노아는 "당신은 오늘 아침에 대꾸도 안하고 쳐다보지도 않았지. 그리고 오늘 직장에서 어땠는지를 묻자 퉁명스럽게 최소한의 말만 해서 당황스러웠어. 어디서부터 뭐가 잘못됐는지 모르겠지만 당신이 어떻게 느끼는지 바라는 게 뭔지 말해준다면 기꺼이 들을 준비가 되어있어."

노아는 앞으로 어떻게 반응할지도 예고했다. "당신은 거부하거나 말하지 않거나 어떤 것이든 할 권리가 있어. 나는 필요하다면 당신에게 계속 이야기할 거야. 만약 당신이 거기에 반응하는 걸 선택한다면 더할 나위 없겠지만 그렇지 않다면 나도 내 방식대로 할 거야."

멜라니가 노아에게 반응하지 않는다면 그녀는 둘이 함께 누릴 수 있는 재미와 즐길 수 있는 활동을 잃는 어쩔 수 없는 결과를 경험할 뿐 아니라 그녀가 누려온 '이득' 도 얻지 못하게 된다(노아는 반응하고, 그녀가 말하기를 애원하고 그러다 화를 낸다). 노아가 계속 평소처럼 멜라니가 참여하도록 조용히 이끌자 그녀는 더 이상 냉담할 이유가 없어졌다.

안정궤도에 머무르기

지금까지 당신은 분노를 조절하는 중요한 단계들을 배워왔다. 당신의 사고, 감정, 욕구를 어떻게 의사소통하는가를 통해 무엇이 당신의 분노를 일으키는지를 인식하는 것에서 시작해서 과거의 분노 방식을 버리고 새롭게 '자동화' 되도록 연습하는 아이디어와 예문을 제공해왔다.

　이러한 유형의 정보를 제공하는 자가 학습 교재들이 있지만 단지 이것을 읽는 것만으로는 충분하지 않다. 제10장에서는 앞으로의 예측할 수 없는 도전에 계속 대처해나가기 위해 새로운 '습관' 을 만드는 방법을 제공할 것이다.

　당신은 때때로 어려움을 경험할 것이다. 일상 스트레스가 높거나 특별히 치명적인 분노를 경험할 땐 새로운 습관을 유지하기가 어려울 수 있다. 제12장에서는 파도가 요동칠 때 어떻게 진행할지에 대한 지침과 신념을 제공할 것이다.

연습

분노가 일어날 때 더 나은 의사소통을 하기 위한 여정에서의 시작점은 당신 자신이나 다른 사람에게나 좋은 경청자가 되는 방법을 연습하는 것이다. 제8장에 제시한 '적극적 경청' 을 바탕으로 직장, 친구, 가정에서 상대방에게 충분히 집중할 기회를 찾는 것부터 시작해보자. 갈등을 예방하는 데 있어서 상대방의 내면 세계를 진심으로 이해하려고 노력하는 것만큼 강력한 것은 없다. 대개 분노는 당신이든 상대방이든 이해받지 못했거나 인정받지 못했다고 느낄 때 증폭한다는 것을 명심하라.

다음으로는 매사에 '나 전달법'을 실천하는 것이다. 상대방에게 긍정적인 피드백을 주거나 감사를 표현하는 것부터 시작하는 것이 가장 쉽다. 예를 들어, 배우자가 당신을 위해 특별한 요리를 준비했다면 "이 음식을 만들기 위해 정말 수고했네. 난 정말 기쁘고 행복해. 나도 당신에게 특별한 뭔가를 해주고 싶어. 정말로 고마워요."라고 말할 수 있다. 레스토랑에서 마음에 들지 않은 음식을 돌려보내는 것처럼 부정적인 감정을 연습할 기회를 찾아보자(이 스테이크를 어떻게 요리한 건지 모르겠지만 너무 질기네요. 미디움레어로 다시 부탁드려요. 감사합니다). 혹은 직장 내 부하직원들과의 미팅에서 다른 사람들에게 동의하지 않는다거나 당신의 아이디어를 고려해줄 것을 요청하는 식으로 연습해볼 수 있다. "내 의견이 무시된 것처럼 보여 당황스럽군요(이해할 수 없군요, 놀랍군요, 걱정스럽군요). 지금 이것을 논의한다면 고맙겠네요." 상점이나 레스토랑이나 직장에서 동료들과 있거나 가족과 함께할 때 동의하는 것과 불만족스러운 것을 차분하게 표현하는 것을 연습함에 따라 '나 전달법'을 쉽게 적용할 수 있는 능력이 증진되고 필요할 때마다 사용할 수 있게 된다.

이 장에서 학습한 것을 토대로 최근에 누군가와 갈등이 있었던 상황을 떠올려보자. 상상력을 동원하여 눈을 감고 당신이 어디에 있으며 어떤 갈등이 있는지를 생생하게 그려보자. 당신과 상대방은 무엇을 말했으며, 당신은 어떻게 말했고 언어적/비언어적 행동은 무엇이었는지 상상해보자. 그다음 제8장과 제9장에서 배운 아이디어를 가지고 직면해보자.

1. 첫째, 상대방의 말을 경청하고 관찰한다. 상대방이 무엇을 말하는지에 전적으로 주의를 기울이고 명료화한다. 잠시 후 당신이 말하기 전에 상대방이 말한 것을 바꾸어 다시 말해본다.

2. 이제 실제로 무엇을 말했고 무엇을 했고 당신의 감정, 사고와 상대방으로부터 필요로 하는 것이 무엇인지에 관한 당신의 자각에 대해 생각해보자.

3. 적극적 문제 해결을 실천해보자. 먼저 '나 전달법'으로 상대방에게 의사소통하라. 혼잣말을 상상해보면서 상대방을 바라보고 표정, 제스처, 신체 언어를 사용하여 침착하지만 관심있는 태도로 전달하라. 목소리는 낮은 톤에서 중간 정도를 유지하면서 당신이 전달하려는 메시지와 목소리 톤이 일치하게끔 주의를 기울인다. 다음과 같이 "(상대방의 행동이나 상황을 묘사)~할 때, 나는 (상대방에게 당신이 어떻게 느끼는지/느꼈는지를 말함)~를 느꼈어요."의 형식으로 말해보자. 그다음 일어난 상황에 대한 당신의 생각이나 의견을 다른 사람에게 "제 생각에는…."으로 전달한다. 그리고 앞으로 당신이 원하는 것을 "앞으로는 당신이 ~한다면 좋겠어요."라고 말해보자.

4. 당신과 상대방의 입장 간에 어떤 갈등이 있을지 생각해보자. 문제 해결 단계를 밟는 것을 상상해보고 가능한 한 객관적으로 당신과 상대방의 입장을 요약해보자. 상대방에게 요약이 정확한지를 물어보고 그렇지 않다면 상대방의 입장을 수정해서 다시 말해보자. 입장에 대한 요약은 동의되어야 하며 명확해야 한다. 그다음 서로에게 가장 중요한 것이 무엇인지 우선순위를 가리는 데 초점을 둔다. 그리고 조정이든 타협이든 절충안을 찾으며 브레인스토밍 단계를 통해 해결책을 찾는다.

5. 이 장에 제시된 긴장이완기법을 적용해서 과거에 경험한 직접적인
   분노 표현을 연습해보자.

- **명료화를** 사용하여 상대방의 생각, 감정, 욕구에 대한 더 많은 정보를
  질문한다. 이것은 생각할 시간을 마련해준다.
- 사실이나 원칙 면에서 상대방이 말한 것에 **동의하는지를** 생각해본다.
- 논쟁이 분노 표현을 악화시키는지 상상해본다. 논쟁에 대한 새로운
  규칙을 정하고 **과정에** 재초점을 두자.
- 논쟁의 강도가 높아지지 않으면서 당신이 상대방에게 원하는 것을
  반복적으로 이야기하기 위해 **같은 말 되풀이하기** 기법을 심상으로 연
  습해보자.

이러한 의사소통 전략은 언제든 현실 상황에 적용할 수 있다. 당신의
기술을 증진시키기 위해 낮은 수준의 분노를 지각하는 것에서 시작하거
나 부담스럽지 않은 가벼운 상황을 첫 번째 연습으로 시작해보자. 당신이
배운 모든 기술을 적용해보자.

예를 들어, 친구 사무실에서 흘러나오는 소음 때문에 짜증이 나는 것을
가정해보자(어깨가 딱딱해지기 시작하고 '집중할 수가 없군'과 같은 혼
잣말이 지배적이다). 당신은 반영하는 것을 멈추고 그 소리가 객관적으로
얼마나 크고, 얼마나 짜증이 나는지 그리고 이러한 행동이 얼마나 무례하
다고 생각하는지를 가늠해보자. 그는 친구이며 쉽게 이야기할 수 있기 때
문에 '나 전달법'을 적용해서 문제 해결을 시도해볼 수 있다(예 : 전화를
받을 때는 문을 닫아달라거나 사무실에서 큰 규모의 회의를 할 땐 알려달
라고 하기). 만약 그가 소음 문제가 '그렇게 나쁘지 않다'고 한다면 '같은

말 되풀이하기' 기법을 사용해서 소음으로 인해 집중하기 어렵다고 정중하게 이야기해보자. 그는 당신의 메시지를 이해할 것이며 당신은 상황을 다룬 방식에 좋은 기분을 느낄 것이고 스스로에게 더 많은 자신감을 갖게 될 것이다.

당신은 남동생과 좋은 관계를 유지하지만 정치적 이슈에 대한 입장은 달라 그것이 서로를 거슬리게 할 수도 있다. '나 전달법'과 적극적 경청 기법을 통해 분노가 발생하기 전에 갈등을 줄여보고 남동생과 이야기할 때 새로 찾은 기술을 염두에 두면서 적용해보자. 그의 말에 끼어들지 않고 진정으로 경청하고 바꾸어 다시 말할 때 그의 목소리는 침착해지고 당신의 말을 좀 더 경청할 것이다. 그가 당신의 생각을 '바보스럽다'고 말하면 화가 치솟고 목이 긴장되며 호흡이 가빠지는 것을 알아차릴 것이다. 당신은 STOP 방법을 사용하여 의자에 기대고 앉아 심호흡을 하고 긴장을 이완시키기 위해 차분하게 명료화 기법을 사용한다. 이것은 효과가 있을 것이며 당신을 안정궤도에 머물게 할 것이다. 그와 함께 연습함으로써 당신은 결과의 위험이 크지 않을 때 스스로를 시험해볼 수 있는 기회를 갖게 될 것이다. 결국 당신과 남동생은 수년간 정치적 이슈에 관해서는 서로 동의하지 않을 수 있지만 그는 여전히 당신을 사랑한다.

위험부담이 적은 상황에서 기법들을 연습함으로써 심각하게 도전적인 상황에서도 그 기법들이 효력을 발휘할 수 있게 될 것이다. 더 많은 연습만이 더 나은 기술을 발전시킨다.

다른 사람의 분노를 진정시키고 거기서부터 벗어나게 할 수 있는 다양한 방법을 고찰해보고, 이를 확장하기 위해 나의 책 화를 내고 후회하는 화내지 않고 이기는을 참고해보자.

6단계

과정에 머무르기
새로운 행동을 유지하면서
장애물 극복하기

 지금까지 학습한 이성적인 분노 표현의 기초는 바쁜 일상생활에서 늘 일어나는 장애물과 어려움을 극복하는 데 활용할 수 있다. 이러한 새로운 개념은 어떻게 기억할 수 있을까? 당신이 실수하거나 좌절감을 느낄 때 무슨 일이 일어날까? 제10장에서는 당신의 삶에 분노 조절 과정을 성공적으로 적용시켜 자동적으로 사용할 수 있게 하는 방법을 살펴볼 것이다. 이 과정의 주요 장애물은 당신 삶의 표면 아래에 해결되지 않은 채 지속되는 분노, 분개함이며 이것은 갑자기 예상치 못한 순간에 폭발할 수 있다. 제11장은 분개함을 유지하는 대가에 대해 논의하고 재해결과 용서에 대한 아이디어를 제공할 것이다. 제12장에서는 당신이 경험할 수 있는 좌절과 '문제'를 진단하는 방법, 빠르게 안정궤도로 되돌아오는 아이디어에 대해 소개할 것이다.

10

새로운 분노 습관 만들기

스탠은 직장에서 분노로 이성을 잃어 나에게 의뢰되었다. 그는 분노 조절 단계를 빠르고 쉽게 습득하는 듯했다. 그는 어깨가 경직되는 초기 분노 신호를 알아차리는 데는 어려움이 없었다. 사무실에서 초기 분노 신호가 나타나면 문제에 휘말리기 전에 분노를 조절했고 멈출 수 있었다. 어느 날 그의 상사는 그가 레드스킨 게임을 보기 위해 고급관람석을 예약한 주말에 작업의 마감기한을 맞추기 위해 근무할 것을 지시했다. 그는 친지와 친구들을 불러 레드스킨 게임의 평생 팬이었던 장인어른의 회갑잔치를 축하하기로 했었다. 그러나 지금 그의 상사는 아무런 말도 없이 갑자기 일을 지시했고 스텐은 화가 끓어올라 모든 것을 포기하고 싶었다. 스탠은 근육이 점점 더 긴장되는 것을 느끼며 상사의 '말도 안 되는 지시'에 "배려라고는 찾아볼 수 없는 독불장군!"이라고 혼잣말을 해대며 이성을 잃었다. 무슨 일이 일어났는지 알아차리기도 전에 그는 상사의 사무실로 씩씩대며 들어가 문을 열어젖히고는 모욕적인 말을 퍼부었다.

스텐이 폭발한 이번 사건은 상사를 직접 겨냥했지만 분명 최근 몇 주 동안은 그가 자제하는 것이 보였기 때문에 회사에서는 그에게 다른 기회를 주기로 결정했다. 나를 만나러 왔을 때 스텐은 낙담하여 위축되어 있었다. 이성적인 혼잣말은 커녕 과거의 습관을 바꾸는 것이 어려워 보였다. 그는 무엇을 할 수 있을까?

스탠은 자가 학습 교재를 읽거나 단기치료에 참여하여 배운 것을 적용하는 것만으로는 쉽게 변화되지 않는다는 것을 알았다. 뿌리 깊게 몸에 배인 습관을 가지고 있다면 합리적 사고, 정서 조절, 적극적 의사소통과 문제 해결을 수십 번 반복해야만 한다. 분명한 것은 스텐이 사고하는 새로운 방식을 충분히 연습하지 않았다는 것이다.

우리 모두가 바라고 스탠이 필요로 하는 것은 가장 힘든 상황에서도 분노를 표현하는 과거의 습관을 떨쳐내고 새로운 분노 관리 기술을 발달시키는 것이다. 이전 장에서의 연습은 당신만의 개인적인 기술을 만들 수 있는 기회를 제공한다. 제9장까지는 그렇지 않았지만 지금은 당신의 심상으로 그리고 실제에서 리허설해보는 두 가지 방식으로 연습해보기를 권한다. 이 장에서의 목표는 각각의 기술을 하나로 통합하여 분노 관리 과정 전체를 실습하고 리허설해보는 것이다. 이것을 자주 오랫동안 연습하다보면 새로운 분노 습관이 형성될 것이다. 분노를 유발하는 상황에서도 새로운 습관이 자동적으로 작동할 때까지 당신의 오래된 분노 양상은 이따금씩 계속 반복될 것이다.

게다가 당신이 분노 유발요인에 좀 더 효과적으로 대처하는 방식을 학습했다고 느낄 때조차도 때로는 퇴보하는 듯한 모습을 보이기도 한다. 이럴 때 대부분의 사람들은 모든 노력이 수포로 돌아간 것처럼 실망하며 쓸모없는 것처럼 느끼기도 한다. 그러나 전혀 그럴 필요가 없다. 어떤 지점에서 과거의 습관이 재발하는 데는 많은 이유가 있다. 불가피한 재발이 발생할 때 효과적으로 대처하기 위해 실패의 원인을 진단하고 안정궤도에 머무르도록 안내하는 제12장을 읽어보자.

계획된 연습

수년간 마차가 지나간 흔적이나 현관과 거실 사이에 깔린 카펫의 닳아빠진 자국처럼 과거의 습관은 깊고 강력하다. 실수로 인해 괴로운 시간을 보내기보다는 다른 흔적을 만들어갈 수 있는 새로운 분노 기술을 반복적으로 연습해서 자동화되도록 하자. 어느 순간 새로운 기술이 튀어나오기를 기다리기보다 실제 상황에서 연습할 기회를 계획하는 것이 전략이다. 단순히 기다리기만 하는 것은 새로운 습관을 굳힐 만큼 충분히 반복할 수 있는 기회를 만들지 못하므로 어려운 상황에 닥치면 준비되지 않는 자신을 발견하게 된다.

어린 자녀들이 매들린의 인내심을 시험할 때 그녀는 종종 분노로 소리 지르는 자신을 발견한다. '악을 쓰는' 부모 밑에서 성장한 매들린은 자신이 어린 시절 경험한 것과 같은 공포로 아이들을 대할 때마다 죄책감을 느꼈다. 그녀는 나와 분노 관리 방법을 배우고 양육 기술도 향상시키는 과정에 참여하기로 했다.

'과격한' 기질이 차분한 양육태도에 대한 노력을 방해할 때 그녀는 좀 더 연습하기로 했다. 자녀들이 산만하게 행동하기를 마냥 기다리기보다 바쁘지 않을 때 아이들을 레스토랑이나 상점에 데리고 가는 것처럼 좀 더 다루기 쉬운 상황에서 연습해보기로 했다. '5S'를 떠올리면 스트레스가 적은 상황에서는 좀 더 자제할 수 있을 것 같았다.

우선 매들린은 이러한 식으로 아이들이 쉬는 아침에 연습해보기로 했다. 양육 기술을 향상시켜 좀 더 쉽게 자신의 분노를 다룰 수 있는 시간이라고 느꼈다. 그녀는 혼자서 아이들을 데리고 영화관에 갔다. 그리고 친구와 친구의 자녀들을 동시에 신경 써야 하는 걱정만 없다면 잠재적인 나쁜 행동에 대한 스트레스를 덜 느낀다는 것을 알았다. 매들린은 이처럼 낮은 수준의 스트레스 상황에서 연습하면서 아이들이 까다롭게 굴고 '힘들게 할 때'를 대비해 그녀의 기술을 강화시킬 수 있는 충분한 기회를 가졌다. 물론 아이들이 그녀의 한계를 언제 넘어설지 정확히 예측할 수는 없지만 그녀는 가능한 많이 연습함으로써 성공적으로 자녀를 다룰 수 있는 가능성을 높였다.

당신은 정교하게 다듬어야 할 특정 분노 기술을 어떻게 연습할 것인가? 먼저 당신의 취약점이 어디에 있는지를 확인해야 한다. 제7장에서 학습한 분노 분석 과정을 사용하여 당신은 일련의 상황 중 어디에서 어려움을 겪는지 파악해보자.

예를 들어, 덴은 특히 새롭게 배운 적극적 의사소통을 직장에서 사용하는 데 어려움을 느꼈다. 그의 과거 습관은 언성을 높이고 다른 사람들이 말할 때 끼어들어 자신의 주장을 강하게 제시하는 것이었다. 그의 동료가 '긴장 좀 풀라'고 할 때 그제야 과거 습관이 자신도 모르게 올라오고 있음을 깨달았다. 그는 오래된 습관을 고치고 작은 불안 상황에서도 적극적 경청과 '나 전달법'을 좀 더 편안하게 자동적으로 사용하기 위해 더 많이 연습하기로 했다. 레스토랑에서 음식을 새로 해달라고 요구할 때, 비서에게 보고서를 수정하라고 말할 때, 아내에게 거실 바닥에 신문을 놓지 말라고 요청할 때 등 이러한 모든 상황은 덴이 적극적 의사소통을 연습할 수 있는 기회였다. 그는 가슴에 긴장감을 느끼는 것이 초기 분노 신호임을 자각하고 STOP 방법을 적용하여 '나 전달법'으로 상황을 설명하는 연습을 했다. 그는 몹시 화가 났지만 이전처럼 상대방에게 심한 말을 하거나 모욕을 주지 않고도 자신의 입장을 알리면서 새롭게 습득한 기술을 적용할 수 있다는 것을 알게 되었다.

바바라는 성격이 급하고 적대적이며 다른 사람을 방해하고 두리번거리거나 크게 한숨 쉬거나 눈살을 찌푸리는 등의 비언어적인 제스처로 경멸하는 태도를 보였다. 그녀는 다시 분노가 일어날 때를 기다리기보다 적극적 경청을 적용해 느리게 말하는 사람과 대화하는 연습을 해보기로 했다. 그녀는 자리에 앉아 자신의 호흡과 어깨의 긴장에 집중했고 경청하는 동안 좀 더 편안하게 참을 수 있다는 것을 발견했다. 이 새로운 '침착함'에 대한 다른 사람들의 긍정적인 반응은 그녀의 노력을 더욱 강화시켰다.

단서 : 상기시키기

대부분의 사람들은 일정표, 달력, 다이어리에 기록을 하며 특별한 날을 기억한다. 이와 마찬가지로 상황이나 사물을 이용해 새로운 분노 기술을 연습하도록 스스로에게 상기시킬 수 있다.

등을 기대고 앉아 근육의 긴장을 풀고 심호흡을 하는 것은 긴장 수준을 낮춰주기 때문에 제프는 손목시계로 시간을 확인할 때마다 이 새로운 행동을 연결하기로 했다. 2개의 연결을 기억하기 위해 2주간 오른쪽 팔에 시계를 계속 차기로 했고 시계를 차지 않은 왼쪽 손목을 보는 것은 자리에 앉아 심호흡을 하라는 신호였다. 제프는 거의 한 시간에 5번은 시간을 확인한다는 것을 알았고, 이것은 이전보다 더 자주 의식적으로 긴장을 푸는 단계를 밟는 것을 의미했다. 그는 곧 목의 긴장을 덜 느끼게 되었고 고객들에게 예민하게 굴지 않는다는 것을 알았다.

나단은 종종 다른 운전자들이 자신의 기대만큼 '예의'를 지키지 않을 때 화가 났다. 그가 분노 신호(어깨가 굳어지고 얼굴이 달아오름)를 알아차릴 땐 STOP 방법을 적용했지만 종종 잊어버려 자동적으로 '소리 지르는' 상태로 돌아가곤 했다. 그는 분노 기술을 기억해내기 위해 눈에 잘 띄는 곳에 단서 카드를 붙여두었다. 그는 차에서 라디오를 켤 때마다 그 위에 붙여 둔 카드(붉은 글씨로 적은 *STOP*)를 보면서 STOP 방법을 떠올렸다. 그는 운전할 때 사고과정의 맨 앞에 분노 관리를 집어넣음으로써 초기에 그의 공격적 분노 표현을 벗어날 수 있었다.

당신의 새로운 분노 기술을 떠올리게 하는 데 사용할 수 있는 일상의 활동들은 다양하다. 나의 내담자들이 단서로 사용했던 활동들을 고려해 보자. 예를 들면, 새로운 분노 기술(예 : 심호흡하기, 침착하게 자기 입장 이야기하기, 긴장 신호를 찾기 위해 신체 살펴보기)을 다음의 활동과 연결 지어 보자.

- 전화 통화를 끝낼 때마다
- 책상에서 물을 마실 때마다
- 이메일을 확인할 때마다
- 머리를 쓸어 넘길 때마다
- 바닥에 흩어진 아이들의 장난감을 치울 때마다
- 운전 중 신호에 걸려 멈출 때마다
- 컴퓨터에서 '저장'을 할 때마다
- 하나의 활동에서 다른 활동으로 넘어갈 때마다

당신은 당신의 창의력에 의해 한정될 뿐이다! 하루 중 자주 하는 행동을 생각해보자. 새로운 분노 기술을 강화하도록 한 시간에 두세 번 정도 할 수 있는 것이면 어떤 것이든 좋다.

폭발하기 전 : 새로운 분노 기술 리허설하기

실제 상황에서 연습할 기회를 찾는 것은 아무래도 상황이나 다른 사람과 조건이 맞을 때만 가능하기 때문에 한계가 있다. 이에 대한 대안은 청중들 앞에 있다고 상상해보거나 거울 앞에서 이야기하면서 실제처럼 예행연습을 해보는 것이다. 학예회나 스포츠팀에 참여해본 사람이라면 누구나 '실제'를 준비하기 위해 가상의 상황에서 새로운 행동을 '리허설' 해보았을 것이다.

연구에 의하면 두 종류의 리허설은 새로운 분노 기술을 향상시켜, 필요로 할 때 그것을 기대할 수 있다고 지적한다. 각각은 당신이 원할 때마다 연습할 수 있는 기회를 주지만 그것은 독특한 강점과 몇 가지 제한점을 가지고 있다. 이를 이해해야 당신이 직면한 특정 상황에서 최선의 것이 무엇인지를 결정하는 데 도움이 될 것이다.

심상으로 연습하기

제6장에서는 심상이 분노를 일으키고, 화나는 과거 사건을 상상할 때마다 분개함을 지속시킬 수 있다고 논의했다. 분노를 일으키는 사건을 상상하는 방법을 바꿈으로써 당신이 느끼는 방식도 쉽게 바꿀 수 있다.

다른 사람과의 실제를 마주하기 전에 마음속에 장면을 만들어내는 심상을 사용하고 반응하는 새로운 방식을 연습하는 것은 새로운 분노 습관을 만드는 강력한 방법이 된다. 당신의 심상은 장면을 생생하게 그리는 능력과 창조성에 의해 제한된다.

싸이가 지난 승진심사기간 동안 지나치게 예민하고 방어적이었기 때문에 그의 상사는 전문적 도움을 받아보라고 제안했다. 그는 3주 뒤의 재심에 통과되지 못한다면 심각한 결과가 초래된다는 것을 알고 있었다. 우리가 연습할 수 있는 유일한 선택은 리허설이었다. 그가 분노 조절 단계를 학습한 후 나는 심상으로 상사와의 관계에서 일어날 수 있는 적절한 시나리오(나쁜 평가를 받았을 때, 시정할 것을 요청받을 때, 신랄하게 비판받을 때)를 연습해보라고 제안했다.

싸이는 상사가 그에게 말할 수 있는 것들을 상상하며 각각의 장면을 생생하게 그렸고 분노를 느끼자(얼굴이 달아오르거나 목소리가 커짐) STOP 방법을 사용하여 긴장을 낮추고 상황을 재고하였다. 또한 심상 장면을 멈추고 새로운 분노 기술을 반복적으로 연습하였다. 그리고 다음 주 목요일 재심이 있을 때까지 저녁마다 15분씩 연습하기로 했다.

마침내 심사에서 싸이는 상사로부터 비판을 받았지만 그의 감정이 전혀 동요되지 않음을 알고 놀랐다. 그가 생각하기에 가장 어려운 시나리오를 미리 연습했기 때문에 실제의 심사는 별것 아닌 것 같았다. 그는 통제감과 함께 준비된 느낌이 들었고 이것은 심사하는 동안의 긴장을 풀어주었다. 더욱이 싸이는 상사로부터 감정 조절로 '다시 태어났다'며 칭찬을 받아 노력에 더욱 박차를 가하게 되었다.

옥사나는 남편이 주말에 가족을 두고 친구들과 스포츠 게임을 즐기러 나갈 때마다 며칠 동안 그와 말을 하지 않곤 했다. 어릴 때부터 직면하는 것에 익숙하지 않은 그녀는 속으로 분노를 삭이면서 남편이 원하는 친밀감을 주지 않는 것으로 권력을 행사했다. 그러나 지금은 분노 때문에 실제로 그녀가 원하는 권력을 얻지 못하고 있음을 알게 되었다. 그녀의 소극적이고 공격적인 전략이 남편의 감정을 악화시켰고 그는 옥사나의 어떤 요구도 들으려 하지 않았다. 그녀의 행동은 상황을 더욱 악화시킬 뿐이었다.

이러한 패턴을 바꾸기 위해 옥사나는 남편이 외출한다고 말할 때마다 적극적이면서도 직접적으로 연습하기로 했다. 심상으로 그녀의 분노 기술을 리허설했고 이제는 필요할 때마다 강력하게 쓸 수 있게 되었다.

옥사나는 남편이 스포츠 게임 때문에 주말 내내 자신과 아이들을 '내 버려두는' 것을 상상했다. 남편이 '이기적'이고 '무관심'하다고 생각했다. 그녀는 자극적인 낙인을 붙이거나 늘 그랬던 것처럼 신경을 끄기보다는 '나 전달법'으로 분명하게 자신의 느낌을 전하는 연습을 했다. 그녀는 더 어려운 각본(예 : 남편이 그녀에게 논의하지도 않고 늦은 저녁이 다 되어서야 전화해서 주말에 골프 시합을 간다고 통보하는 것)에도 이러한 새롭고 직접적인 방식으로 대응하는 것을 상상했다.

수많은 심상 연습을 한 후 남편이 친구와 라스베이거스로 출장을 간다고 말할 때 그녀는 새로운 의사소통 방식을 시도했다. 그녀는 남편이 자신과 아이들과 더 많은 시간을 보내주기를 바란다고 분명하게 말했고 그가 주의 깊게 듣는 것을 보고 무척 만족했다. 놀랍게도 그는 그녀의 직접적인 표현에 고맙다고 표현했고 다른 여행들을 취소했다.

심상 연습의 장점은 어떤 장면, 사람, 상황이든 생생하게 그려낼 수 있다는 점이다. 미리 극단적이고 위협적인 상황을 연습한다면 상대방이 적대감을 표현하거나 궁지로 몰아가더라도 쉽게 조절할 수 있다. 이러한 신념의 예나 상황을 악화시키는 생각들, 당신이 직면해왔거나 직면하고 있는 어려운 상황을 살펴보면서 당신의 심상을 연습해볼 수 있다.

존은 권위자 앞에서 적극적 문제 해결을 사용하는 데 어려움을 느꼈다. 공격적이며 생색내기를 좋아하는 아버지 밑에서 성장한 존은 선생님이나 상사나 지시적인 사람들에게 항상 위협을 느껴왔으며, 특히 그들이 그를 쳐다보거나 가깝게 다가오거나 접촉할 때는 더욱 그랬다. 최근 그는 맡은 일에서 '불공평하게' 자신을 잘라낸 상사에게 폭발했다. 그의 분노는 상사와 '나 전달법'으로 이야기하거나 윈윈전략으로 문제를 해결하는 시도를 생각하기도 전에 일어났다. 그는 상사와 같은 권위자에게 직접 연습해볼 수 없었기 때문에 심상을 통해 일어난 상황을 재연했고 적극적 문제 해결을 적용하여 연습했다. 나는 그에게 자극적으로 느껴지는 상사의 언어적, 비언어적 태도를 각본에 적용할 것을 제안했다.

상사의 사무실에 있는 모습을 떠올리면서 존은 제쳐두었던 장면을 생생하게 떠올렸다. 그는 상사가 거들먹거리며 존의 능력을 비웃었고 일하는데 '마땅히 가지고 있어야 할 능력'이 없다고 이야기했던 가장 힘든 상황을 떠올렸다. 존은 상사가 말할 때 STOP 방법을 적용하여 자리에 앉아 심호흡을 하고 혼잣말을 하는 것을 상상했다(반복적인 혼잣말 : 이것은 인신공격이 아니야. 나는 침착하게 내 입장을 말해야 해). 그는 상사의 말에 끼어들지 않고 경청하며 (상사에게 이러한 판단에 대한 이유를 좀 더 분명하게 질문하는 것과 같은) 몇 가지 갈등이완기법을 사용하는 것을 상상했다. 그리고 '나 전달법'으로 상사의 판단에 대한 당황스러움과 놀라움을 표현하고 좀 더 논의해보자고 제안하면서 존의 능력을 발휘할 수 있는 문제 해결 방법을 시도하는 것을 떠올렸다. "저는 평균 이상의 평가를 받아왔는데도 과장님이 이 프로젝트에 대한 제 역할을 인정해주지 않으셔서 정말 놀랐어요. 저는 과장님의 생각이 당황스러워요. 이 판단에 대해 좀 더 논의해본다면 제가 최선을 다할 수 있는 방법을 파악할 수 있을 것 같네요. 괜찮으시겠어요?"

존은 심상으로 연습하면서 상사와 직접 대면할 때도 '잘' 할 수 있다고 느낄 때까지 어떻게 할지를 정교화시켜 나갔다. '우월적인 태도'나 빈정대고 비판하는 말로 존을 화나게 하는 상사의 힘은 존이 어려운 장면을 연습할 때마다 줄어들었다. 각 장면에 반복적으로 노출되면서 존은 좀 더 조절하는 느낌을 받았고 상사의 말과 태도는 예상하고 다룰 수 있는 '옛 방식'이 되었기 때문에 이제 그에게 큰 영향을 미치지 않았다.

당신도 심상을 통해 다음과 같은 골치 아픈 상황을 연습할 수 있다.

- 어머니가 큰 소리로 언성을 높이며 듣기 싫은 잔소리를 할 때 적극적 문제 해결 방법을 적용한다고 상상해보자. 어머니가 언성을 높이며 끼어들고 당신의 분노가 치솟는 것을 떠올리면서 STOP 방법을 가지고 어머니와 함께 자리에 앉아 대화를 진행함으로써 분노를 줄이는 것을 상상해보자. 어머니가 침착하게 대화해보자는 당신의 요청을 거부할 때는 '타임아웃'을 사용하여 합리적인 토론이 가능해질 때까지 논쟁을 멈추는 것을 상상해보자.

- 무례한 농담과 성적 희롱을 일삼는 직장 동료에게 화내거나 냉담하게 대하지 않으면서 말해보자. 동료가 할 수 있는 최악의 상황에서 당신은 어떻게 분노 기술을 사용할 수 있을지 상상해보자(예 : 그가 당신에게 '내숭떤다'며 당신의 기분을 무시한다).

- 가장 친한 친구가 사람들 앞에서 당신의 말을 가로채며 일방적으로 화제를 바꾸어 대화를 독점한다. 최악은 당신이 친구에게 그것에 대해 말하려고 할 때 "넌 너무 예민해. 어린애같이."라며 당신의 기분을 일축해버려서 부글부글 끓게 만든다. 당신은 더 이상 그녀와 직면하는 것이 두려워 친구와 말하기를 꺼린다. 당신의 심상을 통해 친구의 말에 어떤 기분이 드는지 어떻게 침착한 반응을 악화시키는지를 정확하게 말하는 연습을 해본다.

심상으로 연습하는 것이 잘되지 않을 것 같은가? 이것은 당신이 얼마나 생생하게 작업할 수 있는가에 달려있다. 만약 상사의 얼굴을 '쳐다보기' 어렵거나 언니의 목소리를 '듣기' 힘들다면 심상의 효과는 떨어질 수 있다. 화나는 사건을 떠올릴 때 어떤 느낌이 드는가? 만약 심상이 인위적이거나 '뻣뻣해서' 아무것도 느낄 수 없다면 당신은 이러한 연습을 통해 얻을 것이 별로 없다. 당신은 존의 예문에서처럼 실제 상황 전에 반복적으로 노출된 분노를 극복하고 장면을 정서적으로 경험하는 기회를 놓치는 것이다. 당신이 실제 상황에서만 연습할 수 있다면 다음을 해보자.

'소리내서' 연습하기 : 행동리허설

가상의 상황에서 새로운 분노 기술을 연습하는 것을 행동리허설이라고 하며, 이것은 새로운 습관을 형성할 수 있는 또 다른 방법이다. 실전연습은 실제 상황에 앞서 새로운 행동에 대한 감을 얻는 기회로 새로운 행동은 무엇이며 그것을 할 때 기분은 어떤지를 알게 해준다. 당신은 당신이 해낼 수 있는지, 그리고 그럴 때 어떻게 느껴지는지를 알기 위해 새로운 행동을 실제로 해봐야만 한다. 예를 들어, 심상으로 골프를 연습하고 어떻게 클럽을 사용하는지와 같은 규칙을 배울 수는 있지만 실전연습 없이 공을 치는 것을 배울 수는 없다. 나는 행동리허설이 특히 '비난받을 때' 새로운 분노 기술을 '습득'하는 데 필수적이라고 생각한다.

때때로 **역할놀이**나 **행동연습**으로 불리기도 하는 행동리허설은 다양한 상황을 대비하게 한다. 일상생활에서의 행동리허설은 대중 앞에서 발표를 하기 전에 큰 소리로 연습하기, 테니스 게임을 하기 전에 볼 기계로 테니스공 맞추기, 학교에 입학하기 전에 학교까지 걸어가면서 학교 갈 준비를 시키는 것 등이 있다.

상상 속의 청중 앞에서 혹은 녹음기에 대고 말하며 즉각적인 피드백을 받는 식으로 혼자서 연습해볼 수도 있지만 대역이 함께 있을 때 좀 더 실감나는 연습이 된다. 주변에서 대역을 해줄 파트너(친한 친구, 배우자, 갈등 문제에 관심이 있거나 특별히 재능이 있는 사람들)를 찾아 직장 상사나 매일 싸우는 언니나 불공평한 교수 역할을 맡기고 연습해보자.

남편이 자신의 능력을 의심하거나 비난할 때 매디는 문을 쾅 닫거나 "입 닥쳐!"라고 소리를 지르며 공격적으로 분노를 표현하곤 했다. 그녀는 분노 조절 단계를 배웠지만 남편이 그녀에게 이래라저래라 할 때는 그 기술을 적용하기 어렵다는 것을 알게 되었다. 그녀는 실망하며 행동리허설을 해보기로 결심하고 여동생 넬에게 도움을 청했다.

리허설에 앞서 매디는 남편과 직면할 때 어떻게 다르게 행동하기를 원하는지 결정해야 했다. 턱이 긴장되고 목이 막히는 것이 그녀의 초기 분노 신호임을 인식하게 되었다. 그녀는 남편 앞에 앉아 서로의 이야기를 들어보자고 이야기하면서 같은 말 되풀이하기 기법을 적용하기로 계획했다. 일단 자리에 앉아 STOP 방법을 적용하여 남편이 의견을 말할 때 심호흡을 하면서 적극적으로 경청하는 것을 연습했다. 또 남편이 그녀에게 질문을 퍼부을 땐 호흡을 가다듬으며 "이건 날 공격하는 것이 아니라 단지 의견일 뿐이야. 나는 이 상황을 잘 다룰 수 있어."라고 침착하게 혼잣말을 했다. 마지막으로 상황이 고조되어 그녀의 분노가 50~60정도에 이를 땐 존에게 타임아웃을 하는 연습도 했다.

넬은 매디로부터 남편과의 갈등을 여러 번 들었기 때문에 그 장면이 생생하게 전달되었고 행동리허설은 큰 효과를 가져왔다. 매디는 존(분노를 불러일으키는 '적')이 어떻게 말하고 행동하는지를 넬에게 알려주었고 실제로 그의 모습을 보여주었다. 매디는 존처럼 넬의 코 앞에 서서 손가락질을 하며 아주 크고 빠른 목소리로 "매디, 난 정말 당신의 씀씀이를 이해할 수 없어. 노드스트롬 백화점 카드 청구서를 좀 봐. 이게 다 뭐야? 난 당신의 카드요금을 감당해낼 자신이 없어. 당신은 감당도 못하면서…"라며 흉내냈고 넬은 "알겠어, 언니. 형부처럼 할 수 있겠어."라고 했다.

이제 매디는 장면(장소와 상황)을 설정하였다. 매디는 퇴근해서 집에 막 들어왔는데 남편이 갑자기 카드요금을 따지는 상황을 연습하기로 했다. 매디와 넬은 장면을 연습하다가 가끔씩 멈추고는 어떻게 해야 하는지를 이야기하기도 했다. 쉬는 시간에 매디는 자신이 새로운 분노 행동을 시도하는 것을 어떻게 생각하는지 묻곤 했다. 예를 들어, "언니, 앉아서 언성을 높이지 않는 것은 괜찮아. 그런데 표정이 너무 딱딱하고 위협적이야."와 같이 넬이 피드백을 주었다. 그리고는 계속해서 연습했고 장면이 끝나면 넬의 조언에 따라 처음부터 다시 연습했다. 매디가 이성적으로 침착하게 남편에게 반응하여 건설적으로 문제를 해결할 수 있을 때까지 연습은 계속되었다. 둘은 매디가 실제 상황에서도 그대로 할 수 있겠다는 확신이 들 때까지 두 번 이상 연습했다.

행동리허설은 다음과 같은 다양한 분노 유발 상황에 대한 반응을 연습하기 위해 적용할 수 있다.

- 당신은 다섯 살짜리 아들이 당신의 말을 듣지 않을 때 이성을 잃곤 한다. 부모양육 교육을 받고 있는 다른 부모가 당신에게 침착한 목소리로 분명하고 직접적으로 요구하고, '아이' 가 바로 말을 듣지 않을 때도 분노를 조절하도록 연습하는 역할놀이를 제안했다. 리허설 후에 어떻게 역할놀이를 할지 이야기했고 나아가 긍정적인 훈육 방식을 다듬을 수 있다.

• 당신은 상사에게 연봉을 올려달라고 요구하기로 결심했다. 새로 입
  사한 다른 사람들보다 월급이 적은 것은 불공평하다고 생각하여 화
  가 난 당신은 화내지 않고 문제를 다루는 것이 쉽지 않다. 당신은 동
  료에게 상사 역할을 해달라고 부탁하여 분노를 조절하면서 요구하
  는 연습을 했다. 리허설하는 동안 당신은 의자에 앉아 근육을 풀고
  심호흡을 하는 데 집중했다. 리허설을 마치고 연습을 평가한 후 역할
  을 바꾸어 해봄으로써 새로운 아이디어를 얻기도 했다. 실전 상황에
  서 상사에게 임금 인상에 대한 이야기를 꺼낼 땐 이미 수차례 리허설
  을 해봤기 때문에 덜 긴장하는 것 같았다.

  행동리허설은 가급적 심상과 함께 하는 것이 좋다. 리허설은 실전상황
에 대한 좀 더 근접한 단계이기 때문에 당신이 실제로 상황을 떠올려 생
각해내고 새로운 분노 기술을 해보는 데 확신을 갖게 하는 유일한 방법이
다. 실제의 분노 상황에서 그대로 재연할 수 있는가는 얼마나 자주 연습
하는가에 달려있다.

연습만으로 완벽해질 수 있는가

새로운 분노 기술을 연습하기 위한 기회를 찾는다면 당신은 먼저 과거의
분노 습관과 작별해야 한다. 반복하는 것은 상황을 다시 살펴볼 수 있는
가능성을 증진시키며 다음번에 분노가 일어날 수 있는 상황에서 좀 더 정
교하게 기술을 사용할 수 있게 한다. 대부분의 분노는 거의 예상하지 못
했거나 상황이 좋아질지 빠르게 악화될지 알 수 없을 때 일어난다. 연습
을 통해 새로운 분노 기술에 익숙해지는 것은 분노를 다스리고 건설적으

로 정서를 표현하는 가장 확실한 방법이다.

먼저 과거의 습관과 작별을 '시작' 한다는 점에 주목하라. 인간의 행동은 마치 스위치를 누르면 바뀌는 것처럼 갑자기 변하지는 않는다. 변화는 노력과 함께 일어나며 때때로 열심히 했음에도 분노가 터질 수 있다. 중요한 것은 실패를 이해하고 그것으로부터 배우는 것이다.

제12장에서는 다시 분노하더라도 자신을 용서하는 것이 중요함을 강조한다. 실패로부터 배우고 진단하는 것은 재빨리 다시 일어설 수 있도록 돕는다. 지금까지 강조한 것 중 당신이 기억해야 할 가장 중요한 것은 연습, 연습, 또 연습이다!

11

분개를 해결하고 언제 용서할지
고려하기

리한나는 가족 전통의 일부가 되는 것을 무척 좋아하지만, 동생 캐롤이 이번 크리스마스에 부모님 집을 방문할 예정이기 때문에 자신은 가지 않기로 했다. 리한나는 취중에 나눈 비밀을 폭로해버린 동생을 용서하러 갈 수 없었다. 리한나는 캐롤의 행동을 용서할 수 없다고 말했고 또 다른 명절과 휴일도 자매간의 대화 없이 지나갔다.

랍은 직장에서 '불공평하게' 승진을 놓쳤다. 이전에는 상사와 친구였지만 지금은 그를 겨우 쳐다볼 수 있을 뿐이라 그를 볼 때마다 자주 분노를 느낀다. 랍은 일을 그만두려고 생각했지만 어려운 경제 상황 때문에 주저했다. 때때로 그의 분노는 다른 직원이나 동료들과 함께 있을 때도 끓어올랐으며, 부당한 대우를 받았다는 생각 때문에 잠들기가 어려웠고 끊임없는 두통에 시달렸다. 랍은 자신의 분노가 미래의 승진 기회를 날려버릴 것이며 삶의 질을 떨어뜨린다는 것을 알고 있다. 하지만 그가 분노하지 않는 것은 힘들어 보였다.

리한나와 랍은 모두 다른 사람을 향한 미해결된 분노를 가지고 있다. 그들의 화를 유발시킨 사건은 과거의 일이지만 화난 감정은 마치 어제 일처럼 격렬하다. 그들의 삶은 부정적인 방식으로 계속 영향을 받는데, 내면에서 소리 없는 분노가 계속하는 한 이것은 끝이 없다. 앞에서 우리는 발생한 상황에 대해 충족되지 않은 기대로부터 유발된 분노를 다루어왔다. 때때로 분노 유발 상황은 해결하는 것이 불가능하거나 내키지 않을 때도 있다. 분노의 대상을 만날 때 우리는 자신과 다른 사람을 이해하기 어려운 분노 감정을 경험한다.

이러한 분노는 저절로 소멸하는 것이 이상적이겠지만, 리한나와 랍의 경우처럼 실제로는 시간이 지날수록 점점 더 강렬해질 수도 있다. 예를 들어, 혼잣말을 하거나 가장 화가 났던 부분을 처음보다 더 나쁘게 보도록 '걸러낼'지도 모른다. 다른 사람과 상호작용할 때 자각되지 않아서 볼 수 없었던 분개함은 당신이 결코 해결하지 못한 짜증의 진정한 원인을 직접 확인하거나 직면한 것이 아니므로 당신의 분노 해결을 어렵게 할 수 있다.

일상 사건의 표면 아래에서 끓고 있는 미해결된 분노는 분노 대상과 마주할 때 갑자기 나타날지도 모른다. 당신이 내색하지 않았기 때문에 상대방은 당신에게 분노가 깔려있음을 알아차리지 못할 것이고 주변 사람들은 그러한 방식으로 행동하는 당신을 이상하게 여길 것이다. 만약 상대방이 예상치 못한 당신의 분노를 눈치챘다면, 그로 인한 위협이나 그에 맞서는 분노를 느낄 수도 있다. 상대방을 더 당황스럽게 하는 것은 이전에 분노했던 것을 상기시키는 새로운 상황에서조차 당신이 이치에 맞지 않게 반응할 때이다.

제임스는 여자친구가 점심약속에 늦자 화가 나기 시작했다. 그의 분노는 똑딱거리는 시계소리를 따라서 빠르게 상승했다. 그녀가 도착하자 그는 곧바로 '무례하고 사려 깊지 못한' 그녀의 행동을 지적했다. 제임스의 반응에 깜짝 놀란 그녀는 제임스에게 "정신 차려."라고 말한 후 가버렸다. 제임스는 자신의 신랄한 비난에 양심의 가책을 느꼈고, 종종 그를 이용하면서 극장이나 식당에서 수도 없이 기다리게 했던 전 여자친구와의 미해결된 분노가 기름을 부었다는 것을 깨달았다. 과거와 '맞아떨어지는' 현재 상황은 그의 미해결된 분노를 표면으로 가져왔다. 문제는 그의 오래된 분노가 새로운 여자친구와의 관계를 위태롭게 할 만큼 커다란 타격을 주었다는 점이다.

좀 더 복잡하고 강렬한 것은 당신이나 당신이 사랑하는 사람이 신체적이거나 성적인 범죄의 희생자일 때처럼 다른 사람의 행동에 의해 정서적으로나 신체적으로 상처받는 상황이다. 가해자가 법에 따라 처벌받지 않거나 법이 너무 관대하다고 느낀다면 아마 당신의 분노는 더 심해질 것이다.

자넷의 아버지는 자넷이 사춘기가 될 때까지 그녀를 수차례 성폭행했다. 자넷은 너무 무서웠고 어머니가 믿어주지 않을 거라고 생각했기 때문에 말하지 못했다. 성폭행은 학교에서의 생활, 소년들과의 관계, 자신감 등 그녀의 삶의 모든 부분에 영향을 주었다. 경찰이 아버지를 위협해 결국 그가 자넷을 떠날 때까지 학대는 3년 동안 계속되었다. 지금 그녀는 그때의 공포스러운 기억과 암으로 죽은 아버지에 대한 증오심으로 들끓고 있었다. 동시에 "어떻게 엄마는 나랑 같은 집에 살면서 내가 얼마나 힘든지 모를 수가 있지? 어째서 나를 보호하지 않았지?"라며 아무것도 하지 않은 어머니에게도 분개했다. 아버지의 죽음을 직접 보지 못했기 때문에 그녀는 어머니와 함께하는 모든 것을 거절했고 자신의 두 아들을 할머니로부터 격리시켰다. 그녀는 그때의 일을 잊을 수 '없으며' 어머니를 용서할 수 없다고 다짐했다. "내가 엄마를 집으로 초대한다면 그건 엄마가

한 일을 용서하는 것과 같아. 이건 모든 걸 잊고 엄마를 자유롭게 해주는 것이나 마찬가지야. 그렇게는 할 수 없어!" 자넷은 이런 상황 때문에 휴일이 싫었지만 분개함에 사로잡힌 기분이 들었고 이것은 온 가족에게 영향을 주었다. 그녀는 잠도 못 자며 괜찮아지기 위해서 무엇을 할 수 있을지 고민했다.

분노는 저절로 성장하는 것처럼 보인다. 과거의 분노는 현재의 분노가 되며 따라서 미래의 분노에도 영향을 준다(다른 사람들이 당신의 분노에 대한 반응으로 분노할 때처럼). 분노와 관련된 가장 큰 문제는 분노의 대상보다 더 많은 사람이 분노의 희생자가 된다는 점이다. 당신은 매일 어제 화났던 일을 떠올리면서 다시 화를 낸다. 그리고 당신의 흥분은 오늘 당신이 다른 사람들에게 보여줄 분노의 부정적인 측면으로 떠오른다. 당신은 분노와 불안을 느끼고, 다른 사람들은 아마 갈등에 불을 지피는 더 많은 분노 반응으로 당신의 행동을 이해할 것이다. 당신이 분노를 감추고 있는 상대는 아무 생각도 없는데 당신은 화를 내고 엄청난 분노와 성질로 고통받을 것인가? 그 사람은 자리에 눕자마자 잘 자는데 당신은 어떠한가? 당신은 어떻게 느끼며, 이러한 분노는 당신의 삶에 어떤 영향을 미치는가?

분노는 어떻게 분개가 되며 이것은 왜 문제가 되는가

이 책은 대부분 기대가 충족되지 않을 때 즉각적으로 일어나는 분노를 해결하는 데 초점을 맞추고 있다. 당신은 내적 반응을 가능한 빨리 멈추고 사실을 기반으로 하는 상황을 재고할 수 있으며 다시 해결하기 위해 침착하게 생각하고 계획하는 것을 배웠다. 반면에 분개는 사람을 향한 분노가 풀리지 않고 계속될 때 일어난다. 이것은 여러 가지 원인으로 일어날 수 있다. 심지어 당신이 이 책에 제시된 분노 표현과 해결을 습관적으로 사용한다고 하더라도 사건과 상황은 진정한 종결을 가로막는 식으로 돌아갈 수도 있다. 당신의 할머니가 당신에게 살이 좀 쪘다고 놀린다면 윗사람을 존경하는 일생의 원칙에서 벗어나 할머니가 묻는 말에도 입을 꽉 다물고 있을지 모른다. 또 당신은 회의 중에 안건이 샛길로 빠질 시간이 아니라고 보고 무례한 '농담'을 슬며시 넣을 수도 있다. 당신은 그것을 나중에 개인적으로 말할 수 있으리라고 생각하지만 그럴 만한 기회가 전혀 없어 보인다. 때때로 우리는 어쩔 수 없었고 진심도 아니며 어떤 빚을 졌다고 생각하기 때문에 그런 사람들을 피한다. 불행히도 이러한 합리화는 이후의 분노로부터 우리를 보호해줄 수 없다.

화는 우리 자신이나 다른 사람의 기대로 표현되는 중요한 욕구가 충족되지 않을 때 일어난다. 우리는 우리가 기대하는 것(예 : 사과, 새로운 행동, 특정한 요구)을 확인하고 그것이 현실적인지 확인하는 인지 구조를 사용할 때, 제8장의 아이디어를 가지고 우리가 원하는 것을 의사소통하고 해결점에 도달하기 위해 다른 사람과 함께 협력함으로써(예 : 상대방이 사과하고 당신은 상황을 다르게 다루는 데 동의하기) 분노를 즉각적으로 해결할 수 있다. 일단 욕구가 충족되면 분노는 멈춘다. 그러나 우리가 다른 사람에 대한 감정이나 욕구를 의사소통하지 않거나 할 수 없다면 그 이슈는 해결되지 않은 채로 남고, 분노는 만성적 형태인 분개로 변할 것이다. 나는 당신의 반복적인 생각과 행동이 분노를 강화시키고 그것을 계속 유지할수록 당신의 행동에 안 좋은 영향을 끼치는 부정적인 에너지가 점점 더 강하게 자리 잡는다는 것을 알았다. 분개는 당신이 화내기를 원치 않는 상황에서 당신과 당신이 사랑하는 사람들에게 영향을 주는 강력한 신념으로 변할 수 있다(예 : '아빠가 나에게 한 짓을 절대 잊을 수 없어' 혹은 '아빠는 삼촌을 싫어해. 그래서 나는 그들을 동시에 초대하지 않아'). 분개의 문제는 그것이 스스로 강력해진다는 점이다. 만약 당신이 분개를 심각하지 않거나 가끔씩 일어나서 무시할 필요도 없는 별거 아닌 것이라고 여긴다 해도 해결되지 않은 상처는 예상치 못한 순간에 불쑥 튀어나와 당신의 마음을 온통 감염시켜서 분노를 더욱 심화시키며 확산시킨다.

크리스는 아내와 함께 가구를 고르며 즐거운 시간을 보내다가 자신이 새 차를 사려고 할 때 아내가 반대한 것이 생각났다. 갑자기 아내가 그의 감정은 무시하면서 '자신이 원하는 것'에는 기꺼이 돈을 쓰는 것 같아 화가 났다. 크리스의 목소리는 즉각 달라졌고 아내의 의견에 부정적으로 반응하기 시작했으며 그녀의 취향에 대해 비난했다. 그녀는 그가 왜 화를 내는지 의아해하며 "당신은 또 화를 내서 하루를 망치고 있어. 정말 지긋지긋해."라고 말했다. 크리스는 어떻게 이렇게 빨리 잘못되었는지 영문을 알 수 없었다. 그는 아내가 내년까지는 큰 지출을 미뤄야 한다고 말하며 새 차 구입을 거절한 것에 자신이 분개하고 있다고 생각했다.

애니는 남자친구가 첫 번째 결혼에서 얻은 자녀들과 주말마다 즐겁게 놀아주는데 그가 고마움을 전혀 표현하지 않는 점에 매우 화가 났다. 처음부터 그랬던 것은 아니다. 처음엔 단지 아이들과 자신이 각자의 방식에 익숙해질 시간이 필요하다고 생각했다. 그러나 그들이 자신의 호의를 통해 이득을 챙긴다고 느끼기 시작하자 애니는 그러한 느낌을 남자친구에게 말했다. 그는 '과민반응'한다고 말하면서 그녀의 억압된 분노를 '가치' 없는 것처럼 여겼기 때문에 분노는 더욱 커졌다. 요즘 그녀는 자신이 퉁명스럽게 반응하고 일찍 잠자리에 든다는 것을 알았다. 이런 '냉담'한 태도는 대화하지 못했거나 잘 해결되지 못했던 분개함에서 비롯되었다. 결국 남자친구는 애니가 그와 아이들을 '거부' 하는데 화가 났고 분노의 주기는 점점 빨라졌으며 애니가 해결할 수 없다고 느낀 감추어진 분노에 의해 더욱 불이 붙었다.

하찮게 느끼며 깊숙이 치워버리는 대신 분노를 다시 가져온다 하더라도 '작은' 분개를 무시하지 마라. 곪아버린 분노는 모든 부작용을 초래한다. 우리의 건강과 안녕에 분노가 미치는 영향을 연구한 로버트 엔라이트 박사는 분개를 "마음의 상처를 기억하고 그 감정을 다시 느끼는 것이다. 분노가 불꽃이라면 분개는 뜨거운 석탄이다."라고 정의했다. 많은 연구자들은 몇 달 혹은 심지어 몇 년 동안 남아있을지도 모르는 미해결된 분노의 부작용에 대해 연구해왔다. 분노를 표현하길 꺼리는 사람들은 다음과 같은 특징을 가지고 있는 것으로 보고되었다.

- 높은 혈압
- 높은 우울감
- 스트레스와 관련된 많은 건강 문제
- 높은 심장질환의 비율
- 보다 낮은 면역기능

미해결된 분노는 결혼 생활에 역기능을 가져오고 이혼의 예측변수가 되기도 한다. 분노를 표현하고 해결하는 기술을 부모로부터 배우지 못한다면 아이들에게도 영향을 미칠 것이다.

분개의 가치는 언제 사라질까

분노를 가지고 있는 것은 분명 당신에게 좋지 않다. 이것은 그냥 계속 주어지는 '선물'과 같지만, 이 경우에는 전혀 선물이 아니라 당신의 건강도 해칠 수 있다. 분노를 떠나보내는 것이 합리적으로 보이는데도 어째서 그렇게 하기가 어려울까? 당신은 당신에게 영향을 줄지도 모르는 분노의 조짐을 알아볼 수 있는가?

특정한 사람이 올까 봐 모임에 참석하지 않는 것이 부정적인 영향을 주더라도 당신은 그 자리를 피한다. 예를 들어, 형이 참석하기 때문에 저녁에 열리는 결혼식 피로연을 피한다. 아내와 아이들은 당신 없이 가야 해서 크게 실망했다.

당신은 상대방에게 정말 화가 났던 과거의 상황을 힘들게 떠올리는 자신을 발견한다. 당신은 종종 이렇게 하면서도 사실상 감정은 해결되지 않았고 더 심해지고 있다는 것을 알아차린다.

당신은 직장에서나 개인적인 삶에서나 기회가 주어져도 불편한 사람들과 함께해야 하기 때문에 포기해왔다. 예를 들어, 직장에서 흥미로운 새 프로젝트에 참여할 기회가 와도 당신은 특정 동료와 한 팀이 되어야 하기 때문에 그것을 거절했다.

다른 사람들은 지금까지도 용서할 수 없는 행동을 한 사람을 용서하라고 충고하곤 한다. 그러나 당신은 여전히 분노하고 있으며 개인적인 접촉을 피하는 것 외에는 대안이 없다고 본다. 이러한 상황은 당신이 사랑하는 사람에게도 영향을 미친다. 예를 들어, 토리에는 가족 모임에서 아들이 말을 듣지 않는다고 엉덩이를 때리던 여동생을 '용서할 수 없었다.' 토리에의 어머니는 두 딸이 화해하기를 바랐지만 그녀는 훈육 사건 전에는 친하게 지내던 여동생이 먼저 사과해야 한다는 입장을 고수했다. 부모님 집에서 휴가를 보낼 때도 한 자매가 먼저 방문하고 떠나면 다른 자매가 나타나는 식으로 '교대' 해서 나타나 가족들은 모두 실망했다.

별일 아니야

때때로 사람들은 분개와 함께 부끄러움이나 죄의식을 느낀다. 그들은 분개함을 하찮은 것이나 '사소한 일에 열을 내는 것', 쿨하지 못한 것(용서)이라고 생각한다. 만약 당신이 분노를 그저 수용할 수 없어서 분개하거나 부적절하다거나 질질 끄는 식으로 여긴다면 이것은 아무리 타당한 분노라도 적절하지 않다. 당신은 분노가 당신의 행동을 조종한다는 인식 없이 그 기분을 참을 수도 있다. 다음의 상황을 살펴보자. 당신과 유사한 것이 있는가?

- 당신은 가족과 친구들과 함께 락 콘서트에 갔다. 그러나 당신은 기분이 좋지 않고 짜증 나는 것을 느꼈다. 당신은 불평할 거리를 찾는 것처럼 보인다.
- 당신은 별것도 아닌 일로 자녀를 혼내고 엄격하게 대하는 자신을 발견한다. 직면해보자. 당신의 배우자는 무슨 일인지 의아해할 것이다.
- 당신은 누구라도 부러워할 만한 상황에 있다. 당신은 프랑스의 샤토를 방문하여 여행하는 중이고, 그저 좋은 음식을 너무 많이 먹을까봐 걱정하고 있다. 그러나 당신은 짜증이 나고 '아무런 이유도 없이' 분노가 확 치솟는다.

어떠한 경우에서든 결국 자신의 기분에 대해 사과하고 나중에 죄책감을 느끼지만 어째서 이성을 잃었는지 혼란스럽다. 당신의 반응을 살펴보기 위해 잘못된 신념이나 **그래야만 한다는** 생각으로 해결하지 못한 분노가 무엇인지를 찾아보자. 그것은 다음과 같다.

- "내가 이 티켓을 구하기 위해 얼마나 많이 애썼고 얼마나 힘들었는지 생각하지도 않고 그레이스와 애들은 그저 이 쇼를 즐기고 있다니, 정말 믿을 수 없군."
- "나는 우리 애들이 당연하게 여기는 것의 절반도 갖지 못했고 내가 가진 모든 것에 대가를 치러야 했어. 우리 애들은 이렇게나 많이 가졌는데도 도무지 감사하지를 않아!"
- "스티브는 내 앞에서 푸아그라나 초콜릿 무스를 먹지 않으면서 내 다이어트를 도와줘야만 하는데, 절대로 날 먼저 생각하는 법이 없어!"

이제 다음의 빈칸을 채워보라.

"나를 정말로 짜증 나게 하는 것은 그레이스/아이들/스티브가 _____한 것이다."

혹은 스스로 다음과 같이 질문해보자.

"그레이스/아이들/스티브의 행동은 나로 하여금 과거에 그녀/그들/그/누군가가 나를 화나게 했던 것을 떠오르게 했는가?"

아마 당신의 대답에 놀라게 될 것이다. 예를 들면,

"그녀는 내가 그녀에게 말한 것을 폭로하는 식으로 날 배신하지 말았어야 했어. 나는 그녀와 끝났어."

"내 첫 번째 부인이 그랬던 것처럼 누군가 나에게 거짓말한 걸 결코 잊을 수 없어. 그게 전부야. 나는 그런 사람과는 아무것도 하고 싶지 않아."

"나는 밥과 같이 있을 때마다 또 화가 나. 하지만 왜 이렇게 거리를 두는지는 말하지 않을 거야."

이것은 분개를 지속시키는 전형적인 생각들이다. 누군가가 공평함, 예의, 도덕성과 같이 당신이 중요하게 생각하는 기대를 저버렸고 당신은 화가 났다. 아마 당신은 그때 그 주제를 거리낌 없이 말하고 감정과 욕구를 풀어버림으로써 분노를 해결하려 했겠지만 다른 사람들은 당신이 만족할 만한 방식으로 문제를 해결하려 하지 않았다. 혹은 상대방에 대한 당신의 반응을 감추거나 냉담하거나 소극적이고 공격적인 방식으로 표현하는 등 감정을 마음속에 두고 있을지도 모른다.

일단 깊숙이 깔려있는 분개를 확인하고 나면 "이것을 해결하기 위해 무엇을 할 수 있을까?"라고 스스로에게 질문해보자. 여기에 "그래, 이것이 나에게 상처 준다는 걸 알았어. 나는 이걸 떨쳐버릴 거야."라고 대답하기가 쉽지 않다. 당신이 과거의 상처를 수십 번 되새기고 당신이 그것을 경험할 때마다 분개는 습관처럼 강화될 것이다.

억울해! 왜 내가 이 상황을 해결해야만 하지

분개는 반드시 해결해야 하는 걸까? 어쨌든 당신은 때때로 분노의 감정에 사로잡혀 있을 수는 있다. 그렇지 않은가? 적어도 당신의 사고방식에서는 잘못된 것이다. 그런가? 당신은 분명 마음속의 분노를 가지고 있을 권리가 있고 장황한 설명으로 정당화할 수도 있다. 아마도 당신이 분개하고 있는 어떤 사람이나 상황은 더 이상 당신의 평범한 일상의 일부는 아닐 것이다. 다시 말해 그 분개가 당신에게 문제를 초래하는 것은 아니다. 예를 들면, 당신은 상사가 '정당한 이유' 없이 당신을 해고한 것을 용서할 수 없지만 새로운 곳으로 직장을 옮겼으므로 이전의 상사를 만나는 일은 결코 없을 것이다. 당신은 그에 대해 생각하지도 않을 것이며 분노는 오래 지속되거나 현재의 삶에 부정적으로 영향을 미치지는 않을 것이다. 이런 경우에는 분개를 해결하기 위해 시간과 에너지를 투자할 이유가 없다.

그러나 분노를 일으킨 사람이 더 이상 당신의 삶에 없다고 하더라도 현재의 관계와 삶에 불편을 초래하거나 건강과 안녕에 문제를 일으킨다면 분노가 일어날 것이다. 다음의 일반적인 예를 고려해보자.

- 분노를 일으키는 사람이 계속 접촉하고 지내야 하는 가족, 친구, 동료라면 분개한 마음을 품고 그들과 계속 교류해야 하므로 특별한 자기조절이 필요하다.
- 당신은 이미 과거에 문제를 일으켰고 중요한 관계를 손상시켰던 분노가 '재발'했음을 알아차렸다(예 : 당신이 형에 대해 갖고 있던 분개는 가족 모임에서 부모님을 슬프게 했다).
- 당신은 분노할지도 모르는 대상이 있는 상황을 피하곤 한다. 그 사람과 함께하는 것은 괴로울 게 뻔하기 때문이다.
- 위에서 묘사한 것처럼 아무런 이유 없이 짜증 내거나 과민반응을 하면서 갑자기 침체된 분위기로 전환하는 모습을 발견할 것이다. 이러한 경우는 상황 뒤에 감추어진 어떤 분개함이 작동하는 것이며 그것을 찾아내야 삶의 즐거운 시간을 망치지 않을 것이다.

그렇다면 당신은 어떻게 분개로부터 벗어날 수 있을까? 아마 당신은 어떤 상황이 발생해야만 분노하지 않겠다고 결심할 수도 있다. 예를 들어, 상대방이 다음과 같이 할 때 그렇다.

- 빌린 돈을 갚을 때
- 자신의 잘못을 인정할 때
- 당신의 계획에 동의할 때
- 다른 사람들 앞에서 당신에게 사과할 때

그러나 문제는 당신이 설정한 조건을 상대방은 알아차리지 못할 수도 있다는 데 있다. 상대방이 알고 있을지라도 당신은 그가 이 조건에 동의할지에 대해서는 영향을 줄 수 없다. 그렇게 되면 당신은 상대방이 어떻게 하는지에 따라 분개의 부작용을 줄이게 된다. 만약 상대방이 이 조건에 동의하지 않거나 그렇게 할 의지가 없다면 당신은 분개로 가득 차 그들에게보다 스스로에게 더 많은 상처를 줄 것이다. 당신이 만약 이 상황에 만족한다면 대부분의 사람들처럼 계속 이 상태를 유지하는 것이 더 쉬울 것이다.

그러나 당신이 더 이상은 안 되겠다고 결심했고 변화해야 할 때라고 생각한다면 노여움의 대상과 함께 당신의 느낌에 대해 직접 이야기하면서 분개를 해결할 수 있는 많은 방법들이 있다. 그것이 가능하지 않거나 적절하지 않을 땐 당신의 심상과 문제에 근접한 다른 전략을 적용할 수도 있다. 이러한 전략 중 몇 가지는 내가 내담자들에게 수년간 해온 것처럼 당신도 적용할 수 있다.

나는 당신이 분노를 극복하기 위해 선택하는 전략에 용서가 포함되는지를 궁금해하리라 생각한다. 그것은 아니니 안심하라. 용서는 '용서하는 사람'에게 분명한 이득을 주는 것으로 밝혀졌다. 우리는 용서가 당신에게 줄 수 있는 편안함에 도달하기 위한 주제와 방법을 고려할 것이다. 그러나 당신이 뭔가 잘못되었다고 느끼게 하는 사람을 용서할 필요는 없다. 당신은 용서가 다른 사람의 죄를 면해주는 것이나 그런 행동이 가져온 상처를 축소시키는 것이라고 생각했기 때문에 이것을 고려하지 않았을지도 모른다. 하지만 둘 다 꼭 필요한 것은 아니다. 다음 장에서는 무엇이 용서이고 아닌지에 대한 신념을 다룰 것이며, 용서의 가치에 대해 좀더 잘 알 수 있을 것이다.

재해결을 위한 전략

먼저 당신이 분노를 일으킨 사람과 대화할 수 있는지 없는지를 바탕으로 어떻게 재해결할 수 있을지를 이야기해보자.

상대방과 직면하기

만약 상대방과 여전히 만날 수 있는 상황이라면 분노를 해결하기 위해 적극적 문제 해결 방식을 사용할 수 있다(제8장 참조). 상대방에게 당신의 사고, 감정, 욕구를 명확하고 침착하게 말하고 해결을 위한 대화를 시작해보자. 의견 차가 생긴다면 두 사람 모두에게 적용 가능한 문제 해결 방법을 시도해보자.

그러나 적극적 문제 해결의 효과는 시간이 얼마나 흘렀는가, 상대방이 얼마나 솔직하게 이야기하는가, 당신이 편안함을 느끼는가 아닌가 등 많은 요소에 달려있다. 여기에서는 과거의 문제를 드러내 현실적으로 얻을 수 있는 것이 무엇인지를 스스로에게 질문해보자. 만약 해결점을 향한 대화가 가능하다면 적극적 문제 해결을 사용할 기회이다..

당신이 해결을 위해 무엇을 바라는지를 결정하는 것에서부터 시작해 보자. 나는 이것이 해결을 위한 **조건**이라고 한다. 더 이상 분노로 인해 실망하지 않기 위해 당신은 합리적이고 달성할 수 있는 당신만의 조건을 정립해야 한다.

- 당신의 조건이 상대방의 권력 안에 있는가? 예를 들어, 상대방은 오랫동안 지속시킨 결과를 바꿀 수 없거나 다른 사람의 통제하에 있을 수도 있다(예 : 당신의 과거 직장을 되찾아주기, 상대방에게 더 이상 없는 돈을 갚기)
- 상대방은 당신이 원하는 것을 줄 의향이 있는가? 만약 그렇다면 지 ·금까지 기꺼이 주지 않았는데 왜 이제야 주는가? 어떤 변화가 있었는가?
- 상대방에게 많은 것을 요구할 뿐 되갚을 필요는 없다고 기대하는가? 만약 그렇다면 왜 이 사람이 당신의 조건을 수용해야 하는지 스스로에게 질문해보자. 당신이 아는 바로 그 사람은 이러한 관점으로 본 적이 있는가 아니면 당신이 바라는 방식대로 행동한 적이 있는가?

알렌은 아버지와 거의 5년 동안 말하지 않았다. 그는 어머니를 '함부로' 대하고 이혼한 아버지를 증오했다. 아버지는 종종 옳다고 생각하는 것을 표현해왔지만 알렌은 "항복하게 만든다. 아버지 본인에게 좋은 것이 나에게도 그렇다고 생각한다."며 아버지와 대화하고 싶어 하지 않았다. 알렌은 해결을 위한 조건을 정할 때 아버지와 어머니가 '잘되길' 원한다는 것을 깨달았지만 어머니는 이미 재혼하여 행복하게 살고 계셨다. 또한 그는 아버지가 '자신과 엄마가 겪은 고통' 을 겪었으면 한다는 것을 알게 되었다. 그는 자신이 아버지의 정서를 조절할 수 없다는 것과 아버지도 재혼하고 나서 행복하게 지내고 있다는 것을 안다. 결과적으로 알렌의 조건은 비현실적이며 달성할 수 없기 때문에 그를 더욱 실망스럽게 했다.

알렌이 아버지와 직면하길 원한다면 어떻게 해야 할까? 심사숙고 끝에 그는 다음과 같은 조건을 결정했다.

그는 아버지를 만나고자 했고 아버지의 이혼에 대한 모든 생각과 감정을 '털어놓을' 때까지 아버지가 들어주길 원했다. 알렌은 자신도 그 상황에 대한 아버지의 입장에 귀 기울여야 할 차례라는 것을 알았다. 아버지도 기꺼이 참여하기로 했고 알렌은 다시 만나서 관계회복을 할지 어쩔지를 보겠다고 결론지었다.

알렌은 앞에서 언급한 것처럼 비현실적인 것을 기대하지는 않았다. 이러한 감정으로 아버지를 직면하고 나면 더 좋아질 것이라고 보장할 수는 없었지만 이것이 시작이었다. 알렌은 이제 바른 방향을 설정하는 데 장애가 되었던 조건을 치워버렸다. 그는 대화와 문제를 모두 열어두고 아버지를 용서할지 여부를 결정할 수 있다.

그러나 아버지를 정죄하고자 했던 오래된 갈망은 어떻게 해야 할까? 알렌의 계속적인 분개는 자신을 괴롭힐 뿐이며 아이들이 할아버지와 좋은 관계를 맺을 가능성을 해친다는 것을 안다. 게다가 다른 형제들이 아버지와 그의 관계를 이야기할 때마다 그는 불쾌하고 짜증스러웠다.

만약 당신이 상상한대로 만남이 이루어지지 않는다면

때때로 당신이 분노를 느낀 사람과 만나는 데 들인 노력은 당신이 바라고 기대했던 것처럼 되지 않는다. 예를 들어, 알렌이 아버지를 만났지만 아버지가 그를 가르치려 하고 자신을 방어하는 데 시간을 써서 두 사람의 감정을 나눌 수 없다면 어떻게 할 것인가? 알렌은 무엇을 해야 할까? 심지어 아버지가 알렌을 만나려 하지 않는다면 어떻게 해야 할까? 나는 당신이 상대방과 만나기 전 당신의 기대를 평가할 필요가 있음을 이야기하고 싶다. 당신은 과거의 경험(과거에 그 사람과 상호작용했던 실제 상황)을 바탕으로 만남에서 기대할 수 있는 **최악의 것**과 **평범한 것**과 **최고의 결과**를 그럴듯한 각본으로 미리 생각해볼 수 있다. 그리고 각각의 상황에 대처하기 위한 계획을 생각해볼 수 있다. 당신은 무엇을 말하고 어떻게 행동할지를 생생하게 상상해봄으로써 각각의 결과에 어떻게 반응할지를 연습할 수도 있다. 제3장에서 처음으로 논의되었던 추측하기와 계획하기는 만남에서의 불편함을 줄이고 자신감을 증진시키는 통제력을 갖추고 준비하게 한다.

만날 수 없는 사람과 직면하기

당신이 분개를 품고 있는 사람이 이 주제에 대해 이야기하기를 꺼리거나 이야기할 수 없다면 어떻게 해야 할까? 나는 가끔 더 이상 연락하지 않는 대상에게 분노를 품고 있는 내담자를 만나곤 한다. 그는 분노에 고착되어 계속 고통스러워하며 새로운 관계에서도 어려움을 갖는다. 당신이 분개를 직면할 기회도 갖기 전에 배우자나 부모님이 죽었다면? 아마 그 사람에게 분노의 감정을 느끼면서도 사망한 사람에게 이러한 감정을 갖는 것에 대한 죄책감도 느낄 것이다. 이러한 감정을 해결하기 위해 무엇을 할 수 있을까?

1. **기록해본다.** 해결을 향한 첫 단계로서 분노의 주제를 충분히 인식하고 기록하는 것은 도움이 될 수 있다. 발생한 일에 대한 자신의 생각, 감정, 욕구를 남김없이 표현함으로써 매번 당신을 좌절하게 만드는 것들을 총망라하여 살펴보자. 차분하게 당신의 인식을 살펴보면서 (아마 이것을 상대방과 공유하는 순간) 분노를 유발하는 고통에 익숙해지기 시작할 것이다.

   익숙해지는 것은 일어난 일을 계속해서 직면하고 생각하고 다시 인식함으로써 이에 대한 정서적 반응을 점차 줄여가는 것을 의미한다. 과거에 당신이 극복한 어떤 두려움을 생각해보자. 당신이 두려워하는 것(예 : 친구들 앞에서 발표하기, 깊은 호수에서 수영하기)을 계속함으로써 그것을 극복한다. 반복적인 노출은 두려움이 가져오는 강렬한 감정의 힘을 사라지게 할 것이다. 분노가 일으키는 힘이 줄어들 때까지 계속 당신의 분노가 무엇인지 적어보자. 효과가 있을 것이다.

2. **비슷한 감정을 겪어본 누군가와 터놓고 이야기한다.** 일시 해고되었거나, 연로하신 부모님을 모시고 있거나, 이혼했거나, 암을 경험했거나 당신과 유사한 경험을 가지고 있는 사람들과 대화함으로써 공감을 얻을 수 있다.

3. **감정을 기록으로 표현한다.** 분노의 대상을 만날 수 없다면 당신의 감정을 어떻게든 표현할 수 있도록 편지를 쓰거나 시와 노래를 짓거나 그림을 그려보자. 이것은 형식이 없는 것처럼 보일 수 있겠지만, 편지에 당신의 감정을 모두 표현하는 것만으로도 다르게 느껴져서 더 이상 그것을 우편으로 보낼 필요가 없다고 생각한 적이 있는가? (당신이 그렇게 했거나 아니거나) 편지를 쓰는 것만으로도 당신은 목적

을 달성하였다(그리고 익숙해졌다).

레티시아는 갑자기 결혼을 취소한 전 약혼자에 대한 분노를 떨쳐 버릴 수 없었다. 그녀는 당황스럽고 창피했지만 전 약혼자가 말을 하지 않았기 때문에 이러한 감정에 부딪혔다. 그녀는 데이트 상대들이 '거리'를 두고 행동할 때 쉽게 화를 냈고 최근에는 가장 친한 친구에게 화를 내 우정도 잃었다. 친구들은 그녀의 분노와 상처에 대해 도움받기를 권했고 그녀는 결국 상담을 받으러 왔다. 레티시아는 '전 약혼자'에게 편지를 썼고 그것을 보낼지 말지를 결정했다. 그녀는 어떠한 방해 없이 원하는 대로 모든 것을 편지에 쓸 수 있었고 '정말로 좋은 느낌'을 받았다. '다 됐다'고 느낄 때까지 몇 주에 걸쳐 편지를 다듬었다. 2명의 친한 친구와 편지를 함께 읽고 난 후에 그들은 그녀의 입장을 지지해주었고 그녀가 분노를 떠나보내도록 격려하였다(예 : 그는 더 이상 너를 괴롭게 할 가치가 없어). 레티시아는 '전 약혼자'에게 편지를 보낼 가치가 없다고 결정했다. 그리고 친구들과 함께 축배를 들며 편지를 '태우는' 의식을 하기로 결정했다. 편지가 타들어감에 따라 그녀의 분노도 재로 변하는 것을 느꼈고 날아가 버렸다.

레티시아의 의식처럼 분노를 털어버리기 위한 어떤 상징적인 행동을 하는 것도 도움이 될 수 있다. 분노를 담은 시를 읽거나 쓰는 것도 그것을 털어내는 촉매제가 될 수 있다. 그림을 그리거나 당신이 어떻게 느끼는지를 담아낸 노래를 부르는 식으로 눈물을 쏟고 흘려보내는 것도 종결의 느낌을 줄 것이다.

4. **상상으로 상대를 직면한다.** 이전 장에서 본 것처럼 상상은 새로운 행동을 연습하고 실제의 삶과 동일한 감정을 만들어내는 효과적인 방

법이다. 상상을 통해 분노를 일으킨 사람과 당신이 원하는 방식으로 직면할 수 있다. 무기력하게 느껴졌던 과거와는 달리 상상에서는 당신이 상황과 행동, 결과까지 통제할 수 있다.

샘의 아버지는 샘이 오랫동안 아버지로부터 호되게 야단맞은 것에 대한 분노를 표현하기도 전에 돌아가셨다. 샘은 자신이 운동을 좋아해서 아버지의 총애를 받았던 두 형에게도 분개하고 있다는 것을 알았다. 그는 형에게 냉담했고 그들을 자주 비웃었다. 최근에 사소한 일로 화가 폭발한 샘은 형과 아버지에 대한 분노를 알아차렸다. 샘은 아버지가 해준 좋은 것에만 집중하려 했지만 아동기 경험에 대한 그의 분노를 떨쳐내기는 어려웠다. 아버지와 직접 이야기할 수 없었기 때문에 그가 가장 좋아했지만 아버지와는 한 번도 함께 타지 않았던 요트를 아버지와 함께 탄다고 상상해보았다. 그는 아버지에게 상처받았던 사건을 '이야기하고' 아버지가 계속 그의 이야기를 경청한다고 상상했다. 그는 아동기에 경험한 모든 상처를 드러내는 것을 상상했고 너무 화가 나서 아버지를 멀리했던 것을 용서해달라고도 했다. 샘은 이 장면을 몇 번 시연하고 분노가 사라진 것을 느꼈다. 형들과의 관계도 많이 좋아졌다. 그는 형들과 이 감정에 대해 이야기했고 자신의 행동을 사과했다. 샘은 진정으로 분노를 '다루었다'고 느꼈다.

어떤 분노는 깊숙이 자리 잡고 있으며 혼자서 해결하기 어려울 수 있는 과거의 트라우마적 경험과 관련이 있을 수도 있다(예 : 아동기 시절의 신체적 혹은 성적 학대). 이미 제시된 아이디어가 당신에게 적용되지 않는다면 당신의 오래된 분노를 잠재우기 위해 전문적인 도움을 받을 것을 고

려해보자. 분노가 이전의 트라우마적 스트레스에 매여있다면 분명 전문
적인 도움이 필요하다.

용서 : 당신을 위한 궁극적인 해결책인가

앞에서 제시한 방법들은 분노를 가라앉히고 삶이나 중요한 다른 사람들
과의 관계에서 당신을 자유롭게 하는 합리적이고 실제적인 해결 조건을
만드는 데 도움이 되도록 만들어졌다. 연구는 그것이 당신에게 상처를 주
었거나 잘못한 사람을 용서하는 데 많은 장점이 있음을 보여준다. 당신은
마음속에 있는 사람을 용서하려고 노력해보거나 그것을 고려해본 적이
있는가? 당신이나 당신이 사랑하는 사람이 상처받았을 땐 용서하기가 더
욱 어려울 것이다. 그러나 용서의 가장 큰 장점은 진정으로 변화된 다른
사람과의 관계이다. 용서는 분노를 내보내고 당신의 가슴을 쉬게 할 뿐
아니라 형제, 자매, 부모 등 계속해서 당신 삶의 일부가 되는 사람들에 대
한 가장 깊은 감정을 변화시킨다. 또 당신이 진정으로 그 사람과 편안하
게 지내게끔 하면서 보이지 않는 장점도 제공한다. 로버트 앤라이트 박사
에 의하면 '화난 감정을 진정시키고' 파괴적인 생각을 바꾸고 좀 더 예의
바르게 행동하기 위해 용서하며, 이를 통해 당신의 삶뿐 아니라 배우자나
자녀들과의 대화와 관계의 질을 증진시킬 수 있다고 한다. 예를 들어, 당
신은 이제 당신의 오빠나 그의 가족들과 휴일을 보낼 수 있으며, 자녀들
도 당신의 해결되지 않은 분노로 가려져 있던 삼촌이나 사촌들과 관계를
맺을 수 있다. 어떤 사람들에게 있어서 용서는 정신적 믿음이나 신과 함
께 평화에 들어가는 것과 같은 영적인 차원의 것일 수도 있다. 그러나 용
서에 대한 일반적인 신념을 고찰함으로써 무엇이 용서이고 용서가 아닌

지 살펴보자. 스탠퍼드의 용서 프로젝트 지도자인 프레드 러스킨 박사에
의하면,

> 용서는 용납하는 것이 아니다. 당신이 용서한다고 해서 상대방의 행동
> 이 괜찮다고 말하는 것은 아니다.
>
> 당신이 용서한다고 해서 일어난 일을 잊는 것을 기대할 수는 없다. "용
> 서는 잊는 것이다."라는 오래된 속담은 일반적으로 우리가 성취하기에
> 는 불가능하다. 우리의 뇌는 고통스러운 사건을 기억하는 데 굳어져 있
> 지만 용서하기 위해 잊을 필요는 없다.
>
> 용서는 당신이 우스꽝스러워지거나 '비현실적인' 경험을 하게 하는 것
> 이 아니다.
>
> 용서한다고 해서 당신이 고통스러운 감정으로부터 즉시 벗어날 거라
> 기대하지 않는다. 그것은 시간이 흘러야 가능할 것이며 그 일을 생각할
> 때마다 약간의 고통을 느낄 수 있다.
>
> 용서는 분노의 대상과 관계를 재정립하는 행동이지 화해가 아니다. 대
> 부분의 경우 일어난 일에 영향을 받는 모든 사람들을 위해 화해하는 것
> 이 당신의 최대 관심사일지도 모르겠다. 그러나 당신이나 당신이 사랑
> 하는 사람에게 상처 준 사람을 용서하기로 결정하는 경우에 그것은 필
> 수적이지 않다.

용서의 단계는 무엇인가

만약 당신이 그 사람을 용서하기로 결정했다면 많은 연구와 임상 실제는
그것을 어떻게 진행해야 할지를 알려준다. 나는 당신에게 잘 맞는 일련
의 단계로 여러 가지 아이디어를 통합할 것이다. 용서 전문가들은 이 단
계에 동의하지 않을지도 모르겠지만 각각은 용서 도식에 모두 존재하는

것이다.

가장 먼저는 상대방에게 갖는 분노를 완전히 느끼고 받아들이도록 내버려 두자. 분노가 일어난 사건을 회상하자. 그리고 당신이 어떻게 느꼈는지를 정확히 묘사하자. 그 사람을 향한 분노가 일어날 때 당신이 어떻게 느끼는지를 표면화하기 위해 부록 2의 분노 일지를 사용할 수 있다. 이러한 감정이 불러일으키는 고통을 느껴보자. 그리고 당신의 분노가 지금 당신에게 얼마나 영향을 미치는지 생각해보자.

- 이 분노는 일상에서 얼마나 자주 나타나는가?
- 시간이 지남에 따라 고통의 수준은 감소하거나 거의 같은가? 아니면 시간에 따라 더 나빠지는가?
- 그 사람에게 남아있는 분노는 당신의 건강과 삶의 질에 어떤 영향을 주는가?
- 당신의 분노는 그 사람이나 당신의 가족 혹은 관련된 다른 사람들과 상호작용하는 방식을 어떻게 바꾸는가?
- 배우자나 자녀 혹은 친척들과 같이 당신이 사랑하는 사람들도 당신의 분노에 영향을 받는가? 그들은 그 영향을 어떻게 느끼는가?
- 당신의 분노가 지속됨으로 인한 고통을 누군가가 표현한 적이 있는가?

이 분노를 계속 붙들고 있는 고통이 당신에게 가치가 있는지 스스로에게 질문해보자. 그것으로부터 당신과 사랑하는 사람이 얻는 것은 무엇인가?

두 번째로, 새로운 '렌즈'로 무슨 일이 일어났는지를 다른 관점에서 봄으로써 분노를 일으킨 상황을 재구성하라. 앤라이트(참고자료 참조)는 당신이 그 사람을 다르게 보도록 다음과 같은 질문을 했는데, 이것은 당신의 현재 느낌을 바꾸고 당신이 용서할 수 있도록 도울 것이다.

1. 그들이 성장할 때의 삶은 어땠는가? 헨리는 아버지가 돌아가신 후로 어머니와 말하지 않았다. 그는 어머니를 차갑고 냉정하다고 비난했다. "어머니는 아버지가 돈이 많지 않았고 좋은 가장으로서 '실패'했다며 항상 비난했고 아버지에게 친절하게 말하지 않았어요." 헨리는 이모나 다른 친척들에게 어머니의 어린 시절과 외조부모님에 대해 물어보기로 했다. 그는 외할아버지가 가족을 전혀 부양하지 않는 알코올 중독자였고 가족들은 충분한 음식과 생필품 없이 지내야 했다는 것을 알게 되었다. 심지어 겨울에도 전기가 자주 나갔고 외할머니가 생계를 꾸려야 했으며 어머니는 자신보다 어린 동생들을 돌봐야만 했다. 헨리는 어머니가 왜 그렇게 피해의식을 느꼈으며 왜 그렇게 냉소적이고 돈에 연연했는지를 깨닫기 시작했다. 그는 어머니가 어린 시절을 잘 보내지 못했고 아마도 힘들었기 때문에 아버지에게 냉소적으로 행동했을 것이라고 생각했다.

2. 분노할 때 그 사람의 삶은 어땠을까? 헨리는 아버지가 돌아가시기 몇 달 전 어머니가 폐암으로 투병 중인 아버지의 간호를 그만둔 때를 회상한다. 가정에서 치료할 만한 경제적인 여유가 없었기 때문에 어머니가 아버지를 간호했고 그의 옆에서 많은 시간을 보냈다는 것을 떠올렸다. 헨리는 담배를 끊으라는 어머니의 부탁을 듣지 않은 아버지를 용서하기 힘들었고, 남편의 죽음으로 자신이 버려진 것처럼 느꼈을지도 모르며, 그녀가 죽음을 막을 수는 없었다는 것을 깨닫기 시작했다. 헨리는 어머니에게 제한된 외로운 삶이 변할 수 있

다는 희망조차 없었고, 얼마 안되는 사회보장연금으로 사는 것이 얼마나 외롭고 쓸쓸할지에 대해 생각하였다.

3. 당신은 분노 자체보다 더 넓은 의미에서 그 사람과의 관계에 대한 이야기를 할 수 있는가? 헨리는 아버지가 돌아가신 후 어머니가 겪었을 어려움에 공감했고, 고통스럽고 행복하지 않았던 어린 시절의 삶과 충족되지 못한 꿈으로 채워진 성인기의 삶, 근근이 살아가야만 했던 상황에서 비롯된 아버지에 대한 부정적인 태도와 비난을 이해하기 시작했다. 어머니는 자신이 겪은 것을 자녀들이 겪지 않게 하기 위해 항상 잘 먹이고 씻겼으며, 학교생활을 잘하도록 (때때로 많은 비판으로) 압력을 주곤 했다. 헨리는 어머니가 자신의 좋은 성적을 위해 숙제를 도와주면서 저녁 늦게까지 옆에 앉아있었던 시간을 인정했다. 그는 어머니가 새 옷도 좋은 세탁기도 없이 살았기 때문에 자녀들에게만큼은 유행하는 옷이나 딱 맞는 옷을 입을 수 있게 했음을 회상했다.

그는 어머니가 너무 엄격하다고 판단했었는가? 그가 당시 '싫어한' 그녀의 행동 뒤에는 무엇이 있었는가? 이 질문에 대답하는 것은 헨리로 하여금 새로운 관점을 고려하게 했고, 부정성과 비판적인 말과 행동을 어머니의 관점에서 보게 했다. 그는 아버지가 생각만큼 성인군자가 아니었고 어머니는 빚을 지지 않기 위해 힘든 시간을 보내며 열심히 일했다는 것을 보기 시작했다. 어머니의 부정적인 부분에만 초점을 맞추는 대신 어머니의 눈을 통해 세상을 보았다. 어머니의 삶의 여정에 대한 보다 공감적인 틀은 그녀가 어째서 이렇게 매섭고 부정적으로 되었는가를 즉각적으로 이해하게 했다.

세 번째로, 당신이 말하기로 결정하든지 다른 사람과 함께 직접 하기로 결정하든지 용서하기 위한 의지는 반드시 선행되어야 한다. 당신과 당신이 사랑하는 사람의 현재 삶 안에서 분노가 계속되는 고통을 생각하라. 당신은 이 고통을 얼마나 오랫동안 지속시킬 것인가? 당신은 다른 사람의 관점에서 볼 수 있는가? 이것은 당신이 절대로 용납할 수 없거나 잊을 수 없더라도 다른 사람들이 어째서 그렇게 했는지를 이해할 수 있게 해주는가? 용서는 당신이 할 수 있는 유일한 선택이라는 것을 기억하라. 분노를 내려놓고 용서할 준비가 됐는가? 아니면 다음으로 미룰 것인가? 당신은 반드시 결정해야만 한다. 다른 사람은 당신이 무력해질지도 모르는 무언가를 했다. 하지만 지금 당신에게는 용서할지 말지 여부를 결정할 힘이 있다. 그것은 진실로 강력하며 매력적이다.

네 번째로, 분노의 대상을 **용서할 몇 가지 구체적인 단계를 세워라.** 용서 전문가들은 당신이 용서한 것을 실제로 상대방에게 말해야만 하는지 아닌지의 여부에 대해 혼합된 의견을 가지고 있다. 어떤 경우에는 가능하지 않은 것처럼 보일 수도 있고 심지어 사망했거나 직접 의사소통하는 것이 불가능할 수도 있다. 중요한 것은 당신의 가슴과 마음으로 용서하는 것이다. "나는 당신을 용서하기로 선택했어요." 이것은 앞의 전략을 사용해 상상 안에서 할 수 있다. 상대방의 말과 행동이 당신의 삶에 끼친 영향에 대해 생각하고 느끼는 것을 그에게 이야기하는 것을 상상할 수 있는 편안한 시간과 장소를 찾아라. 용서하는 것을 스스로에게 말하고 '들어라.' 그리고 어떻게 느끼는지 상상하라. 혹은 용서의 편지를 쓰고 편지를 보내거나 보내지 않을 수도 있다. 중요한 것은 어떤 기대 없이(예 : 용서) 당신 내면의 분노를 내려놓는 작업과 용서를 했다는 것이다.

상대방이 일상의 일부이고 당신이 어떤 관계를 다시 시작하기 원한다면 용서하는 것은 사적인 만남을 통해 이루어질 수도 있다. 당신은 용서하기로 결정했기 때문에 해결을 위한 조건은 없다. 그것은 상대방이 말하거나 행동하는 것과 상관없이 하는 당신만의 고유한 힘이다. 이때에도 당신은 화해를 위해 관계의 개선을 요청할 수도 있고 하지 않을 수도 있다. 이것 또한 당신의 힘 안에 있다. 당신은 이제 미움과 해결되지 않은 분노로 인한 내적 고통의 희생자가 되기보다는 분노의 짐을 벗고 당신의 삶을 추구할 수 있다. 이것이 현실적인 기대가 아니라고 해도 용서하기로 했다면 당신은 고통으로부터의 자유와 대단함을 느낄 것이다. 용서란 시간이 좀 걸릴지도 모르는 내려놓음의 여행의 시작이지만 당신은 그것이 당신에게 가치 있도록 선택할 수 있다.

용서한다면 결국 기분이 더 좋아질 것이라는 타당한 근거가 있다. 이것은 그 누구도 아닌 당신 손 안에 있으며 아마도 용서의 진정한 힘이 될 것이다.

12

실패했을 때
회복하기

우리는 지금까지 분노를 다스리는 과정을 배웠다. 당신은 무엇을 해야 할지 잘 알게 되었으며 당신의 노력도 결실을 거두었다. 분노 폭발 이후, 상황을 수습할 필요가 없어졌고 지금까지 맺어온 많은 관계들도 좀 더 안정적으로 보인다. 스트레스 하의 수치심이나 자기비난 없이 편안함도 느낀다. 중요한 관계를 손상시켰던 분노를 성공적으로 해결했다. 인생이 아름답게 느껴진다.

그러나 우리는 재발하는 자신을 발견한다. 영원히 던져버렸다고 생각하는 분노의 양상이 또 다시 튀어나온다. 당신은 혼란스러우며 크게 실망한다. 분노가 다시 당신의 삶을 지배하는 것일까? 만약 예전처럼 분노의 지배를 받는다면 스스로에게 역겨움을 느끼거나 '원점으로 되돌아간 것'에 실망할지도 모른다. 그러나 당신만이 아니다. 누구나 실패할 수 있다. 절대로 이성을 잃지 않거나, 결코 경계를 늦추지 않는다던가, 항상 통제력을 잃지 않는 것은 어디에도 없다.

콜린은 아내와 의견 차가 발생하자 별안간 화를 낸다. "무슨 일이 일어난 건지 아직도 모르겠어요. 침착하게 얘기하려고 했는데 전처럼 이성을 잃었어요." 콜린은 직장에서 많은 스트레스를 받았고 깊이 잠들지 못했다.

마라가 레슬리에게 일을 좀 도와달라고 하자 레슬리는 느닷없이 소리를 지르며 화를 냈고, 그것은 다른 직원들이 상사에게 보고해야 할 정도였다. 그녀는 자신이 방금 한 행동을 믿을 수가 없다. 6개월 전 마라가 그녀의 시장조사 결과를 자신의 공적으로 돌렸을 땐 무시했지만 그것 때문이라 하더라도 그렇게 심한 분노는 과거의 것이라고 생각했다.

드웨인은 타냐와 더 많은 성적 친밀감을 기대한다. 그러나 타냐는 직장을 다니며 아이를 돌보느라 너무 지쳤다고 불평한다. 여전히 불만족스러운 드웨인은 다시 예전의 습관으로 돌아가 아내를 냉담하게 대하고 그녀의 질문에 불만스럽게 반응하며 그녀가 말을 걸 때도 무시한다. 타냐가 비난하자 그는 발끈해서 방을 나간다. 그는 아내에게 침착하게 성생활에 대해 협력적으로 의사소통을 해야 하는 걸 알았지만 새로운 분노 기술을 연습하고 싶지 않았다. 차라리 혼자 처리하는 게 더 쉬울 것 같다. 그는 너무 지쳤다. 서재에서 혼자 신문을 읽는 척하며 좌절감과 무력감, 외로움의 늪에 완전히 빠진 기분을 느낀다.

우리는 때때로 모든 일이 수포로 돌아가는 것처럼 느낄 수 있다. 가슴에 돌덩이가 얹혀있는 것처럼 분노는 결코 제거되지 않는 것 같다. 이러한 생각은 중요한 사람들로부터 실망이나 분노, 모멸감을 느낄 때 더욱 강해진다. 존경하고 관심을 갖는 누군가가 당신에게 "당신이 좀 나아졌다고 생각했는데 변한 것이 하나도 없군. 날 바보로 만들었어."와 같이 말한다면 더욱 절망감에 빠질 것이다.

콜린, 레슬리, 드웨인처럼 곤경에 처했다면 지금까지 배워온 방법으로 돌아가보자. 그것은 당신이 분노를 잘 조절하도록 도왔던 것처럼 절망과 싸우도록 도울 것이다. '모두 다시 시작해야 한다', '노력해도 소용없다', '단 한 번도 분노를 정복한 적 없다'고 말하는 것은 지금까지 이루어온 모든 변화를 부정적인 혼잣말로 무시하는 것이다. 분노를 다스리지 못했다고 이를 실패의 신호로 해석하는 것은 자기패배적인 태도이며 완전히 잘못된 말이다.

지금까지 열심히 했던 방법들로 되돌아가보자. 부정적인 생각에 잠기지 말고 각각의 상황을 분석해보자. 무슨 일이 있었는지 진단해보자. 그것이 역효과를 초래한다는 것을 알았을 때 어째서 화가 났는가? 과거의 경험이 당신에게 배우자를 좌절시키고 분노를 만들어낸다고 할 때 당신은 어떻게 냉담하게 철회했는가?

실수하며 앞으로 나아가기

화를 낼 때는 항상 이유가 있다. 이유를 아는 것은 다음에 분노를 유발하는 상황에 대한 새로운 통찰력을 얻게 한다. 제4장의 분노 사건 단계들을 떠올려보라. 분노 행동 이전에는 이미 자신의 행동에 영향을 미친 전조가 있다. 후회막급한 분노가 벌어지기 몇 분 전 혹은 몇 시간 전으로 돌아가 생각해보면 실수의 이유를 발견하게 될 것이다.

또한 당신이 반영하는 것만큼 상황이 벌어지는 동안 무슨 일이 있었는지도 생각해보자. 다음의 퀴즈는 실패의 이유와 실패 시 무엇을 해야 하는지를 설명해줄 것이다.

실패하는 이유에서 가장 높은 점수의 문항은 어떤 것인가? 이유가 한 가지 이상인가? 왜 실패했는지를 이해한다면 앞으로 실패하지 않기 위한 대안을 생각해보자. 이제 우리는 실패의 이유에 대해 설명하고 당신이 고려해야 하는 몇 가지 해결책을 제공할 것이다.

충분히 연습하지 않았을 때

실패의 이유를 가장 쉽게 설명한다면, 새로운 분노 기술이 자동적으로 나올 만큼 충분히 학습되지 않았기 때문이다. 제10장에서 새로운 습관을 각인시켜 자동화시키는 반복의 중요성을 강력하게 제시하였다. 스스로에게 엄격하기 전에 공격적이거나 빈정대곤 '했던' 수많은 시간을 현실적으로 생각해보자. 과거의 분노는 나름대로의 역사를 가지고 있으며 당신이 어떻게 반응하는지 면밀히 주의를 기울이지 않는 한 재발하기 쉽다. 그러므로 반복적인 연습을 통해 당신의 새로운 분노 기술로 대체되어야만 한다.

연습하고자 하는 당신의 노력도 새롭게 할 필요가 있다. 제10장을 다시 읽어보는 것이 좋을 것이다. 특히 연습이 필요하다는 데 초점을 두고 당신의 기억을 새롭게 하면서 마음속으로 실패에 대해 고찰해보자. 무슨 일이 일어났는지를 자세히 살펴보는 것은 다음번에 그 상황을 어떻게 다르게 다룰지를 결정할 수 있게 한다. 그리고 계획된 연습이나 행동리허설을 적용할 수 있는 기회를 찾아보자. 당신이 무엇을 해야 할지는 알지만 실제로 실행하는 데는 서툴다면 행동리허설이 반드시 필요하다.

그 상황을 이따금 되돌아보는 것은 상대방이 정말로 당신을 화나게 했는지를 되돌아볼 수 있게 한다. 당신은 어떤 분노 기술을 사용했는지 파악하기 어려울 것이다. 어쩌면 당신은 어떤 분노 기술을 사용해야 할지 신중하게 생각해볼 여유가 없었을지도 모른다. 상대방이 무엇을 하든 당신이 끝까지 견뎌내는 방법을 배우지 않는다면 분노는 재발하게 되어있다. 따라서 자극적이고 스트레스적인 조건과 같이 가능한 현실적인 연습을 통해 대비해야 한다.

마빈 와그너 박사가 개발한 '가시 돋친 말하기'는 행동리허설에서의

실패 진단하기

분노를 다스리지 못한 상황을 상상해보자. 당신의 감각을 모두 동원하여 그 장면을 생생하게 재연해보자. 그리고 이 책에서 학습한 분노 조절 단계를 떠올려보자.

다음 중 당신의 경우에 해당하는 것은 무엇인가?

1. 상황이 너무나 빨리 일어나서 새로운 분노 기술을 미처 사용할   참   거짓   (A)
틈이 없었다.
2. 예전에 일어난 일 때문에 이 사람을 용서하기가 어렵다.   참   거짓   (D)
3. 실패하기 바로 전, 많은 압박감과 스트레스가 있었다.   참   거짓   (B)
4. 만약 오늘과 같은 상황이 반복되더라도 그 상황을 어떻게   참   거짓   (A)
다룰지 잘 모르겠다.
5. 이 사람은 평소처럼 나의 감정과 욕구를 고려하지 않는다.   참   거짓   (C)
6. 분노를 다르게 다룰 생각조차 할 시간이 없다.   참   거짓   (A)
7. 최근에 잠을 잘 자지 못한다. 쉽게 피곤해지고 짓눌리는   참   거짓   (B)
기분이다.
8. 이 사람은 내가 원하는 것을 한 적이 거의 없다.   참   거짓   (C)
9. 실패하기 바로 전에 술을 마셨다.   참   거짓   (B)
10. 새로운 분노 기술을 연습할 시간조차 없다.   참   거짓   (A)
11. 이 사람이 이전에 나를 대했던 방식 때문에 나는 그의 말을   참   거짓   (D)
경청하고 싶지 않다.
12. 이 사람은 종종 나를 실망시킨다.   참   거짓   (C)
13. 이 상황이 일어났을 때 나는 할 일이 너무 많아 마음이   참   거짓   (B)
급했다.
14. 사과를 할 때까지 나는 이 사람의 감정을 배려하지   참   거짓   (D)
않을 것이다.
15. 이 사람은 내가 바라는 방식으로 결코 변하지 않을   참   거짓   (C)
것이다.
16. 나는 좋은 게 좋은 거라는 식으로 이 사람을 대할 수는 없다.   참   거짓   (D)

각각 괄호 안에는 A~D까지의 알파벳이 적혀있다. 각각은 실패에 대한 이유를 설명하

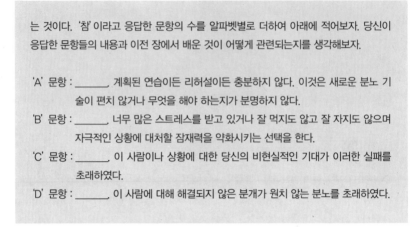

는 것이다. '참'이라고 응답한 문항의 수를 알파벳별로 더하여 아래에 적어보자. 당신이 응답한 문항들의 내용과 이전 장에서 배운 것이 어떻게 관련되는지를 생각해보자.

'A' 문항 : _____. 계획된 연습이든 리허설이든 충분하지 않다. 이것은 새로운 분노 기술이 편치 않거나 무엇을 해야 하는지가 분명하지 않다.
'B' 문항 : _____. 너무 많은 스트레스를 받고 있거나 잘 먹지도 않고 잘 자지도 않으며 자극적인 상황에 대처할 잠재력을 약화시키는 선택을 한다.
'C' 문항 : _____. 이 사람이나 상황에 대한 당신의 비현실적인 기대가 이러한 실패를 초래하였다.
'D' 문항 : _____. 이 사람에 대해 해결되지 않은 분개가 원치 않는 분노를 초래하였다.

왜곡을 다룬다. 역할놀이의 파트너는 당신을 곤경 속에 빠뜨려 여러 어려움에 도전시킴으로써 분노를 자극하고 당신은 이를 통해 새로운 분노 기술을 연습할 수 있다. 언어적으로나 신체적으로 가장 참기 어려운 것이 무엇인지를 생각해본 후 하나 이상의 시나리오를 만들어 리허설해보자. 당신이 새로운 분노 기술을 사용하려고 하면 상대방은 당신이 차분해질 때까지 가시 돋친 말을 한다. 이것은 앞으로의 실패에 면역력이 생기게끔 해준다. 몇 가지 예문을 통해 가시 돋친 말하기를 사용하는 방법을 살펴보자.

크리스티안은 그들이 싸울 때 아내가 언성을 높이며 그의 말을 큰소리로 가로막자 가만히 서 있을 수가 없었다. 그는 '생각할 수가 없었고' 최근에는 '그녀의 입을 다물게' 하기 위해 악담을 퍼붓고 욕하며 화를 내서 실패를 경험했다.

크리스티안은 친구와 함께 STOP 방법을 적용하여 역할놀이를 하기로 결정했고, 아내의 역할을 맡은 친구는 계속 소리를 지르고 그의 말에 끼어들면서 가시 돋친 말을 했다. 그는 '같은 말 되풀이하기'를 반복적으로 사용했고 함께 자리에 앉아 심호흡을 해보자고 침착하게 부탁했다. "나는 경청하기를 원해. 같이 자리에 앉아서 당신이 어떻게 느끼는지를 나에게 차분하게 말해줘." 또 그는 '아내'가 그의 요청을 무시할 땐 타임아웃하는 것을 연습했다. "너무 힘들어. 잠시 멈췄다가 조금 후에 이야기하자." 그는 일단 '정지' 신호를 사용하고 반응하지 않았으며 다른 장소로 가서 분노를 가라앉히며 어떻게 해야 할지를 생각했다.

최근 제니퍼는 남편 미구엘이 빈정대며 반복적인 질문을 '퍼붓기' 시작하자 '나 전달법'을 어떻게 사용해야 하는지를 떠올릴 수 없었다. 그녀는 너무 화가 나서 저녁 내내 그를 괴롭히기 위해 냉담하게 대했다. 그녀는 자신이 '겁쟁이' 같다고 느껴졌고 평소처럼 스스로에게 화가 났다.

제니퍼는 친구에게 미구엘처럼 반복적으로 질문하고 잔소리하는 가시 돋친 말을 해달라고 요청했고, 그녀는 적극적으로 과정에 머무르기를 했다. 그녀는 '같은 말 되풀이하기'를 연습했고, '미구엘'과 함께 자리에 앉아 한 번에 한 사람씩 이야기를 하며 상대방을 무시하지 않고 행동에만 초점을 둔 채 건설적인 피드백을 주자는 규칙을 세웠다. 그녀는 '미구엘'이 규칙을 무시할 때나 이것이 그녀에게 얼마나 중요한지를 강조하기 위해 타임아웃할 때 어떻게 반응할지도 연습했다. 수차례 연습한 후 그녀는 '남편'과의 경계(예 : '미구엘'이 반복적으로 질문을 방해하면 대화를 지속하지 않는다.)를 지키는 것에 대한 자신감이 생겼다. 그녀는 이성을 잃거나 포기하지 않으면서 의견을 주장하는 새로운 강점을 가지고 미구엘과 이야기하면서 좀 더 잘 조절할 수 있겠다는 느낌이 들었다.

함께 연습할 파트너가 없거나 연습할 시간이 부족하다면 눈을 감고 언제 어느 곳에서든지 당신의 심상 안에서 새로운 분노 기술을 생생하게 시연해볼 수도 있다. 어떤 방식이든 상관없다.

퇴행 : 바꾸기 힘든 옛 습관, 그리고 옛 습관을 되살리는 스트레스

마치 어린 아기처럼 떼를 쓰는 여덟 살짜리 아이를 본 적이 있다면 당신은 퇴행이 무엇인지 알 수 있을 것이다. 우리는 보통 분노의 한계를 넘어서면 익숙한 과거의 습관으로 돌아간다. '운전을 제대로 하지 못하는 머저리' 들에게 소리를 지르는 운전자들이나 몇 날 며칠을 침묵 시위하는 부부들은 종종 큰소리로 울고 해야 할 일을 거부하며 부모의 관심을 끌기 위해 숨을 쉬지 않기도 하는 자기애적 아이들을 떠올리게 한다.

우리는 때때로 다른 사람들로부터 잘못된 것에 대해 비난받을 때 어린 시절에 학습한 행동이나 혼잣말로 돌아가 어린아이 같은 행동을 하곤 한다. 성질부리거나 토라지거나 애정을 주지 않거나 분노 대상이 원하는 것을 거부하는 것이 퇴행의 예이다.

이성적으로는 이러한 행동이 유치하고 효과가 없다는 것을 잘 알지만 스트레스가 높은 상황에서는 반전이 일어나기 쉬우며 이로 인해 실패하기도 한다.

릭은 직장에서 끼니도 거르고 자판기의 인스턴트 음식으로 식사를 때우며 밤늦게까지 일해왔다. 그는 늘 일찍 일어나야 해서 지쳤고 아내 또한 신경질만 부리며 가족과 소원해지는 남편에게 불만이 많아졌다. 제4장에서 제시된 것처럼 아내의 스트레스가 고조되자 릭의 회복력도 위태로워졌다. 그는 자는 동안 아이들이 '떠들면' 벌컥 화를 내서 딸을 놀라게 했고, 아내가 잔소리하자 집을 뛰쳐나가 포장마차에서 술을 마시며 분노를 가라앉히곤 했다.

릭은 몇 달 전부터 분노 조절 훈련을 시작했기 때문에 이런 행동은 평소 그답지 않았다. 그러나 이러한 퇴행은 많은 '5S' 로 예측 가능했다(제4장). 퇴행 행동은 분노 조절 훈련 시 긍정적으로 진전될 때 나타나는 일시적인 변화에 불과하다. 중요한 것은 릭이 퇴행을 일으키는 요소를 제거하는 데 어떻게 재적응하는가이다.

그는 퇴근시간을 정했고 적어도 30분간은 영양가 있는 점심을 먹는 데 쓰며 충분한 수면을 취하기로 했다. 그는 곧 분노를 다스릴 수 있게 되었고 정상적인 생활로 돌아올 수 있게 되었다.

퇴행의 또 다른 원인은 스트레스가 반복되고 일상이 되어버리는 경우이다. 만약 배우자의 만성질환, 해고로 인한 경제적 스트레스, 다른 일들도 하면서 노부모를 부양해야 한다면 분노 조절에 실패하는 위험도 훨씬 커질 것이다. 만약 자폐아인 어린 아들이나 만성질환을 앓고 있는 배우자를 참지 못한다면 당신은 분노와 죄책감을 느낄지도 모른다. 이성을 잃는 명백한 이유가 없다면(예 : 특정 사건을 언급할 수 없다면) 장기간의 스트레스가 당신의 대처 능력에 영향을 미쳤다고 볼 수 있다.

어떤 경우에서든 퇴행은 우리의 삶에서 불가피한 사건이다. 우리는 말이나 행동의 실수로 나중에 후회하거나 스트레스 상황에서 '이성을 잃기'도 한다. 퇴행의 원인이 되는 스트레스를 규명하고 관리하는 여러 개념들에 대해 제시한 제4장과 제5장을 다시 읽어보자.

만성적 스트레스의 경우에는 분노를 감소시키고 충분한 휴식과 적절한 영양 섭취를 하는 것이 좀 더 중요하겠지만 그것만으로는 문제가 해결되지 않는다. 스트레스적인 삶에 다르게 접근할 수 있는 전문가나 이를 잘 아는 친구에게 도움을 받자. 예를 들면, 아픈 자녀나 노부모를 돌보는 데 도움을 받을 수 있는 다른 가족원이나 지역사회 자원을 찾아볼 수도 있다. 지역사회에서 도움이나 지원을 받을 수 있는 자원은 무엇인가? 때로는 심리상담가나 다른 정신건강 상담가들이 가족들을 돌보는 사람으로서의 스트레스나 상실(예 : 직업 상실, 사랑하는 사람의 죽음)과 관련된 문제를 다루는 데 도움이 되기도 한다. 퇴행의 위험은 불행한 삶의 도전을 다르게 접근할 때 줄어들 수 있다.

당신은 우울한가? 마지막으로 당신의 기분을 점검해봐야 한다. 만약 아무 이유 없이 잠을 자지 못하거나(예 : 늦게까지 깨어있거나 최근에 상실을 경험함), 감정 기복이 심하거나, 예전에는 좋아했던 것을 즐기지 못하거나 미래에 대한 희망이 없다면 이 모든 것들은 의사나 정신건강 전문가에게 진단받아야 하는 우울증일 수 있다. 당신을 잘 아는 누군가가 '예전 같지 않다'거나 최근에 '우울해 보인다'고 말한 적이 있는가? 우울한 기분은 회복력을 앗아가고 당신의 삶의 문제나 갈등에 큰 영향을 미치기 때문에 실패의 중요한 원인일 수 있다. 우울증이 삶에 어떻게 영향을 미치는지를 좀 더 알아보기 위해서는 기분에 대한 참고자료를 참고하자.

되살아나는 기대

오래된 습관처럼 오래된 기대 또한 바꾸기 어렵다. 당신이 오랫동안 가지고 있던 핵심 신념으로부터 온 기대를 지우기란 힘들다. 예를 들어, '적절한' 부모 역할, 무엇이 '좋은' 태도인지, 배우자가 어떻게 감정을 표현 '해야만' 하는지에 대한 신념은 중요한 관계에서 상대방이 기대에 맞지 않을 때 끊임없는 짜증을 만들어낼지도 모른다. 사실 자기 행동의 지침이 되는 기준을 포기하지는 못하지만 자신을 무력하게 하는 사람들이 만들어내는 기대는 검토해보고 싶을 수도 있다. 당신의 기대가 실패를 하게 만드는지 아닌지를 어떻게 확인하고 바꿀 수 있을까?

사라는 남편 프랭크가 죽마고우 친구들과 운동을 하러가거나 저녁식사에 초대하는 것에 '너무 많은 시간'을 보내는 데 화가 나 있다. 그녀는 가족 외의 사람들과 잦은 사교활동을 하기보다는 가족 중심적인 가정에서 성장했기 때문에 "가족이 우선이다."라는 신념을 가지고 있다. 프랭크가 사랑스럽고 아이들에게 좋은 아버지라는 사실을 인정하지만 그녀는 남편이 가족과 함께 주말을 보내길 기대했다. 그녀는 남편의 '이기적인' 태도를 비난하며 이 일로 여러 번 다퉜고 애정표현을 하지 않는다던가 감정을 억제하는 식으로 많은 시간을 보냈다. 그럼에도 불구하고 그가 친구들과 함께하는 시간을 포기하지 않았기 때문에 사라는 이 문제에 '희망이 없는' 것처럼 보였다.

이 상황에서의 문제는 무엇인가? 친구의 중요성에 대한 프랭크의 신념은 아내의 신념과 매우 달랐다. 이 문제는 고착화되었고 서로의 기대를 수정하지 않으면 앞으로 더 많은 어려움이 초래될 것이다. 그러나 서로의 기대를 경청하고 적극적 문제 해결을 사용한다면 두 사람에게는 오히려 더 멋진 시간이 될 것이라고 장담한다.

예를 들어, 사라는 프랭크가 매달 두 번 주말 오후를 친구들과 보내고 나머지 시간에는 가족과 함께하는 것을 기대하도록 배워야 했다. 기대를 수정하면 남편의 외출로 더 이상 화나지 않을 것이다. 프랭크는 아내에게 미리 일정을 알려주고 함께 계획을 세우는 데 동의함으로써 모두가 만족스러운 해결을 했다. 물론 여기에도 수많은 타협과 조정이 가능하다. 모든 것이 이처럼 단순하지 않으며 쉽게 해결되지 않을 수도 있다. 깊숙하게 새겨진 우리의 핵심 신념으로부터 비롯된 기대는 시행착오를 거치게 된다. 만약 당신이 난관에 봉착했다면 이전에 생각해본 적 없는 새로운 관점과 해결책을 위한 객관성을 제공해줄 상담가나 치료사의 도움을 받아보자.

기대는 우리가 스스로를 정의하고 세계관을 형성하는 중요한 틀이 되므로 우리는 자신의 기대에 매달리곤 한다. 아버지가 나의 투자 조언을

받아들일 것을 기대하지 않는다고 해서 사업적 수완이 있는 유능한 성인
으로서의 자아 이미지를 포기해야 하는 것일까? 당신의 언니가 나서서
가족 문제를 해결해줄 것을 기대할 수 없다면 안정적이며 함께 돕고 나누
는 협력 체계로서의 가족에 대한 비전을 포기할 것인가? 기대를 낮추는
것이 마치 불안정한 계획처럼 우리를 둘러싼 세상 전체를 무너뜨리는 것
을 의미하는가? 아니다. 1~2개의 균열이 전체 기반을 위협하는 법은 없
다. 사실 기반의 부분을 보강하는 것은 전체의 구조를 강화시킬 수 있다.

따라서 중요한 관계나 분노 재발 상황에서의 문제가 당신을 자극한다
면 기대를 검토해보자. 거의 혹은 결코 일어나지 않을 무언가를 계속 기
대해본 적이 있는가? 어떤 관계에서든 '계속되는 갈등'이나 지속적인 싸
움은 기대를 평가해야 한다는 것을 암시한다. 제3장으로 돌아가 현실적
인 기대를 갖는 방법에 대해 복습하자. 그렇지 않다면 당신의 분노는 수
면 아래에 잠재되어 있는 분개함으로 발전하게 될 것이다. 분개는 원래의
자극 상황보다 더 많은 시간이 지난 후에야 실패를 가져올 것이다.

분개 : 내면의 분노 유발요인

우리는 때때로 분노 유발 상황을 해결할 수 없거나 해결하고 싶어 하지
않는다. 우리에게 무슨 일이 일어났는지 되돌아보거나 분개하는 대상에
게 노출될 때 우리의 분노는 다시 유발된다. 우리는 자신과 다른 사람이
이해하기 어려울 수 있는 실패를 경험한다. 제11장은 분노가 발달하는
방식과 사람들 그리고 그것을 지속시키는 데 드는 대가에 대해서 설명한
다. 만약 당신이 중요한 관계(특히 가족원, 친한 친구들, 직장 동료 등과
같이 내일이나 다음날 얼굴을 보는 사람들)에서 분노 해결에 실패한다
면, 중요한 관계가 실패했음을 깨달아야 한다. 회복력이나 당신에게 미

해결된 느낌을 즉각적으로 상기시키는 갑작스런 분노 유발 상황에 '5S' 가 영향을 주는 것처럼, 실패의 영향은 엄청나며 다루어져야만 한다. 우 리는 제11장에서 분개를 해결하기 위한 많은 아이디어를 살펴보았으며 용서하기 위해 도전했다. 다른 사람이 당신의 노력으로부터 받는 만족이 무엇이건 그 이득은 당신에게 더 클 것이다. 그러면 미래의 위기는 차츰 사라질 것이다.

어떤 분개는 지나간 삶의 경험(예 : 어린 시절의 신체적, 성적 학대)과 관련해 너무 깊이 자리하기 때문에 혼자서 해결하기 어려울 수도 있다. 제11장의 아이디어들이 도움이 되지 않는다면 전문가의 도움을 받아 오 래된 분노를 떨쳐내보자.

실패의 경고 신호

실패를 가져온 문제를 해결하기 위해서는 분노 조절 과정에 머물러야 한 다. 또 다른 방법으로는 실패를 예측하고 미리 예방하는 것이다. 그렇다 면 막연한 실패에서 벗어나기 위해 새로운 분노 기술을 사용하기 위한 감 정과 행동은 어떻게 알아차릴 수 있을까? 초기 경고로 다음의 신호에 주 의하라.

당신은 지나치게 압도적이거나 스트레스가 되는 **사람들과 상황**을 피하 려 할 것이다. 다음의 예문에 공감하는가?

- 결국은 후회하지만 도저히 참지 못해 가족 모임에서 나와버렸거나 친구가 저녁식사에 초대했는데 거절한 적이 있는가? 이러한 상황을 놓친 것이 당신의 배우자나 자녀에게 어떤 영향을 주는가?

- 당신이 충분히 준비하지 않았으므로 방어해야 하는 직원 회의에 빠지기 위해 매주 변명거리를 만들어내는가?
- 늘 잘못만 찾아내는 아들의 친구 엄마들에게 질까 봐 두려워 남편에게 아들의 축구경기에 참석하라고 요구한 적이 있는가?
- 러시아워에 길이 막힐까 봐 고속도로로 운전하는 것을 피하거나 시간이 좀 더 걸리더라도 돌아간 적이 있는가? 당신은 교통체증 상황을 기다릴 수 없는가?

'문제'에 직면해야 할 땐 쉽게 짜증이 난다. 한숨을 쉬거나 눈동자를 굴리거나 다른 사람을 괴롭히며 인내심이 한계에 다다르는 자신을 본다. '그냥 말 없이 받아들이는' 당신의 능력은 매우 타협적이며 당신의 폭발에 당황하는 상대방을 참지 못하곤 한다.

불편함의 신체적인 증상에 좀 더 주목해보자. 제2장에서 언급한 투쟁 혹은 도피로 영향받는 신체를 떠올려보자. 스트레스가 해결되지 않을 땐 다양한 신체적 증상이 나타난다. 특히 근육통, 두통, 위경련, 가슴 답답함, 호흡이 빨라지는 것은 일상의 상황을 다루지 못하는 신호임을 기억하자.

혼잣말이나 심상은 좀 더 부정적으로 될 수 있다. 제6장에서 설명한 인지왜곡을 떠올리면서 다음의 예문처럼 사고의 왜곡으로 사건이 부정적이고 재앙적인 수준까지 비화된 적이 있는지 생각해보자.

- 얼마나 나쁜 상황인지에 대해 저주하거나 불평하고 분노를 자극하거나 상황을 악화시킴으로써 더 화나게 한다.
- 최근 상황의 한 면만 주시하여 문제가 해결될 수 있는 희망이 줄어든다.

- 사람들로부터 종종 공격받거나 개인적으로 비판받아 좌절감을 느끼곤 한다.
- 쉽게 예민해져서 상처받거나 이용당하는 느낌이 든다.
- 당신이 견뎌낼 수 있는 내적 한계치를 설정한다(예 : '또 차가 잔뜩 막힌다면 난 미쳐버릴 거야' 또는 '한 번만 더 잘못되면 모든 걸 잃을 거야!').

지난 몇 주간의 일들을 정확히 떠올리는 것은 어려울 수 있다. 그러므로 믿을 만한 친구나 배우자에게 당신이 무엇을 말했고 어떻게 행동했는지 물어보며 도움을 받는 것이 좋다. 만약 당신의 생각이 화를 자초하는 것이라면 제6장과 제7장으로 돌아가 당신의 생각을 다루는 방법을 복습하자.

당신의 목소리와 태도는 좀 더 분명하다. 만약 당신이 자기탐색을 잘한다면 다른 사람의 말에 끼어들거나 참을성 없이 행동했다는 것을 잘 알 것이다. 다른 사람의 말을 경청하지 못하거나 극단적으로 행동하거나 큰 소리로 말하는 자기 자신에 대해서도 잘 알 것이다. 최근 중요한 사람들이 당신에게 '까다롭'거나 '심술궂다'고 말한 적이 있는가? 솔직히 최근에 이런 말을 많이 들어왔는가?

만약 어느 누구도 당신에게 직접 말해주지 못한다면 당신이 신뢰하는 사람에게 그들이 관찰한 대로 당신에 대해 이야기해달라고 요청해보자. 이러한 의사소통이 관계를 악화시킨다면 제8장과 제9장의 적극적 문제해결에 초점을 두고 복습해보자.

실패 예방하기 : 바로 지금 당신의 미래를 손에 쥐어라

앞에서 언급한 실패의 원인을 바꾸기 위해 '5S'를 다시 한 번 강조하는 것이 아마 당신의 과정에 도움이 될 것이다. 각각의 상황이 당신의 삶에 어떻게 영향을 미치며 어떻게 변화할 수 있는지를 생각해보자.

- 통제력을 잃기 전날, 잠을 잘 잤는가? 어떠한 이유에서든 밤 늦도록 깨어있거나 깊이 잠들지 못한 적이 있는가? 나는 25년 넘게 분노 조절을 가르쳐왔지만 아직도 통제력을 잃곤 하는데 보통은 피곤할 때 그렇다. 만약 잠을 잘 못 자거나 성인 기준으로 7시간도 못 잔다면, 정서적으로 도전적인 상황을 침착하게 다룰 수 있는 잠재력이 있다고 보기 어렵다. 규칙으로 자고 일어나며 침실은 빛이 들어오지 않고 조용하며 적절한 온도를 유지해야 한다. 이 책의 뒷쪽에 참고자료 부분에서 수면에 대한 내용을 참고하라. 만약 4~6주간 잠을 제대로 자지 못한다면 전문가를 만나 수면장애의 원인을 확인하라.

- 지난 몇 주간 당신의 삶에 얼마나 많은 변화와 적응이 있었는가? 계속해서 업무가 과중하다면 견디기 힘들지 않은가? '1개 이상의 일'을 하는 것이 두렵지 않은가? 소음에 어느 정도 익숙해졌는가? 투쟁 혹은 도피 자극의 높은 수준으로 인식되는 신체적 증상을 하나 혹은 그 이상 경험해본 적이 있는가? 만약 그렇다면 스트레스를 다루기 위해 어떤 단계를 밟아야 하는가? 매일 발생하는 일(변화/적응)의 양과 당신이 거기에 쓰는 시간, 업무의 양을 고려해보자. 만약 스트레스가 당신의 에너지와 회복력을 뺏는다면 당신이 학습한 새로운 방법을 곧바로 생각하고 떠올릴 필요가 있다.

● 분노를 이기지 못할 때 술을 마신 적이 있는가? 술은 '재발'의 가장 흔한 변명거리다. 나는 "네이 박사님, 저는 알코올 의존자는 아니예요. 술이 원수죠."라는 말을 종종 듣는다. 나는 술이 회복력에 미치는 영향은 어마어마하다고 믿는다. 사교적으로 술을 마신다면 좋든 나쁘든 술을 억제하기가 더 어려울 것이다. 긍정적인 측면에서는 긴장을 풀어주고 거리낌 없이 다른 사람들과 더 유창하게 이야기할 수 있게 한다. 부정적인 측면으로는 만약 누군가의 방해를 받는다면 더 충동적이고 사려 깊지 못한 반응이 나타날 것이다. 분노에 대한 통제력을 잃었을 때 그 자리에 얼마나 술이 관련되어 있었는지를 스스로에게 질문해보자. 만약 술이 문제의 일부라면 당신이 알코올 의존자는 아닐지라도 알코올 문제를 가지고 있는 것이다. 엄격한 규칙을 세워서 (예 : 와인 두 잔 이상은 마시지 않는다, 화가 날 때는 술을 마시지 않는다.) 절제해야 한다. 만약 계속해서 술이 문제가 된다면 완전히 단주하고 전문가의 도움을 받아 음주 상태를 점검해야 한다.

● 규칙적으로 식사하는가? 분노의 전조 신호로 음식을 게걸스럽게 먹거나 인스턴트 음식을 먹지는 않는가? 적절하게 영양을 유지하지 않으면 쉽게 짜증이 나고 회복력도 떨어진다. 적절한 혈당 수준을 유지할 때 최적의 기능을 할 수 있다. 매일 아침을 거르지 말고 영양가 있는 점심 식사를 한 후 적어도 30분간은 일을 쉬어야 한다.

● 분노가 일어나기 전 몸이 아프거나 불편한가? 두통이나 위산도 짜증 나게 하거나 회복력을 낮춘다. 당신이 아프거나 괴로울 때는 스케줄을 줄이고 회복하기 위한 휴식시간을 갖는다. 기분이 좋지 않을 때 자신을 스트레스 상황에 두는 것은 분노를 자극하는 것이다. 적절한 의료적 조치를 취하고 당신이 원하는 것이 무엇인지 생각해보자.

분노 다스리기 여행

인간의 최고 감정인 분노를 표현하는 방법에 대해 배우는 과정은 기복이 있는 장기간의 여정이다. 때문에 분노가 합리적이든 아니든 간에 이것은 투쟁 혹은 도피 신경체계가 반응하는 생존과 관련이 있으며 방어적이거나 공격적인 자세로 빠르게 변할 수 있기 때문에 다른 감정들보다 더 중요한 것처럼 보인다. 사실 거의 예상하지 못했던 사람들과 상황을 안고 살아가는 것은 피할 수 없는 인생의 현실이다.

나는 지금까지 분노라는 강력한 정서를 보다 잘 다룸으로써 분노를 조절하고 그것을 표현하는 여러 가지 분노 조절 단계의 개념을 소개하였다. 이제는 당신만의 분노 형태를 자각했고 다른 사람들의 분노도 알아차렸을 것이다. 이러한 자각은 분노가 발생하는 것을 줄이고 분노를 자극하는 사고에 도전하는 데 도움이 되는 방법들과 함께 예측할 수 없는 일이 일어나는 날에도 당신이 잘 대처할 수 있도록 도와줄 것이다. 또한 당신과 다른 사람의 분노를 빠르게 감소시키고 해결하도록 이끄는 의사소통 전략도 갖추어야만 한다.

마지막으로 조언하자면 우리는 습관의 피조물임을 기억하자. 당신은 삶을 통해 자동적으로 바람직하거나 바람직하지 못한 행동 습관을 만들어왔음을 생각하자. 계속적으로 변화하는 과정 속에서 과거의 분노는 완전히 성장한 '성인' 이 되었지만 새로운 분노 반응 양식은 아직 신생아와 같다. 그러므로 새로운 분노 기술을 지속적으로 열심히 연습하지 않는다면 쉽게 사라질 것이다. 매우 바쁘거나 다른 일에 몰두하느라 연습할 시간이 없다면 그만큼의 대가를 치르게 될 것이다. 갈등이 있거나 불편할 때만 분노를 다스리겠다는 식으로 생각한다면 탁월한 효과를 기대하기 어렵다.

변화를 지속시키지 못하는 또 다른 장애물은 실패한 후 "이건 효과가 없어. 나는 화를 잘 내는 성격이야. 이런 성격은 바꿀 수 없지."라는 식으로 단정짓는 것이다. 이것은 핑계에 불과하다. 오히려 자신이 실수할 수 있는 인간임을 인정하자. 단념하지 않고 끝까지 정진하는 것은 쉽지 않지만 분명히 대안은 있다. 분노가 계속해서 자신을 지배하게끔 내버려두고 싶은가 아니면 분노를 다스리고 싶은가? 분노가 당신과 주변 사람들에게 고통을 주었는데도 불구하고 분노를 '공원에서 산책하는' 정도로 가볍게 여긴다면 이 책을 읽지 않는 것이 좋다.

심호흡을 하면서 실패를 어떻게 건설적으로 사용할 수 있을지 생각해 보자. 상대방을 탓하며 실패를 불평하거나 변화할 수 없다고 합리화하는 생각에 직면하자. 이것이 결코 쉬운 일은 아니지만 과거의 습관을 지속하는 것도 쉬운 일은 아니며, 당신이 기꺼이 지불하고자 하는 것보다 더 많은 대가를 치르게 할 것이다.

나는 당신이 성공적으로 이 여정을 밟아가길 바란다. 도움이 필요하다면 나의 웹사이트 www.wrobertnay.com을 방문하라.

당신의 소식을 기다리겠습니다.

분노 자기평가지
Self-Assessment of Anger Questionnaire(SAQ)

당신(혹은 이것을 작성해달라고 요청한 사람)에게 해당되는 문항에 체크하라.

분노는 당신의 삶에서 얼마나 큰 비중을 차지하는가

지난 6개월 동안 스스로 느낀점이나 주위 사람들이 당신의 분노에 대해 했던 말을 상기해보자. 당신이 표시한 부분의 점수들을 합산해보라.

[주의 : 이 평가지를 채워달라고 요청한 사람의 분노 반응을 묘사하기 위해 당신이 SAQ를 작성한다면 다음의 내용을 숙지하자. 지난 6개월 동안 그 사람에 대한 당신의 경험에 기초하여 당신이 관찰했거나 그 사람에 대해 학습한 실제 사건에서 어떻게 대답할 것 같은지를 설명하는 항목에 체크하자.]

- ☐ 신경질 나는 상황에 잘 대처하지 못했다. (1점)
- ☐ 화를 낸 것이 당황스럽고 죄책감을 느꼈다. (2점)
- ☐ 누군가가 당신의 분노 표현 방법에 문제가 있다고 이야기했다.
  (2점)

☐ 당신의 분노 표출로 인해 가정에서나 직장에서 혹은 친구들이나 가족 안의 중요한 관계가 한계에 이르렀다. (3점)

☐ 당신을 아끼는 누군가가 당신에게 분노 조절을 위한 도움을 받으라고 강력히 충고했다. (3점)

☐ 분노를 터뜨리는 방식 때문에 심각한 문제에 빠진 적이 있다. 예를 들어, 직장에서 징계를 받았거나, 길에서 난리를 쳐서 체포되거나, 법적인 문제가 있었거나, 누군가를 다치게 했거나, 자신이 다쳤거나, 별거, 이혼을 당한 적이 있다. (4점)

채점 : 모든 점수들을 더한다. 만일 3점 혹은 그 이상이면 당신은 분노를 표현하는 데 문제가 있을 가능성이 있다. 6점 이상은 심각한 문제가 있을 수 있다. 만일 마지막 질문에 표시했다면 분노를 다루는 정신과 전문의를 찾아 도움을 받아야 한다.

당신은 분노를 어떻게 표현하는가

다음과 같이 도전적인 열 가지 상황을 고려해보자. 각각의 상황을 읽으면서 현재 또는 지난 30일 동안 이런 일이 일어났다면 어떻게 처리했을지를 생각해보자. 어떻게 느끼느냐에 따라 분노를 표현하는 방법이 여러 가지일 수 있으므로 당신에게 해당되는 반응에 모두 표시해보자. 묘사된 각 상황이 자신에게 해당되며, 비슷한 상황이라고 생각한다면 모두 표시하라. 하나도 해당되지 않으면 '기타' 에 표시하라. [주의 : 만약 다른 사람을 생각하고 응답한다면 상대방에 대한 당신의 경험을 바탕으로 가상의 상황에 대한 그 사람의 반응을 생각해보고 답하자.]

1. 당신이 싫다고 여러 번 말했음에도 상대방은 계속 그렇게 행동한다.
   당신의 반응은,
   - 그 사람을 피해 혼자 있고 싶고 이야기하고 싶지 않다. (C)
   - 어떻게 하면 그 사람을 혼내주고 불편하게 만들까 생각한다. (B)
   - 당신의 의견을 강력하게 주장한다. 그 사람이 듣거나 말거나 당신
     이 얼마나 화났는가를 말하는 것이 중요하다. (E)
   - 짜증이 나고 분통이 터져서 더 크게 말하고 문을 꽝 닫으며 과속
     운전한다. (D)
   - 속으로 "뭔가 해달라고 하기만 해봐라. 내가 해주나 봐라!" 하고 혼
     잣말을 한다. (A)
   - 기타 : 이런 종류의 반응을 보이지 않는다.

2. 동료들과 함께 아침에 출근하는데 갑자기 다른 운전자가 끼어들어
   급하게 브레이크를 밟았다. 당신의 반응은,
   - 너무 화가 나서 회사에서 일을 시작하기가 어렵다. (D)
   - 운전자 옆에 차를 세우고 무례한 제스처를 한다. (E)
   - 운전자에게 보복하기 위해 일부러 천천히 운전한다. (A)
   - 그의 운전 실력이 엉망이라는 것을 표현할 수 있는 욕설이나 악담
     을 생각한다. (B)
   - 극도로 화가 나서 함께 차에 탄 사람들과 말도 하지 않고 분노를
     되새긴다. (C)
   - 기타 : 이런 종류의 반응을 보이지 않는다.

3. 친한 친구가 식당에서 당신을 30분이나 기다리게 했다. 친구는 사

과할 기미조차 보이지 않고 마치 아무 일도 없는 것처럼 행동한다. 당신의 반응은,

- 곧바로 친구에게 언성을 높이며 얼마나 생각이 없으며 무례한 태도인지, 그리고 얼마나 신경질이 났는지를 표현한다. (E)
- 신경질 나고 화가 나서 빠르게 식사하며 종업원에게도 짜증 내고 밥을 먹는 동안에도 기분 나쁜 티를 내며 성질을 부린다. 쉽게 떨쳐내기가 어렵다. (D)
- 친구의 말에 거의 대꾸하지 않는다. 아무 일도 없었던 것처럼 행동할 수 없기 때문에 상대방이 혼자 이야기하게 한다. (A)
- 그 사람에게 더 이상 같이 있을 수 없다고 말하고 자리를 떠난다. 상대방도 자신이 얼마나 무례하게 행동했는지 깨달을 것이다.(C)
- "난 네가 우리의 우정을 정말 중요하게 생각하는 것 같아 기뻐."라며 비꼰다. (B)
- 기타 : 이런 종류의 반응을 보이지 않는다.

4. 편의점에서 계산하기 위해 길게 줄서서 기다리고 있다. 점원은 동료와 '잡담하느라' 일을 소홀히 한다. 당신의 반응은,

- "이 사람 정말 안 되겠군." 혹은 "이런 사람을 고용하다니."라며 혼잣말을 하거나 다른 사람에게 불평한다. (D)
- 어찌나 화가 나는지 물건을 가게에 그냥 두고 나오면서 다시는 이 가게에 오지 않겠다고 다짐한다. (C)
- 마침내 순서가 되어 점원 앞에 가서는 비꼬는 말투로 "열심히 일해요! 장래를 생각해서라도!"라며 격려하는 척한다. (B)
- 점원에게 얼마나 화가 났는지 이야기하고 가게에서 사람을 이런

식으로 뽑냐며 "이렇게 일해서 손님이 남아나겠어."라고 말한
다. (E)

- 일부러 점원이 더 고생하도록 물건을 어질러놓는다. (A)
- 기타 : 이런 종류의 반응을 보이지 않는다.

5. 당신은 배우자나 동료가 당신에게 물어보지도 않고 당신과 함께 친
   구들과 놀러갈 계획을 짜서 화가 났다. 배우자/동료가 친구들과 이
   야기를 나눌 때 당신의 반응은,
   - 이야기를 시작하면 화장실에 가는 척하면서 자리를 떠난다. 앉아
     서 그냥 듣고만 있지는 않는다. (C)
   - 유머로 상대방의 이야기를 무시하듯이 "엄청 재미있구만. 또 잡지
     에서 읽은 이야기야?"라며 비아냥거린다. (B)
   - 눈이 마주치는 것을 피하면서 상대방의 이야기에 어떠한 반응도
     하지 않고 화제를 바꾼다. (A)
   - 이야기의 내용을 의심하거나 비판하는 말로 그 사람을 낮춘다. 당
     신이 화났다는 것을 상대방이 알아야 한다. (E)
   - 이야기가 끝나는 것을 참지 못하고 말하는 도중에 다른 사람에게
     질문한다. (D)
   - 기타 : 이런 종류의 반응을 보이지 않는다.

6. 상대방이 당신을 무시하고 배려하지 않는 것 같아 마음이 아프고 화
   가 난다. 당신의 반응은,
   - '그것을 잊지 않고' 다음번에 그가 뭔가를 원해도 해주지 않는다.
     그럼으로써 당신이 어떤 느낌인지 보여준다. (A)

- 그와 대화도 하지 않고 일찍 자러감으로써 쓴 맛을 보여준다. (C)
- "당신의 사랑은 정말 대단해! 언제나 믿을 만해!"라며 날카롭게 쏘아붙인다. (B)
- 화를 내면서 상대방이 냉정하고 못되게 행동한다고 강한 어조로 이야기한다. (E)
- 당신을 실망시킨 것에 대해 화가 나고 짜증 나서 다른 사람들에게도 짜증을 낸다(예 : 자녀, 친구, 동료). (D)
- 기타 : 이런 종류의 반응을 보이지 않는다.

7. 당신의 상사가 당신과 한마디 상의도 없이 당신이 원하던 자리를 다른 사람에게 주었다. 당신이 이 상황을 다루는 방법은,

- 상사에게 가서 한바탕한다. 불공평한 대우를 참을 수 없다고 이야기한다. (E)
- 회사를 그만둘 생각을 해본다. 나를 제대로 알아주지 않는데 왜 굳이 이 회사에 남아있어야 하나? (C)
- 더 이상 상사를 돕기 위해 늦게까지 남아있거나 더 많은 일을 하지 않기로 작정한다. (A)
- "부하 직원들에게 이렇게 공평한 대우를 해주어서 정말 고맙고 같이 일하게 되어서 너무 기쁘네요."라며 상사를 비꼰다. (B)
- 근육이 긴장되고 몸이 굳어지면서 다른 사람들이나 다른 일에서도 참지 못하는 것을 느낀다(예 : 느린 엘리베이터, 통화 중 신호음 등). (D)
- 기타 : 이런 종류의 반응을 보이지 않는다.

8. 당신은 중요한 모임에 나갈 준비를 마쳤고 이 일이 얼마나 중요한
   지를 누누이 이야기했음에도 불구하고 상대방이 준비가 되지 않아
   20분이나 늦었다. 당신의 반응은,

   - 계속 예민해지고 짜증이 나서 "이렇게 늑장을 부리다니."라는 말
     을 중얼거리게 된다. 늦는 것을 그냥 차분하게 받아들이기가 힘들
     다. (D)
   - 마침내 떠날 준비가 되면 "어떻게 이럴 수가 있어?"라며 무안을
     준다. (E)
   - "늦지 말아야 한다는 말을 정말 귀담아 잘 듣는군."하며 비꼰다. (B)
   - 차를 함께 타고 가면서 한마디도 하지 않는다. 그리고 하루 종일
     상대방을 피한다. (C)
   - 그 사람이 정말 특별한 것을 했거나 잘했어도 칭찬하지 않는다. 어
     째서 칭찬해야 하지? (A)
   - 기타 : 이런 종류의 반응을 보이지 않는다.

9. 당신은 프로젝트를 위해 많은 일을 했는데 시상식장에서 담당자는
   당신만 빼고 모두를 칭찬하였다. 당신은 약간 화가 났다. 당신의 반
   응은,

   - 나중에 그가 말을 건네도 대꾸하지 않거나 거의 반응하지 않는
     다. (C)
   - 그가 실수로 내 이름을 빠뜨렸다면서 사과해도 받아들이지 않고
     화제를 바꾼다. 쉽사리 화해하지 않는다. (A)
   - 다른 사람들 앞에서 그가 당황할 만한 말을 하며 즐거워한다. (B)
   - 당신의 감정을 배려하지 않고 행동한 것에 대해 한마디 한다. 당신

의 진지한 목소리에 그가 어느 정도 당황한 것을 알아차리고 그가 당한 것을 생각하면서 흐뭇해한다. (E)

- 어찌나 속상한지 과속 운전을 하며 다른 운전자들에게 욕을 한다. 긴장이 심해 저녁 내내 짜증을 낸다. (D)
- 기타 : 이런 종류의 반응을 보이지 않는다.

10. 여러 번 말했는데도 옆집 사람이 빌려간 물건을 돌려주지 않는다. 그 사람이 집 앞에서 그 물건을 쓰자 짜증이 난 당신의 반응은,

- 그 사람이 친근하게 말을 걸어와도 무시하고 반응하지 않는다. 배려가 없는 사람과 어떻게 대화할 수 있는가? (C)
- 미니밴을 그 집 앞에 세우면 싫어하는 것을 알면서도 일부러 그렇게 한다. (A)
- 배려할 줄 아는 사람이 옆집에 살면 좋겠다고 그에게 말한다. (B)
- 옆집 사람을 보기만 해도 스트레스가 생겨 정원일을 나중으로 미루고 집으로 들어간다. 긴장을 빠르게 '떨쳐내기' 가 힘들다. (D)
- 물건을 되돌려달라고 강력하게 얘기하면서 앞으로는 빌릴 생각도 하지 말고 근처에서 얼씬거리지 말라고 한다. 도덕적이지 않은 사람과 왜 관계를 해야 하나? (E)
- 기타 : 이런 종류의 반응을 보이지 않는다.

분노 자기평가지(SAQ) 채점 방법

분노 표현 방법은 다음과 같은 다섯 가지 형태로 나타낼 수 있다. 각 척도
는 서로에게 별로 도움이 안 되거나 더 문제가 되는 분노 '형태' 인 분노
표현 방식을 나타낸다.

    당신이 표기한 항목을 토대로 A, B, C, D, E가 각각 몇 개인지를 더한
다. 이제 더한 수를 밑에 나온 척도에 적어본다.

  척도 A : 소극적 공격_____.

    화가 나면 사람들과 거리를 두고 그들이 원하는 것을 안 하거나, 늘
장부리거나, 거부한다. 사람들이 지적하면 좀 자제하거나 아니면 화
가 났다는 것을 아예 부인한다.

  척도 B : 빈정대기_____.

    분노의 간접적인 표현으로 비꼬는 말, 상처 주거나 무시하는 농담
등을 사용한다. 당신은 인정하지 않지만 표정이나 음성에서 혐오나
비난을 느낄 수 있다. 다른 사람들이 당신의 말이나 행동에 상처받
거나 불평하면 오히려 너무 예민하다며 비난하거나 그들의 반응을
대수롭지 않게 취급한다.

  척도 C : 냉담_____.

    화가 나면 말을 하지 않고 사람들과의 접촉을 거의 또는 아예 하지
않으며 몇 시간이고 며칠이고 지속한다. 사람들이 당신을 달래려고
애쓰는 것으로 벌주고 그것을 받아들이지 않는 것을 즐긴다.

척도 D : 적대감_____.

기대가 충족되지 않을 때 느끼는 스트레스를 감당하지 못하고 경직되어서 강압적인 큰 소리로 혐오감과 불만을 표현한다. 한숨을 쉬거나 눈을 돌리면서 상대가 스트레스를 느끼게끔 불쾌한 말을 한다. 바보스러운 행동을 참고 기다리지 못한다.

척도 E : 공격_____.

의도적이건 아니건 정서적으로나 신체적으로 상대방을 겁주거나 해칠 것 같은 행동을 한다. 고함을 지르거나 욕을 하고 무시하는 행동으로 배우자, 친구, 동료들에게 위협을 느끼게 하거나 겁먹게 할 수 있다. 분노 자기평가지에서 직접적으로 다루지는 않았지만 신체적 공격은 상대방의 허락 없이 신체적인 방해를 하는 것, 붙잡는 것, 미는 것, 때리는 것, 제지하는 것 등이 있다. 이런 분노의 양상은 심각한 상태이며 특히 언어적, 신체적 학대가 다른 사람들을 해칠 정도면 전문적인 도움이 필요하다.

특정 척도의 점수가 특별히 높은가? 이러한 분노 표현 방식은 앞으로 분노 관리에 대해 배워야 하는 것을 적용함으로써 변화를 만드는 데 주목해야 하는 부분이다. 이 척도의 가장 높은 점수에 놀랐는가?

여러 척도에 점수를 주었는가? 만약 여러 척도에서 높은 점수를 받았다면 다른 사람에게 보인 여러 가지 행동을 되돌아보고 먼저 어느 부분을 집중적으로 바꾸어나갈 것인가를 결정해야 한다.

당신의 점수와 다른 사람이 작성한 SAQ를 비교해보니 어떠한가? 당신은 당신을 잘 아는 사람에게 SAQ를 작성해달라고 요청했으며, 그들은 당신에 대해 알고 분노가 당신의 삶에 어떻게 영향을 미치는지를 생각하며 작성했다는 것을 기억하라. 사람들의 것과 당신의 응답이 어떤 점에서 다른가? 다른 사람들이 이러한 방식으로 응답한 이유를 반영해보자. 어떤 행동이 당신에 대한 다름 사람들의 SAQ 응답으로 이어지는지를 알기 위해 비방어적인 방식으로 사람들과 논의해볼 수 있다.

위의 내용을 바탕으로 볼 때 당신의 분노 표현이 앞으로 탐색되어야 한다고 생각하는가? 만약 그렇다면 제2~11장은 순서 있게 변화하기 위한 분노 다스리기 6단계를 제시함으로써 당신이 좀 더 깊이 있게 분노를 진단하게끔 도울 것이다.

분노 일지

유발요인/상황 :

(당신은 어디에 있었고 다른 사람들은 무엇을 말했으며 무엇을 했는가?)

사고 :

(다른 사람, 자신, 그리고 그 일이 발생한 이유에 대한 혼잣말)

감정 :

[당신은 불안하고 죄책감이 들고 화가 나고 걱정되는가? 당신의 신체감각(예 : 복부의 긴장, 얼굴이 화끈거림, 어깨가 굳음)과 감정의 강도를 1~100까지의 숫자로 기록하라.]

행동 :

(당신은 그에 대한 반응으로 무엇을 했는가 혹은 말했는가?)

결과 :

(개인적인 혹은 외적인 어떤 결과가 발생했는가? 이 결과에 대해 지금 어떻게 느껴지는가?)

이런 일이 다시 일어나는 경우에 당신의 계획은?

분노 척도

수준	신체 감각	원하는 행동
0~20		자신 알아차리기
21~40		'호흡'과 같은 신체 신호를 알아차리고 집중하기 위한 자기 지시 문장 사용하기
41~60		'STOP' 방법 시작하기 : 멈춰라(앉기, 호흡 신호, 분노 카운트다운), 생각하라, 객관화하라, 계획하라. 만약 '60' 이하로 감소시킬 수 없다면 타임아웃하기
61~80		이 수준에 도달하기 전에 분노가 사라져야 한다. 그렇지 않다면 즉시 자리를 벗어나자. STOP 과정 계속하기
81~100		이 수준에 도달하기 전에 분노가 사라져야 한다. 그렇지 않다면 정지 신호를 사용하고 즉시 상황에서 벗어나자. 분노 유발 상황에 돌아갈 준비가 될 때까지 심호흡을 하면서 STOP 방법을 지속하자.

분노 분석지

발생한 것	하고 싶은 것
상황(누가, 어디서, 무엇이 발생했는가) :	카메라 점검 :
암묵적인 기대 :	현실적인 기대 :

사고/혼잣말 :	합리적인 혼잣말(사고, 객관화, 계획) :
1.	1.
2.	2.
3.	3.
4.	4.

분노 감정/신체 감각 :	어떻게 느끼고 싶은가 :
감정 수준(0~100) : _____	
분노의 행동/직면 :	원하는 행동/양상 :
결과 :	원하는 결과 :

관계 분노 프로필

Relationship Anger Profile(RAP)

당신의 감정과 행동을 묘사하기 위한 분노 대상의 이름을 적어보자: _____. 이 사람이 최근에 화낸 일과 거기에 당신이 어떻게 느꼈는지를 생각해보자.

상대방이 당신이 원하는 것을 주지 않거나 냉담한 태도로 대하거나 빈정대거나 강력하게 소리 지르거나 적대적인 행동으로 회피할 때 당신은 네 가지 핵심 감정 중 어떤 감정을 느끼는가? 먼저 한두 가지의 감정(불안/긴장, 짜증/분노, 책임감/죄책감, 혹은 두려움/무서움)에 동그라미를 치고 거기에 해당하는 질문에 답해보자.

나는 이 사람이 화가 나면 불안(예 : 염려, 걱정)을 느낀다. **[예/아니오]** 만약 예라고 답할 경우, 다음 질문들을 신중하게 고려하여 예 혹은 아니오로 대답하라.

1. 나는 이 사람이 화가 났다고 생각하면 말하기 전에 신중하고 정확하게 생각해본다.	예	아니오	[a]
2. 나는 내가 정말로 어떻게 느끼는지를 말하지 않으며 그렇게 함으로써 다른 사람들은 나에게 화내지 않는다.	예	아니오	[a]
3. 나는 이 사람이 화난 것처럼 보이면 피하는 특정 주제가 있다.	예	아니오	[a]
4. 나는 때때로 이 사람의 분노를 피하기 위해 대화 주제를 바꾸거나 화날 만한 것들을 치운다(예 : 아이들이 가까이 가지 않게 하거나 소음을 줄이거나 모든 것이 완벽해지게끔 한다).	예	아니오	[b]

5. 나는 화가 치밀어오르는 것이 염려될 땐 내 계획을 포기하거나 바꾸고 이 사람과 함께 어딘가 가는 것을 피한다.	예	아니오	[b]
6. 나는 분노가 될 만한 어떠한 가능성도 피하기 위해 이 사람이 싫어하는 사람들이나 부부는 피할 것이다.	예	아니오	[b]

　나는 이 사람이 화가 나면 **죄책감**(예 : 책임을 져야 하는, 미안함, 사과)을 느낀다. **[예/아니오]** 만약 예라고 답할 경우, 다음 질문들을 신중하게 고려하여 예 혹은 아니오로 대답하라.

1. 나는 이 사람의 분노를 나에게나 다른 사람에게 정당화시키고 어떻게든 합리화하려고 애쓴다.	예	아니오	[g]
2. 나는 이 사람이 화내는 것을 어떻게 할 수 없다. 그것은 성격 특성이라 바꿀 수 없으므로 난 그것을 감수하고 적응해야만 한다.	예	아니오	[g]
3. 이 사람이 화가 나는 건 분명 내 잘못이다. 이것은 어떤 갈등이나 논쟁의 시작이다.	예	아니오	[g]
4. 이 사람의 분노를 멈추게 하거나 피하는 가장 쉬운 방법은 처음에 항복하는 것이다. 문제를 만들기엔 인생이 너무나 짧기 때문에 나는 모든 말썽을 피하기 위해 이 사람의 방식대로 한다.	예	아니오	[h]
5. 나는 그가 그 사건을 잊어버리도록 잘 대해줌으로써 이 사람과의 갈등을 해결하려고 한다.	예	아니오	[h]
6. 나는 이 사람이 결국 자신의 방식대로 할 것이라는 것을 알기에 더 이상 싸우지 않는다. 이것이 내 감정을 극복하는 더 쉬운 길이다.	예	아니오	[h]

　나는 이 사람이 화가 나면 **분노**(예: 짜증나는, 거슬리는, 격분하는)를 느낀다. **[예/아니오]** 만약 예라고 답할 경우, 다음 질문들을 신중하게 고려하여 예 혹은 아니오로 대답하라.

1. 나는 이 사람 주변을 방어하는 데 많은 시간을 보낸다.	예	아니오	[c]
2. 나는 잘못되었거나 부당하다면 그 사람이 말하는 대로 내버려둘 수 없다. 나는 내 입장을 방어하거나 정당화해야 한다고 느낀다.	예	아니오	[c]
3. 나는 나에 대한 이 사람의 부정적인 의견에 대단히 민감하며 즉각적으로 여기에 반응한다.	예	아니오	[c]
4. 나는 이성을 잃으면 나도 기분 나쁘다는 것을 알려주기 위해 이 사람이 원하는 것과는 반대로 행동한다.	예	아니오	[d]
5. 나는 일종의 복수로 그가 원하는 것을 해주지 않는다.	예	아니오	[d]
6. 나는 화가 나면 말을 하지 않거나 신체적으로도 거부하며 (예 : 집을 나감, 다른 방으로 가버림) 몇 시간 혹은 며칠 동안 그 사람과 아무것도 하지 않는다.	예	아니오	[d]
7. 그 사람이 나를 비난하면 나는 매우 신경질이 나서 그가 비난한 만큼 되돌려준다.	예	아니오	[e]
8. 나를 불공평하게 대하면 인내심을 잃고 분노한다.	예	아니오	[e]
9. 가끔 그 사람의 말에 언성을 높인다.	예	아니오	[e]
10. 가끔 그 사람에게 소리 지른다는 것을 안다.	예	아니오	[f]
11. 궁지에 몰리면 나는 가로막거나 밀거나 잡거나 분노로 손을 사용하거나 뭔가를 집어던지는 (하나 혹은 그 이상) 물리적 행동을 가한다.	예	아니오	[f]
12. 나는 가끔 화가 나면 그 사람에게 정말 다시는 쓰고 싶지 않을 만큼 심한 말을 한 적이 있다.	예	아니오	[f]

나는 이 사람이 화가 나면 **두려움**(예 : 우려하는, 공포에 떨게 하는)을 느낀다. **[예/아니오]** 만약 예라고 답할 경우, 다음 질문들을 신중하게 고려하여 예 혹은 아니오로 대답하라.

1. 그 사람이 화가 나면 나는 종종 경직되고 두려워져서 아무것도 하지 않고 그냥 끝날 때까지 기다린다.	예	아니오	[i]
2. 나는 이 사람이 고의적으로든 아니든 내가 사랑하는 사람(예 : 가족이나 아이)에게 감정적으로나 신체적으로 상처를 줄 것이라고 생각한다. 그것은 날 포기하게 만들 것이다.	예	아니오	[i]
3. 나는 상황이 더 악화될까 봐 두려워 행동하거나 말하지 못한다고 느낀다.	예	아니오	[i]
4. 나는 종종 그 사람이 엄청나게 화를 낼 때 어떻게 대처해야 할지를 모르겠다.	예	아니오	[j]
5. 나는 분노 때문에 이 관계를 끝낼 생각도 하지만 여전히 신경이 쓰이고 조절하기를 원한다. 나는 어쩔 줄 모르겠다.	예	아니오	[j]
6. 나는 매우 무기력하고 압도되어 그냥 다 그만두고 싶다고 느낀다.	예	아니오	[j]

Reprinted with permission from *Overcoming Anger in Your Relationship* by W. Robert Nay. Copyright 2010 by The Guilford press.

당신의 대답을 다시 살펴보자. 어떤 핵심 감정을 가졌는가? 이러한 정서적 반응을 구별하는 것은 아래에 설명된 핵심 감정에 반응하지 않고 다르게 반응하는 기회를 준다. 당신이 '예'에 동그라미 친 각각의 감정, 사고, 행동 옆에 적힌 글자를 보자. 각각의 글자는 다른 사람의 분노에 도움이 되지 않는 반응을 의미한다. 각각의 글자에 예라고 대답한 것을 세어보자.

a – 편집하기 : _____

b – 다시 보내기/변경하기: _____

c – 정당화하기 : _____

d – 수동공격성/철회 : _____

e – 적개심/비난 : _____

f — 공격하기 : _____

g — 합리화 : _____

h — 사과하기/속죄하기 : _____

i — 지배하기/항복하기 : _____

j — 중지하기 : _____

어떤 부분에서 점수를 받았는지 당신의 대답을 살펴보자. 1점일지라도 이것은 당신의 행동에 중요한 작용을 하며 당신이 어떻게 느끼는지에 지속적으로 중요한 영향을 주기 때문에 매우 중요하다. RAP의 결과에 대한 의미를 이해하기 위해서 먼저 다음의 표를 참고해보자. 이것은 당신이 RAP에서 확인한 것처럼 다른 사람이 분노할 때의 핵심감정에 대한 도움이 되지 않는 반응을 제시한다.

상대방의 분노 반응에 대한 핵심 감정, 목표, 도움이 되지 않는 반응

핵심감정	목표	도움이 되지 않는 반응
불안	회피하기	편집하기 다시 보내기 변경하기
죄책감	속죄하기	합리화하기 사과하기/속죄하기
분노	방어하기	정당화하기
	벌주기	수동 공격성 철회 적개심/비난 공격하기
공포	안전에 머무르기	지배하기/항복하기 중지하기

참고자료

．．．．．．．．．．．．．．．．．．．．．．

당신의 삶과 관계에서 분노 다루기

책

Nay, W. R. (2010). *Overcoming anger in your relationship: How to break the cycle of arguments, put-downs, and stony silences.* New York: Guilford Press.

This book is for readers who are in a relationship with an angry part-ner and want to know how to set boundaries and defuse anger before it has a chance to ignite.

Nay, W. R. (2009). *Managing anger and aggression: A compendium of resources, handouts and forms.* McLean, VA: Author. Available at *www.wrobertnay.com.*

Contains numerous handouts, logs, sidebars, and learning materials to help you implement the ideas in this book.

블로그

Nay, W. R. *Overcoming anger.*

The author's regular blog on anger in relationships for *Psychology Today.* Go to *www.psychologytoday.com/blog/overcoming-anger.*

웹사이트

For more information on managing anger in your life or to order the author's newsletter, books, and other materials, go to *www.wrobertnay.com.*

좀 더 효과적으로 분노를 다루기

책

Gottman, J. M., & DeClaire, J. (2007). *Ten lessons to transform your marriage: America's love lab experts share their strategies to transform your marriage.* New York: Three Rivers Press–Random House.

   Based on John Gottman's years of studying what makes relationships succeed or fail.

Patterson, R. (2000). *The assertiveness workbook: How to express your ideas and stand up for yourself at work and in relationships.* Oakland, CA: New Harbinger.

   Practical strategies for becoming more assertive and effective in communicating your ideas and needs.

Stone, D., Patton, B., Heen, S., & Fisher, R. (2010). *Difficult conversations: How to discuss what matters most.* New York: Penguin Books.

   Based on the Harvard Negotiation Project, the authors help you prepare yourself for communicating with difficult people on difficult subjects, while defusing conflict and achieving resolution.

Tannen, D. (2001). *You just don't understand: Women and men in conversation.* New York: Quill.

   A noted linguist reviews research on how men and women communicate very differently and how to improve effective communication with your partner.

웹사이트

Couple Communication Program
www.couplecommunication.com
   Since 1972 Dr. Sherrod Miller and colleagues have offered a wonderful program, first developed at the University of Minnesota, to reduce conflict and improve communication in relationships.

분노와 건강

책

Burns, D. (1999). *Feeling good: The new mood therapy.* New York: Avon Books.

   Many who have problems with anger also experience a mood disorder, which sometimes must be addressed with medication and/or treatment. This comprehensive book helps you assess whether you have a problem with depression and how to use cognitive-behavioral therapy to manage your mood. It also reviews the most common antidepressant medications.

Gilbert, P. (2008). *Overcoming depression: A self-help guide using cognitive-behavioral techniques.* New York: Basic Books.

How to use CBT, the most researched and effective depression management strategy.

Nezu, A., Nezu, C., & Jain, D. (2005). *The emotional wellness way to cardiac health.* Oakland, CA: New Harbinger.

Wehrenberg, M. (2011). *The ten best-ever depression management techniques: Understanding how your brain makes you depressed and what you can do to change it.* New York: Norton.

Excellent review of effective techniques to manage your mood by an outstanding teacher.

Williams, R., & Williams, V. (1998). *Anger kills: Seventeen strategies for controlling the hostility that can harm your health.* New York: Harper.

An excellent review of how anger impacts your health by a leading researcher. Includes strategies for controlling hostility.

웹사이트

For information on the role of anger in health or any other question related to mental health, go to:

Psych Central
www.psychcentral.com

'5 S' 다루기

수면

If you are finding it difficult to get required amounts of sleep, these books may help you assess whether you have a sleep problem that can be helped by medical treatment. Regardless, numerous well-researched ideas for changing your sleep schedule are offered.

책

Cohen, G. J. (Ed.). (2002). *American Academy of Pediatrics guide to your child's sleep.* New York: Villard Books.

If your child's sleep problems are affecting your own night's sleep, this book offers the latest ideas from pediatricians for getting your child to settle down and sleep.

Dement, W. C. (2000). *The promise of sleep: A pioneer in sleep medicine explores the vital connection between health, happiness and a good night's sleep.* New York: Dell Books.

A well-regarded sleep researcher describes sleep problems you may be experiencing, teaches you to assess your own sleep habits, and then offers a "sleep-smart" lifestyle and tips for getting a good night's sleep.

Edlund, M. (2011). *The power of rest: Why sleep alone is not enough: A 30-day plan to reset your body*. New York: Harper One.

Epstein, L., & Marder, S. (2006). *The Harvard Medical School guide to a good night's sleep*. New York: McGraw-Hill.

Jacobs, G. D. (2009). *Say goodnight to insomnia*. New York: Holt Books.

Based on the insomnia treatment program developed at Harvard Medical School, a six-week program found to dramatically reduce insomnia.

웹사이트

Both of these websites provide an extraordinary amount of information about fostering good sleep and assessing and treating sleep disorders.

Sleepnet
www.sleepnet.com

American Academy of Sleep Medicine
2510 North Frontage Road
Darien, IL 60561
(630) 737-9700
www.aasmnet.org
Offers sleep information for both professional and public consumers.

스트레스

It is imperative to manage daily anxiety and stress that lowers your resilience, making you vulnerable when the next trigger comes along. These resources can help you set some new goals for how you manage your day.

책

Bourne, E. (2011). *The anxiety and phobia workbook*. Oakland, CA: New Harbinger.

An outstanding treatment manual offering numerous ideas for managing all forms of anxiety—all of which can make you more susceptible to an anger episode.

Davis, M., Eschelman, E., McKay, M., & Fanning, P. (2008). *The relaxation and stress reduction workbook*. Oakland, CA: New Harbinger.

An award-winning presentation of effective techniques to promote relaxation and stress management. Written in clear language and easy to read. Highly recommended.

Luskin, F., & Pelletier, K. R. (2005). *Stress free for good.* New York: HarperOne.

웹사이트

American Institute of Stress
124 Park Avenue
Yonkers, NY 10703
(914) 963-1200
www.stress.org
   This nonprofit provides comprehensive information and resources on identifying and managing stress at home and at work.

약물

Overuse or addiction to alcohol or substances greatly increases the likelihood of losing control of your anger. Each of these references may be helpful in assessing and altering your own use of substances or give you ideas to encourage someone you care about to seek help.

책

Anderson, K. A., Marlatt, G. A., & Denning, P. (2010). *How to change your drinking: A harm reduction guide to alcohol* (2nd ed.). Seattle, WA: Create Space Books.

Fletcher, A. (2002). *Sober for good: New solutions for drinking problems–advice from those who have succeeded.* New York: Houghton-Mifflin.

Ketcham, K., & Asbury, W. F., with Schulstad, M., & Ciaramicoli, A. (2000). *Beyond the influence: Understanding and defeating alcoholism.* New York: Bantam Doubleday.

   Updating the seminal book *Under the Influence,* chapters review the impact of alcohol use on health, stages of an alcohol problem, and ideas for sustaining abstinence. A good book to read if you wonder if you have a problem.

Prentiss, C. (2007). *The alcoholism and addiction cure.* New York: Power Press.

웹사이트

Join Together
www.jointogether.org
   A thorough listing of alcohol and substance abuse information.

SAMHSA's National Clearinghouse for Alcohol and Drug Information
ncadi.samhsa.gov
A wealth of fact sheets, the latest in research, and many online resources are provided, along with a great search engine to satisfy your specific questions.

영양

책

Balch, P. A. (2006). *Prescription for nutritional healing* (4th ed.). New York: Avery.
An excellent and comprehensive review of foods, vitamins, and minerals necessary for optimum health and emotional management. Written by a nutritionist, each medical or emotional condition is listed separately with specific nutritional recommendations.

Nurtman, J. (1999). *Managing mind and mood through food*. New York: Harper-Collins.
An MIT research scientist reviews how what you eat affects how you feel and cope with life stressors and makes recommendations for the basis of a new nutritional plan.

Rosenthal, J. (2007). *Integrative nutrition*. New York: Integrative Nutrition Publishers.

질병

Caudill, M. A. (2009). *Managing pain before it manages you* (3rd ed.). New York: Guilford Press.
Chronic headache, musculoskeletal disorders, and other chronic pain conditions can greatly increase irritability and make it harder to cope with triggering events. Pain management solutions are offered that you can begin to use immediately.

Schneider, J. (2004). *Living with chronic pain: The complete health guide to the causes and cures for chronic pain*. New York: Healthy Living Books.

웹사이트

National Library of Medicine
8600 Rockville Pike
Bethesda, MD 20894
(888) 346-3656
www.nlm.nih.gov
A wonderful resource for information on any illness that might be affect-

ing mood or anger. A search engine "Health Information" asks you to list the topic of interest.

원한 해결하기

책

Enright, R. D. (2001). *Forgiveness is a choice: A step-by-step process for resolving anger and restoring hope*. Washington, DC: American Psychological Association.

    An excellent stepwise approach to identifying resentments and strategies for resolution. Based on the author's research.

Luskin, F. (2001). *Forgive for good: A proven prescription for health and happiness*. San Francisco: Harper.

    How a grievance is created, the health value of forgiveness, and four stages of "Becoming a Forgiving Person."

Luskin, F. (2007). *Forgive for love: The missing ingredient for a healthy and lasting relationship*. New York: Harper-Collins.

웹사이트

Stanford Forgiveness Project—Dr. Fred Luskin
www.learningtoforgive.com

관계에서 공격의 심각한 문제

급박한 위기상황

Phone the National Domestic Violence Hotline: 800-799-7233

웹사이트

While this may not apply to most readers, sometimes anger in a relationship has reached the boiling point and someone may be hurt. These websites alert you to help you can find locally and what to do.

Futures without Violence
www.futureswithoutviolence.org

The National Coalition Against Domestic Violence
www.ncadv.org

당신에게 도움이 되는
협회 및 기관

There are no well-respected associations or organizations specific to anger, but in addition to the organizations and websites already mentioned, each of these provide useful information, readings, treatment recommendations, and other valuable data. Each has a search engine for locating specific topics (e.g., anger management, stress disorders). Websites to get you quickly to the public information they offer are listed for each.

American Association for Marriage and Family Therapy
112 South Alfred Street
Alexandria, VA 22314-3061
(703) 838-9805
www.aamft.org/index_nm.asp

American Psychiatric Association
1000 Wilson Boulevard, Suite 1825
Arlington, VA 22209-3901
(888) 35-PSYCH
www.psych.org

American Psychological Association
750 First Street, NE
Washington, DC 20002-4242
(800) 374-2721
www.apa.org

Mental Health America (*formerly* National Mental Health Association)
2000 N. Beauregard Street, 6th floor
Alexandria, VA 22311
(703) 684-7722
Toll-free: (800) 969-6642
www.nmha.org

National Alliance on Mental Illness
3803 N. Fairfax Drive, Suite 100
Arlington, VA 22203
(800) 950-6264
www.nami.org

National Institute of Mental Health
6001 Executive Boulevard, Room 8184
Bethesda, MD 20892-9663
(301) 443-4513
www.nimh.nih.gov/publicat/index.cfm

참고문헌

Alberti, R. E., & Emmons, M. L. (2001). *Your perfect right: Assertiveness and equality in your life and relationships* (8th ed.). New York: Impact.

Benson, H., & Stuart, E. M. (1993). *The wellness book: The comprehensive guide to maintaining health and treating stress-related illness.* New York: Fireside Books.

Branson, R. (1988). *Coping with difficult people.* New York: Anchor Press/Doubleday.

Burns, D. (1999). *Feeling good: The new mood therapy.* New York: Avon Books.

Cassidy, J., & Shaver, P. R. (Eds.). (2009). *Handbook of attachment* (2nd ed.). New York: Guilford Press.

DiGiuseppe, R., & Tafrate, R. C. (2004). *The Anger Disorder Scale (ADS).* Toronto: Multi-Health Systems.

Dodge, K. A. (1985). Attributional bias in aggressive children. In P. C. Kendall (Ed.), *Advances in cognitive-behavioral research and therapy.* New York: Academic Press.

Dutton, D. G. (2008). *The abusive personality* (2nd ed.). New York: Guilford Press.

Enright, R. D. (2001). *Forgiveness Is a Choice: A Step-by-Step Process for Resolving Anger and Restoring Hope.* Washington, DC: American Psychological Association.

Feindler, E. L., Rathus, J., & Silver, B. (2003). *Assessment of family violence.* Washington, DC: American Psychological Association.

Goldstein, A. S., & Glick, B. (1999). *Aggression replacement training.* Champaign, IL: Research Press.

Gottman, J. M. (1979). *A couple's guide to communication.* Champaign–Urbana, IL: Research Press.

Gottman, J. M. (1985). *Why marriages succeed and fail.* New York: Fireside Books.

Holloway, J. D. (2003). Advances in anger management. *APA Monitor, 34*(3), 54.

Jacobson, N. S., & Gottman, J. M. (1998). *When men batter women.* New York: Simon & Schuster.

Kassinove, H., & Tafrate, R. C. (2002). *Anger management: The complete treatment guidebook for practitioners.* New York: Impact Press.

Lerner, H. G. (1985). *The dance of anger.* New York: Harper & Row.

Luskin, F. (2009). *Forgive for Love: The Missing Ingredient for a Healthy and Lasting Relationship.* New York: Harper-Collins.

McCullough, J. P., Huntsinger, G. M., & Nay, W. R. (1977). Self-control treatment of aggression in a sixteen-year-old male: A case study. *Journal of Consulting and Clinical Psychology, 45,* 322-331.

McKay, M., Rogers, P. D., & McKay, J. (1989). *When anger hurts.* Oakland, CA: New Harbinger.

Meichenbaum, D. (1977). *Cognitive-behavior modification: An integrative approach.* New York: Plenum Press.

Meichenbaum, D. (1985). *Stress inoculation training.* New York: Allyn & Bacon.

Murphy, T., & Oberlin, L. H. (2005). *Overcoming passive-aggression: How to stop hidden anger from spoiling your relationships, career and happiness.* Philadelphia, PA: DeCapo Press.

National Coalition against Domestic Violence. (2009). *Domestic violence facts.* Washington, DC: NCADV Public Policy Office.

National Women's Health information Center. (2008). *Safety planning list.* Washington, DC: U.S. Department of Health and Human Services.

Nay, W. R. (1986). Analogue measures. In A. R. Ciminero, H. E. Adams, & K. Calhoun (Eds.), *Handbook of behavioral assessment* (2nd ed.). New York: Wiley.

Nay, W. R. (1995). Anger and aggression: Cognitive-behavioral and short-term interventions. In L. Vandercreek, S. Knap, & T. Jackson (Eds.), *Innovations in clinical practice.* Sarasota, FL: Professional Resource Press.

Nay, W. R. (2009). *Managing anger and aggression: A compendium of resources, handouts and forms.* McLean, VA: Self-Published.

Nay, W. R. (2010). *Overcoming anger in your relationship: How to break the cycle of arguments, put-downs, and stony silences.* New York: Guilford Press.

Neidig, P. H., & Friedman, D. H. (1984). *Spouse abuse: A treatment program for couples.* Champaign, IL: Research Press.

Novaco, R. (1986). Anger as a clinical and social problem. In R. Blanchard & D. C. Blanchard (eds.), *Advances in the study of aggression* (Vol. 2). New York: Academic Press.

O'Leary, K. D., Barling, J., Arias, I., Rosenbaum, A., Malone, J., & Tyree, A. (1989). Prevalence and stability of physical aggression between spouses: A longitudinal analysis. *Journal of Consulting and Clinical Psychology, 57,* 263-268.

O'Leary, K. D., & Woodin, E. M. (2009). *Psychological and physical aggression in couples: Causes and interventions.* Washington, DC: American Psychological Association.

Patterson, G. R. (1982). *Coercive family process.* Eugene, OR: Castalia.

Scott, G. G. (1990) *Resolving conflict.* Oakland, CA: New Harbinger.

Tannen, D. (1990). *You just don't understand: Women and men in conversation.* New York: Ballantine Books.

Tannen, D. (1999). *The argument culture: Stopping America's war of words.* New York: Ballantine Books.

Tavris, C. (1989). *Anger: The misunderstood emotion.* New York: Touchstone Books.

Thomas, S. P. (1993). *Women and anger.* New York: Springer.

Weisz, A. N., Tolman, R. M., & Saunders, D. G. (2000). Assessing the risk of severe domestic violence: The importance of survivor's predictions. *Journal of Interpersonal Violence, 15,* 75–90.

Wetzler, S. (1993). *Living with the passive–aggressive man.* New York: Fireside Books.

Whitaker, D. J., & Lutzker, J. R. (2009). *Preventing partner violence: Research and evidence-based intervention strategies.* Washington, DC: American Psychological Association.

찾아보기

역자 소개

박의순

이화여대 인간발달소비자학과 가족학 전공(박사)
이화여대 인간발달소비자학과 아동학 전공(석사)
이스턴미시간대 의예과(수료)
이화여대 가정대학 가정관리학과(학사)

가족연구소 마음 소장(부부/가족 상담전문가)
명지대 객원교수
한국TA상담협회 회장
TA 전문상담 슈퍼바이저
한국상담학회 수련감독 전문상담사
건강가정지원센터 상담팀 수련감독
(사) 한국매체심리치료협회, 학회 고문
다중지능교육연구소 자문위원
(前) 덕성여대 아동가족학과 겸임교수
(前) 한국NLP상담학회 회장

주요 저서 및 역서

완전한 사랑의 7단계(2004, 시그마프레스)
쿨하게 화내기(2006, 시그마프레스)
TA 상담과 심리치료 기법(2008, 시그마프레스)
게슈탈트 상담과 심리치료 기법(2010, 시그마프레스)
인지행동 상담과 심리치료 기법(2011, 시그마프레스)
성공을 위한 비즈니스 심리코칭(2012, 학지사)
가족치료의 실제(2013, 시그마프레스)
NLP, 그 마법의 구조 I, II(2014, 시그마프레스)

TA상담의 이론과 실제 I (2014, 가족연구소 마음)
TA상담의 이론과 실제 II (2015, 가족연구소 마음)